Alain Bergala

Nul mieux que Godard

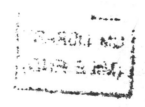

à la petite Juliette Cassan
qui connaissait Pierrot le fou par cœur à cinq ans.

Collections Essais
Cahiers du cinéma

Navigation

Quand on est tout à l'avant d'un bateau, faisant corps et mouvement avec lui, face à l'air neuf et vivifiant du large, et qu'on regarde à la verticale, on peut voir l'étrave fendre l'eau, frayer dans l'infinie disponibilité de la mer à tous les sillages possibles une ligne qui invente à chaque seconde une trajectoire à la fois déterminée par sa lancée et totalement libre d'aller où bon le semble au barreur. C'est l'image la plus juste que je me suis toujours fait de la posture critique idéale : suivre l'œuvre d'un cinéaste à la trace, mais à la trace en train de se faire, la plus fraîche possible, là où elle s'invente sous nos yeux de film en film.

Juin 1965. J'étais tout jeune étudiant à Aix-en-Provence. Un cousin, cuisinier dans le seul hôtel-restaurant de Porquerolles, me téléphone qu'une équipe de cinéma va arriver sous peu dans l'île pour y tourner un film. Quelques jours plus tard, il apprend que le cinéaste s'appelle Godard. J'emprunte à un ami une petite caméra 16 millimètres à ressort, chargé d'une seule bobine de film inversible, noir et blanc, et me voilà sur un de ces petits bateaux qui font la traversée, hors saison, entre la Tour Fondue et l'île où j'arrive quelques heures avant l'équipe du film. J'assiste au débarquement du matériel sur le petit ponton privé de l'hôtel. Le tournage commence sans tarder. Je suis de loin, au travers des eucalyptus, avec la discrétion d'un indien de western, l'équipe qui se rend sur le premier décor, une petite plage où Pierrot et Marianne dialoguent en marchant à la lisière de l'eau, leurs valises à la main. Il n'y a pas un seul journaliste, aucun curieux, juste la petite équipe qui s'apprête à tourner à la bonne franquette, sans le moindre esprit de sérieux et sans le « cinéma » du cinéma. Un peu inquiet, je n'ai pas le moindre alibi ni la moindre légitimité, j'avise un jeune homme, le moins intimidant de l'équipe, un assistant qui a l'air aussi impressionné que moi, et lui demande l'autorisation de photographier et de filmer. Il s'approche de Godard qui, sans le moindre regard dans ma direction, lui fait signe que cela lui est totalement indifférent. Le jeune homme - c'était Jean-Pierre Léaud - vient me dire que c'est d'accord mais qu'il ne faudra pas fumer pendant les prises ! J'ai fait ce jour-là un rouleau de photographies et j'ai tourné ma bobine de 16 millimètres, perdue depuis. Sur le bateau du retour, je ne sais pas si j'ai regardé l'étrave, mais j'ignorais à coup sûr que j'allais suivre Godard à la trace pendant plus de trente ans. Chaque fois que je revois *Pierrot le fou*, aujourd'hui encore, j'éprouve une étrange émotion quand arrivent les plans que j'ai vu tourner ce jour-là, de me savoir tapi dans le hors-champ, invisible, en train de respirer le même air limpide que les acteurs sur ce petit bout de plage qui existe encore, à Porquerolles, au moment même où je le vois sur l'écran.

Godard est sans conteste le cinéaste le plus excitant à suivre à la trace, parce que cette trace est la plus imprévisible qui soit. Mais aussi pour une autre raison, qui tient à la nature de l'œuvre elle-même. J'ai très vite été persuadé que la posture la plus juste, par rapport à la singularité qui est la sienne, n'était pas de la considérer comme une addition de films à analyser, à critiquer, à interpréter. Je n'ai jamais ambitionné, comme pour d'autres cinéastes, de me poster à l'extérieur de cette œuvre comme devant un corpus clos sur lui-même, armé d'un outil critique ou théorique préalable, déjà disponible dans le champ des savoirs. Il m'a toujours semblé que la meilleure façon d'approcher l'œuvre de Godard (en ce qui me concerne, modestement) était de la suivre, du plus près possible, dans le mouvement même de son avancée créatrice, et d'en considérer chaque nouvelle livraison, de quelque nature qu'elle soit (vidéo, film, essai, pub, clip, commande) comme une *épreuve* (au sens de pierre de touche, mais aussi, en édition, de première sortie visible, toute fraîche, d'un texte à imprimer) et une *étape* (en tant qu'elle n'est ni le but ni la fin du voyage) dans un processus de création ininterrompu, plus important à mes yeux, en ce qui le concerne, que les œuvres en tant que productions isolées.

L'enjeu du travail de Godard n'a jamais été prioritairement de réussir tel ou tel objet-film mais de poser au cinéma (et de se poser par rapport à lui) des défis qui mettent en crise les limites à l'intérieur desquelles la plupart des cinéastes font œuvre. Cet homme, qui envisage sa vieillesse de créateur avec une sérénité de peintre, vient de déclarer, au terme d'une filmographie de quatre-vingts titres, qu'il commence seulement aujourd'hui à avoir des idées de films « à lui ». Autant dire qu'il refuse de considérer cette œuvre, qui a été la sienne jusque-là, comme constituée de films dont il aurait été sagement ce que l'on appelle l'auteur. Il a toujours eu une trop haute idée du cinéma pour ambitionner d'avoir *un* style, même si l'exigence *du* style, ou de ce qu'il préfère appeler la «tenue», est une de ses plus grandes préoccupations. Mais la tenue, pour lui, est une qualité *en-soi* du plan ou du film, pas la marque de son auteur, seulement celle de son exigence intraitable au regard de son art. C'est peut-être, de tous les cinéastes, celui qui a refusé avec le plus de ténacité de choisir *son* cinéma, si choisir c'est limiter *le* cinéma en renonçant à tout ce que l'on n'a pas choisi. Godard a toujours répugné à se constituer en auteur, si cela signifie se préférer soi-même, avec ses goûts et ses limitations, à tout ce que peut le cinéma et à ce qu'on lui doit. Godard a toujours voulu faire, en même temps, un cinéma et son contraire, et *tout* le cinéma, celui des autres compris.

Il y bien un cinéma-Godard, mais il n'est pas localisable, comme territoire sagement délimité par des frontières, sur la carte du cinéma. Comme il est à peu près impossible, à un historien d'art, d'assigner *une* place à l'œuvre de Picasso, parmi les autres, dans le paysage de la peinture du XXe siècle (dans quelle vallée, dans quelles montagnes la cantonner ?) tant il est clair que ce diable d'homme s'est attaqué par tous les bouts à la peinture, en a exploré les territoires les plus éloignés et réputés les plus antagonistes, a refusé de laisser réduire son œuvre à un style, a souvent préféré l'emportement du geste de la création à l'œuvre comme résultat.

Dans les années soixante, l'entreprise godardienne était déjà vouée globalement à ce refus de limiter le champ du possible au cinéma, mais on pouvait encore débiter son œuvre en autant de projets partiels qu'il livrait d'objets-films. À chaque nouveau film, le nécessaire renoncement au cinéma qu'il n'avait pas choisi dans ce film-ci engendrait le désir du film suivant où il explorait une autre postulation constitutive du cinéma. Depuis les années 80, le projet godardien est de moins en moins sécable en œuvres indépendantes et semble s'accomplir avec une indifférence de plus en plus souveraine à la clôture qui est censée autonomiser les différentes livraisons d'un artiste. Depuis une dizaine d'années, les multiples œuvres qu'il a entreprises, parfois simultanément, sont de plus en plus rétives à se laisser enfermer dans leurs frontières d'œuvres isolées, et se donnent comme des vecteurs différents de la même recherche. Comme un plasticien peut travailler pendant toute une période à un grand chantier, où des œuvres de taille et de matériaux différents participent pour lui du même projet de création.

Autant de raisons, à mes yeux, pour penser que suivre Godard à la trace de son avancée créatrice est le chemin le plus juste pour rendre compte de ce que son travail a d'unique dans le rapport qu'il entretient au cinéma comme totalité, et à ce qu'il y a d'impérieuse exigence dans le geste de création, plus qu'à l'œuvre isolée et à lui-même comme auteur. C'est ce que tentent de faire les textes qui composent ce livre, qui ont été parlés ou écrits dans leur forme première (la plupart ont été retravaillés pour cette publication), sur plus de vingt ans, le plus souvent à chaud, à l'occasion de la sortie de ses films, en prenant le risque d'en faire des objets d'études et d'hypothèses avant qu'ils ne soient tout à fait refroidis par le recul du temps qui les stabilise et leur assigne une place. Les *Cahiers du cinéma* ont souvent été le bon lieu pour ce premier régime d'écriture.

Ces textes ont été entrepris en alternance avec des entretiens réguliers avec Jean-Luc Godard. Je ne doute pas que cela ait été un privilège, car j'ai toujours été persuadé qu'il n'était pas tout à fait vain, pour approcher une œuvre, d'aller voir du côté de l'atelier du créateur et d'être à l'écoute de ses propres réflexions sur ses recherches. Je n'ai cessé, au cours de ces deux décennies, d'aller interroger Godard sur l'état de son travail et de ses projets, mais jamais sans l'horizon très concret d'une publication, c'est-à-dire une raison de travail, objective, de prendre langue avec l'obligation d'aboutir à une mise en forme de ce que nous nous dirions. Ce dialogue a été à la fois discontinu (avec de longues périodes de silence) et ininterrompu, dans la mesure où il m'a permis, de rendez-vous en rendez-vous, de ne rater aucune étape importante de son cheminement créatif et de reprendre, après chaque interruption, les fils de la trame là où nous les avions laissés lors de la rencontre précédente.

Ces rendez-vous ont été pour moi autant d'occasions précieuses de vérifier le bien-fondé de certaines hypothèses, et parfois, comme une récompense, d'entendre à l'improviste, au milieu d'idées maintes fois répétées (c'est sa pédagogie médiatique), la première formulation d'une préoccupation nouvelle, le surgissement encore timide d'une idée qui portait parfois en germe, sans que lui-même en soit encore très sûr, les prémices d'un changement de cap ou d'une œuvre nouvelle. Je me souviens d'un entretien, à Rolle, en compagnie des deux Serge, Daney et Toubiana, alors que *Passion* était encore en montage et qu'il venait de nous en montrer le bout-à-bout de quelques scènes, où nous avons senti en même temps, et pour la première fois, que la question du sacré allait dorénavant devenir une question majeure de son cinéma. Le fantasme de celui qui suit un auteur comme Godard à la trace, évidemment contradictoire avec tout ce qu'il sait de l'imprévisibilité de son œuvre, qui la lui fait aimer, c'est de *pré-voir* quelque chose dont il aurait eu l'intuition et qu'un film suivant lui confirmerait. Ce n'est jamais ainsi que les choses se passent. Bienheureux celui qui arrive déjà à être simplement synchrone avec la trace en train de se frayer, c'est qu'il a été capable d'anticiper sur son propre travail et de se trouver sans délai en un point où il ne s'attendait pas à arriver avant deux ou trois ans. Ce qui peut parfois arriver, en de très rares (et gratifiantes) exceptions, c'est le sentiment, devant tel détail ou tel détour d'un film nouveau, qu'une petite boule lancée il y a longtemps, est revenue par la bande, comme au billard, trouver une place inattendue dans un coin du tapis de la partie en cours.

Mais le plus souvent, plus que pour tout autre cinéaste, la première vision d'un nouveau « Godard » déjoue non seulement la prévision, ce qui est somme toute banal, mais déroute, désarçonne. Cela tient à une part obstinée du nouvel opus qui exclut toute sympathie immédiate, qui résiste farouchement à se laisser apprivoiser ou reconnaître, qui fait obstacle à l'intimité que nous rêvions d'avoir avec lui, qui nous ramène aux frontières comme indésirables d'avoir voulu tout de suite et trop vite s'y sentir chez soi. L'amitié d'un film, ça se gagne aussi. Plus tard, lorsque cette part réfractaire, voire quelque peu revêche, aura été peu à peu réduite par une fréquentation assidue du film, on aura du mal à se souvenir, devant la limpide visibilité qu'il aura acquise, de ce qui avait pu bien faire que l'on n'ait pas réussi à accéder pleinement, sans délai, à son intelligence, à son charme et à sa générosité. Toute la question est évidemment d'avoir été suffisamment séduit, dès la première rencontre, pour faire ce chemin vers lui malgré son abord un peu froid, ou parfois carrément hostile au premier contact. Elle se posait moins dans les années soixante où cette séduction immédiate passait par les acteurs, une légèreté apparente et une grâce moins sévère. Il ne fait pas de doute que le noyau de sacré qui est au cœur de ses derniers films leur confère une gravité qui exige un recueillement et un respect du mystère que peu d'autres films (à part ceux d'Oliveira et des Straub) sollicitent du spectateur d'aujourd'hui. Si les films qui ont provoqué ces textes, à l'exception d'une reprise du *Mépris*, sont ceux des années 80-90, j'ai toujours essayé de penser le geste qui les a produits par rapport à celui du Godard des années soixante, tant il me semble impossible de les dissocier dans la logique d'un cheminement de création.

Je vous salue Marie est le seul de ses films, depuis vingt ans, avec lequel je me sois senti immédiatement de plain-pied, dès la première projection, avec le sentiment d'accéder à une émotion et une compréhension totale et instantanée, comme dans un coup de foudre. À la fin de la projection, pourtant, je me suis littéralement enfui de la petite salle privée des Champs-Elysées, marchant quasiment sur les pieds de Godard sans être capable de lui dire un mot à propos de son film. Cette empathie immédiate avec le film, si elle avait été le signe d'un moindre mystère à éclaircir, aurait pu se solder par une usure plus rapide de mon intérêt pour lui. C'est le contraire qui s'est produit : *Je vous salue Marie* est l'ouvrage le plus souvent remis sur le métier dans ce livre.

Ce dont les films de Godard ont besoin, aujourd'hui, et qu'ils ont de plus en plus de mal à trouver, c'est d'un spectateur qui ne serait pas impatient (à une époque où tous les nouveaux outils de diffusion et de communication sont des écoles d'impatience) et qui serait prêt à accepter, devant un film, ce que l'on accepte devant tout morceau de musique de quelque (normale) complexité ou de quelque profondeur, la lente et nécessaire approche répétée qui lui donnerait accès à son intimité et à sa jouissance. Pour ceux qui ont peur des films de Jean-Luc Godard, ou qui préfèrent l'admirer de loin, ce livre aurait pu s'appeler aussi : *Godard expliqué aux tièdes*. Les textes qui le composent ne sont ni des critiques ni des analyses de films, au sens classique de ces deux termes, mais s'efforcent, à l'occasion du surgissement de ces films, de les questionner et de les situer au cœur même de l'acte de création selon Godard. Il est lui-même, on le sait, un redoutable analyste, un critique sévère et le théoricien lucide de son propre travail. J'ai fait le choix, depuis longtemps, de prendre en compte, et souvent au pied de la lettre, ce qu'il dit de ses films, mais de considérer qu'il ne saurait tout en dire et qu'il reste beaucoup à penser, dans ce dont il ne parle pas, sans être prisonnier de sa problématique *ni* condamné à une radicale extériorité. La vraie liberté de pensée devant un nouveau film de Godard – souvent intimidant d'être accompagné d'injonctions de son auteur – consiste à se faire confiance, comme spectateur attentif et « en attente », pour repérer ce qui nous y fait signe, et aussi ce qui nous résiste, sans crispation ni allégeance. Pour ma part, j'y ai souvent trouvé, à partir de ce qui me travaillait dans ce que je venais de voir, des angles d'attaque qui n'étaient pas forcément les siens, mais que cette œuvre me semblait appeler, pour peu que je me sois mis à son écoute en état de totale disponibilité, en oubliant provisoirement les déclarations de son auteur, aussi justes et éclairantes soient-elles.

Ces textes gardent parfois la trace de ce que les idées qui y sont formulées ont été le plus souvent mises à l'épreuve de la parole avant de trouver leur forme écrite. J'ai toujours eu confiance dans cette façon de trouver, de défendre, d'affiner une idée devant des auditoires et dans des situations de parole variées (cours universitaires, débats publics après les films, colloques, week-end de cinéphiles, conversations privées), en revenant à la charge, à plusieurs reprises, sur les mêmes questions, les mêmes séquences, les mêmes films. Je me suis refusé à gommer entièrement, dans ce livre, ce qui n'est pas à mes yeux répétitions mais vagues successives à l'assaut des même points de résistance, ceux-là mêmes qui m'ont permis d'avancer dans la compréhension de cette œuvre dont je ne doute pas qu'elle soit aujourd'hui, même si elle peut paraître parfois obscure ou difficile, même si ses films sont peu vus ou mal vus, une des plus indispensables *au* cinéma.

Après avoir choisi le titre de ce livre, j'ai découvert qu'il y a toutes les lettres de LUMINEUX dans NUL MIEUX. En bonne logique godardienne, les mots de ce titre en cachaient donc un autre.

Le lecteur trouvera en page 253 les légendes de toutes les photos.

1. Les films

Flash-back sur *Le Mépris*

Nul mieux que Godard dans *Le Mépris* n'a jamais pratiqué le cinéma comme un art du montage et le montage comme un art de faire circuler des intensités, de changer de lignes. L'art de passer d'une couleur à une intonation de voix, d'un mouvement de caméra à une phrase musicale, de la naissance d'une émotion à la découverte d'un espace, d'une vitesse à une autre. *Le Mépris*, tel que nous le retrouverons après dix-huit ans d'invisibilité en salle, est absolument inaltéré par tout ce temps et tout ce cinéma qui a passé : rarement un film aura donné à ce point de perfection cette impression de tenir « en l'air », sans aucune adhérence au sol, avec la souveraine autonomie d'une sculpture ou d'un morceau de musique. Je ne vois que certains films de Dreyer ou d'Ozu pour être aussi aériens, déliés et musicaux. À tel point que *Le Mépris*, pour qui en ignorerait la date anecdotique, est une œuvre rigoureusement impossible à situer dans la chronologie godardienne. (Le mot « œuvre », qui convient d'habitude si peu au cinéma de Godard, est pour une fois le mot juste : *Le Mépris* est une pièce de cinéma parfaitement sphérique). C'est un film qui pourrait tout aussi bien arriver, cinématographiquement parlant, aussitôt après *Sauve qui peut (la vie)*. De celui-ci, qui vient pourtant dix-huit ans après, il accomplit à la perfection le programme d'un cinéma qui serait *dans toutes ses opérations* un art de montage. Sauf qu'il nous a fallu attendre ce film de 1980 pour être capables de voir vraiment ce qu'était déjà *Le Mépris* en 1963 : un film corpusculaire où tout n'est que rythmes différentiels, changements de lignes, accélérations et ralentissements.

Dans cet art du montage tel que Godard l'entend (le mot est à prendre à la lettre car c'est bien d'un art de portée musicale qu'il s'agit), toutes les étapes de la conception et de la fabrication du film sont déjà du montage.

Le casting : non pas des acteurs choisis en fonction d'un rôle qu'ils auraient à charge de faire consister mais un montage de vitesses, de rythmes, d'accents et de débits. Déjà du montage, l'idée de confronter la sublime inertie de Bardot et les saccades désordonnées de Piccoli, les accélérations de Jack Palance et le rythme étale de Fritz Lang.

Le tournage : non pas l'ordinaire fixation du scénario sur pellicule mais une captation. De ces lignes qui se croisent, de ces intensités qui circulent, des vibrations de l'espace entre les choses et les personnages.

Le mixage : non pas cette opération obsessionnelle de suture, de colmatage, mais un art musical de monter quelques éclats de voix, quelques phrases musicales, pour scander le silence.

Ce qui fait la suprême élégance du *Mépris*, c'est cette exigence (esthétique et morale, c'est la même chose) qui pousse Godard, non pas à couper (ce montage n'est pas un collage) mais *à changer de ligne* dès qu'une intensité menace de se localiser et de coller au spectateur. Godard a horreur de ce qui se fixe, de tout ce qui consiste, et s'il pratique le cinéma comme un art du montage généralisé, c'est précisément pour que ça ne cesse de circuler d'une ligne à l'autre, de la ligne des couleurs à celle de la musique, de la ligne Bardot à la ligne Piccoli, de l'*Odyssée* au monde moderne. D'une ligne à l'autre, il ne reste plus que l'intensité sans la substance, la vitesse sans la masse, l'émotion sans le pathos. Si je devais choisir, dans l'œuvre de Godard, une séquence qui rende compte de la fluidité de cet art du changement de ligne, ce serait sans hésiter la séquence de la cour de ferme dans *Week-End*, qui condense de façon limpide ce que Jean Cocteau, un autre grand agile, appelait *le secret professionnel*. À évoquer cette séquence où la caméra, on s'en souvient, accompagne de la façon la plus attenti-

ve la démarche si singulière, à la fois lente, ample et rythmée
d'Anne Wiazemsky, il m'apparaît tout à coup que les femmes que
Godard a vraiment eu envie de filmer, et qu'il a filmées avec
amour, se distinguent toutes par un rythme très personnel dans
leur façon de marcher, de débiter les phrases, de scander les mots,
de mouvoir leur corps dans l'espace. Et il ne fait aucun doute, en
revoyant *Le Mépris*, que Godard ait été fasciné par la lenteur touchante de Brigitte Bardot, par le génie qu'elle a de « tenir » sur le
même ton, monocorde, une longue séquence faite de bouts de dialogues entrecoupés de silences, et qu'il l'ait filmée, pour ces quali-
tés-là, avec une réelle admiration.

Le Mépris s'ouvre sur une phrase d'André Bazin : « *Le cinéma
substitue à nos regards un monde qui s'accorde à nos désirs* »[1]. Que
serait un monde qui s'accorderait au désir cinématographique de
Godard ? Un monde où tout ce qui nous affecte pourrait être
rendu visible à la surface des choses, dans la musique des mouvements et la vitesse des corps. Un monde où il serait inutile de
recourir à l'explication par l'intériorité et la profondeur pour comprendre ce qui se passe entre les êtres, qui est pour Godard le seul
sujet de cinéma possible. Le reste, l'intériorité, n'est pas une chose
à montrer parce que ça ne regarde personne. Ce qui fait visiblement horreur à Godard, dans l'expression des sentiments, c'est ce
qui poisse, c'est-à-dire précisément *ce qui ne peut arriver à la surface*, à la forme. Disons l'angoisse, par exemple, dans son expression
bergmanienne. S'il est bien question, dans *Le Mépris*, de doute, de
jalousie et de souffrance, Godard, avec son exigence de ne rendre
compte que de ce qu'il peut rendre visible, dégorge ces sentiments
de toute leur glue existentielle pour nous en restituer uniquement,
avec la plus grande élégance (même si l'on peut avoir l'impression,
souvent, que c'est l'élégance du désespoir), et grâce à son usage du
cinéma comme art de montage, le jeu des lignes, la musique.

À Avignon, où il était venu présenter, il y a deux étés, *Sauve qui
peut (la vie)*, il disait à peu près ceci : « *Quand je veux savoir où j'en
suis avec une femme, je ne lui demande pas si elle m'aime. Car les mots
peuvent rassurer cinq minutes mais le doute revient. Je fais un film. Et
là, quand il est terminé, je peux vraiment voir où j'en suis avec elle et où
elle en est avec moi.* » Le sujet du *Mépris*, ce n'est pas autre chose :

regarder ce qui s'est passé dans un couple, non pas pendant des années (comme dans le cinéma des scénaristes) mais pendant un dixième de seconde, celui précisément où le décalage a eu lieu, où la méprise s'est installée pour la première fois. Ce dixième de seconde, invisible à l'œil nu, où les vitesses ont cessé d'être synchrones. Encore une affaire de montage : revenir sur la coupe pour trouver le raccord ou le désaccord. Et dans cette enquête sur un sentiment, il nous faudra revenir plusieurs fois sur le lieu du crime, sur cette scène sans drame où Camille monte pour la première fois dans la voiture de Prokosch qui démarre d'abord lentement, comme au ralenti, puis d'un seul coup, en trombe, devant Paul qui ne sait quelle vitesse adopter. Et il ne faut pas s'étonner si cette enquête passe par « *L'Odyssée* » qui est aussi une affaire de trajectoires, de tours et de détours, de vitesses différentielles. La crise que Paul-Piccoli traverse, c'est celle de quelqu'un qui s'affole car il n'arrive plus à trouver la bonne vitesse et qui se met à bouger par saccades, dans tous les sens. Le pathétique du personnage, c'est qu'il cherche à fixer des sentiments avec des mots, et que dans son affolement de ne pas arriver à comprendre (là où il n'y a sans doute rien à comprendre avec des mots qui ne renvoient qu'à eux-mêmes, mais tout à regarder, ce que Camille sait mieux faire que lui comme le prouve ce dialogue où il lui demande : pourquoi tu as l'air pensive ? et où elle lui répond : c'est parce que je pense, imagine-toi), il se heurte précisément aux apparences, à la surface des choses où il n'a pas la patience ni la sagesse de chercher la vérité. Dans cette précipitation à comprendre, il va se heurter à l'inertie de Camille (qui sait, elle, que l'amour passe par une attention à la surface, comme le montre la fameuse scène d'ouverture), aux masques et aux remparts dont s'entoure Jérémie Prokosch, et à la sagesse suprême de Fritz Lang, qui est celle des dieux, à la fois ironique et bienveillante, totalement réconciliée.

Du *Mépris*, je dirai pour finir que c'est à la fois le spectacle le plus somptueux et un film rigoureusement expérimental. Godard utilise les moyens du cinéma – comme d'autres du microscope électronique ou du bistouri au laser – pour voir quelque chose qui échapperait sans cela à notre échelle de perception ordinaire : comment on peut passer en une fraction de seconde, entre deux plans, de la méprise au mépris, d'une désynchronisation imper-

ceptible à un renversement des sentiments. Et s'il se sert du cinéma pour monter son expérience, ce n'est pas pour nous expliquer
(comme dans le cinéma des scénaristes), mais bien pour comprendre en nous donnant à voir. Expérimentateur, il agrandit ce
dixième de seconde et ce petit espace entre un homme et une
femme à l'échelle du Cinémascope et d'un film d'une heure et
demie, comme Homère l'avait fait avant lui à l'échelle d'une
décennie et de la Méditerranée. Peintre, il en déploie les lignes et
les rythmes en partant de l'écran vide et du silence comme d'une
toile blanche où il est souverainement libre de jouer du cinéma
comme d'un art de faire circuler des intensités, de passer d'une
ligne à une autre. Et nul mieux que Godard...

Ce texte a été publié dans le numéro 329 des Cahiers du cinéma
(novembre 1981) à l'occasion de la ressortie en salle du Mépris.

1. On sait que cette phrase, attribuée par Godard à André Bazin, est en fait, sous une
forme légèrement différente (*...le cinéma est un regard qui se substitue au nôtre pour nous donner un monde accordé à nos désirs...*), de la plume de Michel Mourlet, dans son article *Sur
un art ignoré*, publié dans le n° 98 des *Cahiers du cinéma*.

Le combat avec l'ange :
les années quatre-vingt

Dans un bistrot des Grands Boulevards où nous étions allés l'interviewer à propos de *Soigne ta droite*, juste avant son entrée en scène au théâtre, Jacques Villeret a eu cette réflexion superbe à propos du cinéma de Godard : « *Quand je vais voir son dernier film, j'ai parfois du mal à suivre, j'ai l'impression de mal comprendre, je m'accroche, puis à la sortie, quand je me retrouve au bistrot, comme ici, ou au restaurant, j'ai tout à coup l'impression de vivre du Godard : cette scène c'est lui qui l'a faite. Je trouve que dans la vie on vit souvent du Godard* ». Peut-on imaginer plus bel éloge du travail du cinéaste ? Que son art ne se contente pas de refléter le réel ambiant (ce qui n'est déjà pas si facile) mais trouve les nouvelles formes forcément inédites, surprenantes, les nouveaux moules sensoriels qui nous permettent de voir le monde contemporain dans ce qu'il a de neuf, d'irréductible aux formes déjà exploitées. Le génie de Godard, on le sait, a souvent été de trouver ces nouvelles formes, ces nouveaux rythmes, ces nouveaux modes de vision qui font que, comme Villeret, on se surprend un beau jour à regarder le monde déroutant de cette fin de siècle comme s'il avait été mixé et monté par Godard. Et l'on se dit que les années quatre-vingt ne seraient pas tout à fait ce qu'elles sont s'il n'y avait pas eu *Sauve qui peut (la vie)* (1980), *Passion* (1981), *Prénom Carmen* (1982), *Je vous salue Marie* (1983), *Détective* (1984), *Grandeur et décadence d'un petit commerce de cinéma* (1986) et *Soigne ta droite* (1987) pour nous en donner quelques clés.

Les années quatre-vingt, pour Godard, c'est le retour au cinéma-cinéma après le long détour des années politiques (68-74) et des années vidéo (75-80). Mais les temps ont changé et on sent bien, à chaque plan, que filmer est devenu pour lui une chose beaucoup plus grave, difficile, consciente, je dirais presque « responsable », que dans les années soixante où il enchaînait film sur film (15 longs métrages entre 59 et 67 !), s'essayant à tous les styles, à toutes les innovations, cassant quelques vieux tabous, réinventant le cinéma passé et présent à son propre compte, le tout dans le plus grand désordre, sans véritable projet d'ensemble, dans une fondamentale croyance quant à l'avenir d'un art, le cinéma, qui semblait encore tout jeune et se vivait innocemment comme immortel.

Ce qui a changé avant tout, pour Godard, depuis son retour au cinéma, c'est la conscience que chaque plan qu'il tourne est arraché non plus à la mort de son modèle, comme il le disait à la suite de Cocteau dans les années soixante, mais à la mort du cinéma lui-même. Dans les années quatre-vingt, le cinéma de Godard est à la fois un cinéma de deuil et de foi. Dans la « Série noire »[1] que Godard a tournée en 1986 pour la télévision, *Grandeur et décadence d'un petit commerce de cinéma*, la mort c'est le cinéma lui-même, étranglé par « la toute puissance de la télévision ». On y énumère d'un ton lugubre la liste des producteurs « morts au champ d'honneur ». Le bref dialogue dans la voiture entre Godard et Mocky (alias Jean Almereyda, dit Jean Vigo) évoque les fantômes de Jean-Pierre Rassam et de Romy Schneider. Jean-Pierre Léaud montre à une aspirante actrice des gros plans de Dita Parlo dans *La Grande Illusion* et à quelqu'un qui lui demande : « Vous êtes dans le cinéma ? », il répond : « On ne peut plus dire ça, non ». Dans *Prénom Carmen*, l'oncle Jean, interprété par Godard, déclare avoir été renvoyé du cinématographe et son clone, le cinéaste clown de *Soigne ta droite*, semble sorti tout droit du même hospice pour anciens du cinématographe. Godard, de plus en plus, se vit donc comme un survivant, un rescapé de ce temps-là où, comme il l'écrit dans sa préface à la Correspondance de François Truffaut, « la magie existait encore ». Ce sentiment d'être aujourd'hui un dinosaure du cinéma, Godard en tire à la fois de la gravité et de l'apesanteur.

La gravité, c'est le versant crépusculaire, sombre, de l'esthétique godardienne de ces dernières années, la misère de cette humanité sans dieu qui hante les grands hôtels de *Prénom Carmen* et de *Détective*, et qui erre dans « les grandes villes maudites », l'impuissance de Jerzy à trouver « la bonne lumière » dans la boîte noire du studio de *Passion*, les errances nocturnes du taxi de Joseph dans *Je vous salue Marie*, les angoisses de Villeret qui se tord sur la moquette de *Soigne ta droite*. Il est clair que le cinéma, pour le Godard d'aujourd'hui, est encerclé par des images ennemies, et que si dans les années soixante son cinéma pouvait tout « digérer », tout phagocyter – pub, porno, télé, images politiques – il lui faut aujourd'hui se retrancher dans des espaces clos, isolés, protégés pour créer des images qui aient quelque chance d'échapper à un encerclement devenu étouffant, à un blocus généralisé. L'innocence, qui lui était donnée dans les années soixante, est aujourd'hui à reconquérir, dans la souffrance, contre l'invasion des images sans foi ni loi. « *Dans cette guerre moderne entre le digital et la souffrance* » dit aujourd'hui celui qui filmait il y a vingt ans comme on respire, *le cinéma est devenu le "dépositaire de la souffrance"* ». On se souvient de Godard s'enfermant avec son actrice, dans la chambre de souffrance de *Je vous salue Marie*, pour essayer pendant des semaines, loin des lois qui régissent le commerce du cinéma, de filmer un plan violent du corps de Marie qui ne doive rien aux images de nus qui nous cernent, que ce soit celles de la pub, du porno ou de *Play-Boy*. Mais il y a toujours eu une autre façon d'échapper au blocus, c'est la voie des airs, franchir les lignes ennemies en ballon, hors de portée des défenses terrestres, et atterrir en pleine nature, loin des villes maudites et des hommes à la face d'ivoire, loin de la peur et du commerce, pour reprendre les mots de *Sauve qui peut (la vie)*, dont on s'aperçoit aujourd'hui à quel point ce film programmait notre perception de la décennie à venir, au moins autant que *La Chinoise* ne le fit en son temps. La caméra de Godard, depuis huit ans, s'échappe souvent vers le haut, avec des plans de ciels inoubliables, comme ceux qui ouvrent *Passion* et ceux qui scandent *Soigne ta droite*. Mais pour celui qui reste esthétiquement le plus grand dialecticien du cinéma contemporain, il n'y a jamais eu d'âme sans corps, d'élévation sans chute, de musique sans bruit, de pureté sans brouillage, de sublime sans trivialité ; il ne saurait y avoir d'envolée vers le ciel sans combat contre la pesanteur atmosphérique et l'attraction terrestre. Le personnage de Godard, dans *Soigne ta droite*, ne peut évoluer dans le ciel, avec innocence, arborant son sourire énigmatique de vieux sage, que dans la mesure où son double terrestre, incarné par Villeret, se coltine pour lui, en bas, un corps qui pèse, qui transpire et qui bégaie, toute l'angoisse et les horreurs de l'époque, du Heysel aux expulsions politiques. De la même façon que le corps de Myriem Roussel, dans *Je vous salue Marie*, s'arque entre le haut et le bas, se tord entre deux regards, celui de Dieu et celui de Joseph, s'écartèle entre deux maîtres et deux postulations. Ce n'est jamais dans un ciel sans nuages que Godard cherche à échapper à l'encerclement des images, mais dans une dialectique douloureuse du haut et du bas où il faut conquérir de haute lutte, comme Jerzy dans *Passion*, sa « place au ciel ». Il n'y a plus de vraie légèreté, chez le Godard des années quatre-vingt, pas plus que de véritable innocence mais seulement un étrange mélange d'apesanteur et de gravité, inextricablement liées.

Cette gravité, c'est aussi celle qui marque tous les personnages masculins de cette nouvelle série de films, Paul-Dutronc dans *Sauve qui peut (la vie)*, Jerzy dans *Passion*, Joseph dans *Prénom Carmen* et *Je vous salue Marie*, Johnny Hallyday dans *Détective*, Jean-Pierre Léaud dans *Grandeur et décadence*. Tous ces hommes défaits mais non vaincus, qui pensent en silence, pourraient reprendre à leur compte la dernière réplique de Jean-Pierre Léaud dans cette « Série noire » qui répond, à la question de ce que c'est pour lui que l'essentiel : « *Non pas nos sentiments et nos expériences vécues, mais la ténacité silencieuse avec quoi nous les affrontons.* » Quelque chose a basculé au milieu des années quatre-vingt, avec *Détective* précisément, dans le cinéma de Godard, qui est que le regard du cinéaste sur ses personnages masculins a cessé de passer obligatoirement par leur rapport à la femme ou au couple. Godard, qui a dressé les plus beaux et les plus justes portraits de femmes des années soixante, n'a plus besoin de passer par le féminin pour filmer les hommes et leurs « problèmes de mélancolie ». Une scène de *Détective* inscrit ce changement radical dans les films de Godard, c'est celle où Johnny Hallyday, en train de jouer seul au billard répond à Nathalie Baye qui lui fait des avances intéressées : « *J'ai envie d'être seul. Et vous me faites pas bander.* » Le même personnage, un peu plus loin dans le film, déclare à propos de la boxe : « *Un champion, ça combat toujours contre lui-même.* » Les hommes des années soixante, dans les films de Godard, de Michel Poiccard à Pierrot le fou en passant par Paul Javal (Michel Piccoli dans *Le Mépris*) étaient confrontés à eux-mêmes dans et par leurs rapports avec les femmes, ils rencontraient par elles leur propre trahison ou leur propre défaite ; ceux de la fin de cette décennie combattent directement avec eux-mêmes ou avec l'ange.

À l'image de Jean-Pierre Léaud qui déclare dans *Grandeur et décadence* que la seule attitude possible devant la disparition imminente du cinéma c'est de « faire son travail le mieux possible ». Godard n'a jamais autant pris au sérieux à la fois le cinéma et son propre projet de cinéaste qu'au cours de cette décennie. Comme s'il s'agissait pour lui, plus que jamais, de sauver le cinéma dans ses films en exigeant de son art le plus difficile, l'exception contre la règle, au moment même où il est en train d'aller à sa perte. Contrairement à la totale anarchie de ses explorations dans les années soixante, où il fonçait d'un film à l'autre, d'un sujet à l'autre, à toute allure, au fil de ses envies et des opportunités qui se présentaient, les films des années quatre-vingt s'engendrent les uns les autres d'une façon beaucoup plus consciente et tenace, comme si Godard (c'est tout à fait sensible dans la série *Passion, Prénom Carmen, Je vous salue Marie* que je considère pour ma part, comme une véritable trilogie, tant au niveau des thèmes que de l'esthétique) exigeait aujourd'hui de son cinéma qu'il aille jusqu'au bout d'un problème qu'il lui pose et qu'il se pose, et qui peut nécessiter plusieurs films pour que se fraye un début de vérité. Dès lors qu'il ne s'agit plus seulement de réussir un film mais de sauver le cinéma dans ses films, Godard exige de chacune de ses images une « tenue » irréprochable, confronte son cinéma à ce qu'il y a eu de plus grand dans le passé de la peinture ou de la musique, le soumet à la tension de projets qui travaillent à faire reculer ses limites. Cela ne va pas sans souffrances ni ratages, mais c'est le plus bel acte de résistance contre tout ce qui menace le cinéma en cette fin des années quatre-vingt.

Ce texte a été publié à l'occasion d'une rétrospective, en 1988, des films de Jean-Luc Godard, intitulée Tout Godard, *organisée par le Ciné 104 à Pantin.*

1. *Grandeur et décadence d'un petit commerce de cinéma* a été produit dans le cadre d'une série diffusée par TF1, intitulée *Série noire*.

Le cinéma retrouvé

(*Comment ça va ?*)

Ce qui me reste, curieusement, d'un film que tous les critiques ou presque se sont accordés à trouver didactique, c'est la sensation de la narration retrouvée, inscrite dès le premier plan, avec la caméra à l'intérieur de cette voiture qui parcourt les rues de la ville, pas retrouvée au sens d'une retrouvaille avec le passé, mais comme on dit de quelqu'un qu'il a retrouvé la parole, ou quelques gestes perdus, en repartant des rudiments, en recommençant par nécessité.

La narration retrouvée, c'est par exemple ce plan qui reviendra plusieurs fois dans le film, d'un homme qui traverse une place, au petit matin, et la voix de cet homme, en *off*, à l'imparfait. Des plans comme ça, il n'y en a pas beaucoup, mais ils reviennent, de loin en loin, comme des bouffées de fiction, et suffisent à donner au film une perspective et une temporalité narratives, à faire récit. Du coup, *Comment ça va ?* est un film que l'on croit pouvoir raconter mais on s'aperçoit vite, à essayer, que c'est à peu près impossible et que ce que l'on raconte c'est un autre film, un peu bête et un peu lourd, qui serait comme un photomaton de celui de Godard-Miéville, et qui échoue à dire l'essentiel de ce qui nous reste du film, par exemple le regard du journaliste qui hésite sans répit entre l'image du téléviseur et cette femme hors-champ qui lui parle, l'intermittence et le battement de ce regard, ou encore la façon très particulière qu'a cet homme de débiter sa parole en petites émissions compactes, comme autant de rubans d'étoupe à colmater du doute, à parer à l'ébranlement qui semble lui venir de ce visage dont il ne peut détourner longtemps son regard (et que moi, spectateur, je ne verrai jamais), autant que de ce que lui dit cette femme à la bouche d'ombre ou des images qu'elle lui montre.

Tout se passe comme si cette narration retrouvée, élémentaire, erratique, nous laissait l'illusion d'une possible familiarité avec ce film, le temps d'un plan jouant du souvenir de l'effet-cinéma, celui d'une jeune femme au téléphone ou encore celui de l'intérieur du bar avec le verre de menthe à l'eau au premier plan, comme si une petite musique très ténue et très lointaine mais assez proche par là-même de notre nostalgie de cinéma suffisait à restaurer, quelque part, le spectateur du plaisir et du leurre, celui-là même qui était exclu, radicalement, de *Numéro deux*, de son écran troué et mortel.

Comment ça va ? n'est pas le film de l'intolérance absolue, il est d'un peu avant ou d'un peu après le cinéma de blocus, réfractaire à toute demande de l'autre, qui ne peut se constituer qu'à être intransigeant et s'en démarquer radicalement. C'est sans doute pour cette raison qu'il n'a pas le tranchant de *Numéro deux* et d'*Ici et ailleurs*, où le spectateur ne peut jouir vraiment que de sa propre exclusion et du refus absolu du film à prendre en compte sa demande.

Comment ça va ? donne l'illusion de laisser quelque prise à cette demande du spectateur, *un film entre l'acteur et le spectateur, entre l'actif et le passif*, comme le marque une dernière inscription, mais aussi bien entre un fils et son père, entre un homme et une femme, entre le bourreau et la victime (une autre inscription électronique nous avertissait, en début de film, que *le langage c'est l'endroit où le bourreau transforme la victime en un autre bourreau*, maxime programmatique où peut se lire la préoccupation majeure de Godard-Miéville par rapport à leur pratique et à leur pouvoir de cinéastes). De cette position entre l'acteur et le spectateur, entre l'actif et le passif, témoigne le principe même de la fiction, le dispositif de l'énonciation qui ressemblerait plutôt à celui de l'analyse qu'à celui du didactisme.

Dans *Ici et ailleurs* les images qu'il y avait sur l'écran étaient celles dont parlaient, *off*, la voix de l'homme et la voix de la femme mais jamais leur image à eux qui restaient ainsi, pour le spectateur, un peu au-dessus du film, dans un autre lieu, à la fois protégé et hétérogène par rapport à la chaîne des images, quelque chose comme le dernier retranchement de l'énonciation, en ce qu'il aurait barre sur le film et un peu trop, sans doute, sur le spectateur.

Comment ça va ?, d'une certaine façon, retourne un peu ce dispositif, recule d'un cran supplémentaire l'emboîtement des chaînes d'énonciation : les images dont on parle ; les voix qui en parlent ; mais encore une mise en images de ceux qui en parlent. Cette base fictionnelle minimale, inaugurant le film (*un homme a communiqué avec une femme pendant le travail*) suffit à ce que l'échange de paroles entre le journaliste et la femme oscille sans cesse, pour le spectateur, entre un effet de voix-*off* surplombante (et l'énonciation est alors assez proche de celle d'*Ici et ailleurs*) et un effet-personnage (l'énonciation dominante est alors du côté de la fiction, et le spectateur se trouve décalé, en recul, dans un autre type d'attention et d'écoute par rapport à ce qui peut se dire et qui relève, plus ou moins, du matériau de la fiction). De la femme, dont on ne verra jamais le visage, on peut dire qu'elle est quelque part, entre le spectateur et l'acteur, dans une position qui rappelle celle de l'analyste, ni tout à fait *in*, ni tout à fait *off*, à la fois dans le champ et hors représentation, quelque chose comme un tiers-témoin entre le spectateur et le personnage (*ce n'est pas moi qu'il faut regarder*, dit-elle au journaliste, *c'est les images*) et c'est de cette position, plus que de son discours, qu'elle semble tenir sa force d'ébranlement dont l'effet perceptible, dans la fiction, sera de mettre quelque peu en crise l'identification massive de son interlocuteur à son rôle de journaliste communiste sans questions sinon sans problèmes.

Comme toujours chez Godard, elle est à prendre au pied de la lettre, l'expression selon laquelle *on ne veut pas voir quand on a peur de perdre sa place* et elle vaut ici pour la place du spectateur. C'est très exactement un film à embrayage différentiel où la fiction retrouvée ne vaut que d'être aussitôt perdue, un film qu'on regarde et qui nous regarde, un film entre captation et exclusion, où la place du spectateur doit être sans cesse risquée.

Il a beaucoup été question de didactisme à propos de *Comment ça va ?* C'est quand même curieux cet entêtement à se trouver une bonne place et il en est peu d'aussi confortable que celle de l'enseigné, une place de tout repos, même si certains critiques font semblant de rechigner mollement, pour la forme. Curieux ce refus d'écouter ce que le film nous dit clairement, qu'il est un film *entre*, c'est-à-dire forcément autre chose qu'un film *contre* ou qu'un film *sur*. Ça devrait pourtant être une évidence que Godard n'a rien à transmettre ni à enseigner, pas plus sur la photo que sur autre chose, qu'il a abandonné depuis longtemps toutes les garanties du discours de savoir, que sa parole est la moins protégée et la moins transitive qui soit, tout le contraire précisément de la parole didactique. Ça fait pourtant un bon bout de temps qu'il brouille les pistes toutes tracées de la bonne communication, transparente, sans bruits, celle du cinéma dialogué, de la télévision, du pédagogisme généralisé, ça fait longtemps qu'il casse les slogans et les phrases, que dans le son de ses films ce n'est plus le sens qui commande (*le sens, c'est le chef d'une phrase*), qu'il traite les mots et les lettres comme des représentations de choses, qu'il arrête le flux des images.

Si Godard part d'une image « *comme la science part des atomes* » avant de « *simplement rapprocher deux images simples* », cela n'a rien à voir avec un quelconque traitement de maîtrise où l'image devrait bien finir par s'effacer, par se faire oublier pour que l'on puisse parler sur son dos. Ici au contraire, les images s'entêtent à revenir à la surface du film, à se superposer, et cette obstination prend des allures de piétinement. Le film n'avance rien à propos de ces photos, c'est peut-être pour ça qu'il donne l'impression de ne pas avancer, alors qu'en même temps, pourtant, ça va très vite, ça se déverrouille de partout, ça travaille dans toutes les directions mais pas au grand jour, un peu au-dessous du niveau habituel de la communication, du côté du préconscient. Ce qui est à la fois très étrange (un film météorite) et en même temps tout à fait familier, c'est la façon dont les mots et les images, dans ce film, arrivent à la surface (ou y remontent), s'y maintiennent de façon têtue et précaire avant de basculer, sans raison apparente, de l'autre côté de l'écran, un peu comme cela se passe entre veille et sommeil, et qui tient à la fois du ressassement (ce sont les mêmes images, un peu obsédantes, qui reviennent) et de l'association d'idées : il y a là comme une pulsion répétitive et obstinée à rapprocher deux images, deux gestes, deux existences, deux mouvements, tout en sachant très bien que l'on n'y parviendra jamais tout à fait, que c'est impossible, mais avec la conviction que c'est entre les deux, en tout cas, que se trouve l'enjeu de ce travail obstiné.

Et si c'est le film le plus juste qui soit sur les images, c'est précisément qu'il n'en dit rien qui pourrait relever de la naïveté didactique ou de la théorie, toujours un peu bête, mais qu'il réussit (et c'est sans commune mesure avec le travail d'un film qui ne serait qu'intelligent) à rendre compte de comment ça circule vraiment, les images, la photographie, entre chien et loup, sous la communication.

Ce texte a été publié dans le numéro 290-291 des Cahiers du cinéma *(juillet-août 1978).*

Enfants : ralentir

(*France tour détour deux enfants*)

Il est bien rare, on peut dire unique par les temps qui courent, que l'on ait soudain ce sentiment, devant un écran, que quelque chose est en train de s'inventer sous nos yeux, de réellement jamais-vu, et que l'on vient d'entrer, sans y prendre garde, dans un rapport nouveau, encore inconnu, avec des images et des sons.

Quand Godard-Miéville, dès la première minute des douze mouvements de *France Tour Détour*, nous montrent une petite fille qui se déshabille avant d'aller se coucher et que l'image tout à coup se met à ralentir, se fige une fraction de seconde, repart, ralentit à nouveau mais pas du même ralentissement qu'un instant avant, s'arrête encore, redémarre deux images par deux images, puis quatre par quatre, et tout ceci de façon imprévisible, avec des trous d'air et de brusques reprises, comme un avion qui cesserait d'être tout à coup soumis au programme de l'ordinateur pour passer au pilotage à vue, obéissant aux moindres impulsions de la main sur le levier de commande, on se dit que jamais le cinéma ni la télévision ne nous avaient montré une petite fille, ni autre chose d'ailleurs, de cette façon-là, à la fois si familière et si radicalement étrange qu'on se demande lequel des deux, de la petite fille ou du cinéaste, vient d'une autre planète.

On voit tout de suite que cela n'a aucun rapport avec le ralenti et l'arrêt sur l'image tels que la télévision s'en sert ordinairement

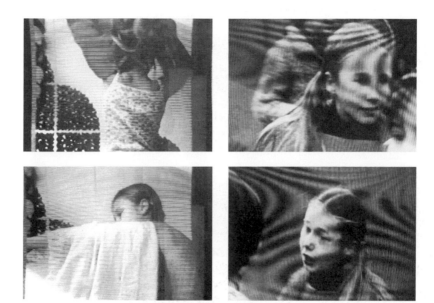

pour la publicité ou dans les émissions sportives, que Godard a trouvé autre chose et que ça passe une fois de plus par une machine. Dans *Six fois deux*, c'était une machine à découper l'écran, à écrire sur les images, dans *Tour Détour*, c'est une machine à décomposer le mouvement. L'invention de Godard-Miéville, cette fois, c'est d'avoir trouvé un usage nouveau à cette machine à ralentir les images, un usage de poète et de peintre. Quand ils décomposent le mouvement (pas n'importe lequel : c'est chaque fois un mouvement simple, quotidien, un déplacement de tous les jours) cela n'a rien à voir avec cet effet lisse et homogène du ralenti classique, ce ralenti que l'on commande à la Truca, mais qu'il faut programmer à l'avance, une fois pour toutes, de telle image à telle image, à telle cadence, programmation aveugle dont on ne peut voir le résultat qu'après-coup, une fois la pellicule développée, quand il est trop tard pour intervenir.

Le ralenti-vidéo, celui de *Tour Détour*, se commande visiblement à la main et au regard, directement ; on y sent même un décalage léger, mais perceptible, entre la main qui commande au mouvement et le regard du cinéaste, parfois en retard d'une fraction de seconde, qui essaie de piloter à vue dans ce défilé d'images ; on y sent de la curiosité, d'infimes hésitations, des surprises. On n'a jamais rencontré auparavant cette impression qu'un cinéaste regarde devant nous, en même temps que nous, ses propres images, comme si elles venaient d'ailleurs, ou d'un autre, et qu'il recompose sous nos yeux un autre film en choisissant une deuxième fois, comme un peintre sur sa palette, les couleurs et les gestes dont il a besoin, qu'il travaille sur ses propres images comme sur un matériau brut, qu'il les redécouvre dans le même temps que d'une certaine façon elles lui échappent, comme si celui qui est en train de les regarder n'était plus tout à fait le même que celui qui les a prises.

Dans cette opération de filmer deux fois les mêmes images, ce n'est pas la pulsion de maîtrise qui semble dominer, comme dans *Ici et ailleurs*, mais le plaisir d'expérimenter, de remettre en jeu ses propres images, une sereine acceptation de l'aléatoire, un goût de risquer une deuxième fois la maîtrise du filmage.

Il serait faux, pourtant, de dire que cette expérience de ralentissement est quelque chose d'inédit ; elle a toujours eu lieu, plus ou moins, devant la table de montage, lorsque le cinéaste redécouvre les images qu'il vient de filmer, ralentit pour mieux voir un geste, une expression, chercher le bon raccord. Mais de ce deuxième regard, de ce processus de redécouverte, le film terminé n'est jamais que le reste, le produit, et n'atteste plus que d'un choix pauvrement binaire : présent-absent. De ce moment du montage, qui est souvent celui d'une sidération (c'est donc *cela* que j'ai filmé !), où ressurgit tout le hasardeux et l'aléatoire qui s'est infiltré de toutes parts dans les images, le film monté ne restituera plus que l'illusion de maîtrise et de nécessité.

Depuis dix ans, Godard ne cesse de trouver de nouvelles façons de poser quelques questions, souvent les mêmes, c'est sa façon à lui d'avancer, et s'il y en a une qui semble venir de très loin, chez lui, c'est la question du défilement des images, marquée par cette double hantise : « il y a trop d'images » et « ça va trop vite ». C'était déjà dans le programme de travail que se proposaient Lui et Elle dans *Le Gai Savoir* : ne pas se laisser emporter par ce défilement des images, ne pas se laisser déborder mais au contraire prendre son temps, savoir le perdre pour mieux le retrouver, réapprendre à regarder une image, une seule, « réduire et décomposer ».

Il y a évidemment de cela dans les plans ralentis de *Tour Détour*, mais il faudrait être tout à fait insensible à ce qui surgit de neuf dans ces images pour n'y voir que des images sous surveillance, le seul travail de la pulsion de mort, un simple effort d'analyse, une critique de l'emportement des images.

Ce qui surgit de cette décomposition, on ne l'avait jamais vu auparavant dans les ralentis du cinéma ou de la télévision, encore moins dans les arrêts sur l'image. Ce n'est plus l'effet mortifière habituel, ce n'est pas le « mauvais œil » qui arrête les images et qui fige le mouvement (combien de spectateurs des *400 coups*, à sa sortie, ont éprouvé l'arrêt sur image final comme le signe de la mort d'Antoine Doinel), ce n'est pas non plus l'effet-de-laque qui fascine tant les publicistes dans le ralenti : le monde vu à travers une vitre, un vernis transparent, les corps et les objets enfin débarrassés de leur poids terrestre, et à l'abri de la corruption du temps, c'est-à-dire finalement déjà morts, déjà-embaumés.

Dans le passage au ralenti ou à l'image fixée, il y a dans *France Tour Détour* une opération qui relève du dépôt, du précipité, l'impression que chaque chose se met à granuler, à peser d'un poids pas possible, une transformation par où l'image vidéo rejoint de plain-pied la peinture, l'art du dépôt par excellence.

L'étrangeté de ces images tient sans doute à ceci que les gestes les plus familiers, les couleurs (comme dans l'admirable séquence du quatrième mouvement, les serveuses du bar-restaurant) se mettent soudain à « prendre », à « précipiter » et dans cette opération presque chimique c'est notre regard lui-même qui bascule et qui retrouve l'étrangeté et la musique de ces gestes, ordinairement dilués dans le flot des images et l'accoutumance aveugle à ce qui participe de notre espèce.

Dans ce sentiment d'étrangeté, l'image vidéo n'est pas pour rien. On sait que le regard vidéo le plus ordinaire, celui des caméras de quai de métro par exemple, est un regard sans accoutumance, hors de tout échange intersubjectif, un regard de machine. On sait, à revoir à la télévision certains films que l'on a aimés au cinéma, que quelque chose est refroidi de l'émotion initiale, mais que les images sont affectées d'un nouvel indice d'étrangeté, comme si elles étaient filtrées, avant de nous parvenir, par un regard infra-humain, un regard de mutant. L'image vidéo est toujours une image froide, décomposée-décomposante, la meilleure image sans doute pour tenir à distance l'altérité, les fous, les enfants, les animaux ou les monstres, mais certainement pas pour les comprendre ou les aimer, simplement pour les voir vraiment, sans empathie, dans leur irréductible étrangeté.

Il faudrait parler aussi des couleurs-vidéo, consistantes, saturées, des vraies couleurs de peintre car c'est aussi avec l'émotion de cette couleur que les spectateurs avaient rendez-vous, tous les jours, à l'*Action République*[1], avec cette sensation physique nouvelle par rapport aux couleurs diluées et transparentes du cinéma d'aujourd'hui, sensation installée d'emblée par le générique, dès le début de chaque mouvement, comme un plaisir attendu dont le retour, loin de décevoir, accumule l'intensité, fonctionne un peu comme une drogue.

Cette mutation opérée par la décomposition-composition godardienne et par laquelle, tout à coup, l'invisible se met à consister, on la rencontre, parfois, devant certains photogrammes, pas les photogrammes habituels choisis généralement pour identifier le film, les acteurs, les situations, mais ces photogrammes que jamais personne ne reproduit et qui sont l'autre corps étrange, méconnaissable, du film, ces images floues, vides, décadrées, ou encore ces images où quelque chose venu de l'opacité du réel mais qui était invisible, comme en suspension dans la fiction, dans le mouvement du film, vient d'un seul coup se déposer, avec la soudaine évidence éblouissante d'un *insight*, d'une retrouvaille énigmatique.

Ce qui fait la force et la novation véritable de ce ralentissement godardien, c'est que l'image ralentie ou arrêtée n'est jamais la dernière image (comme dans la publicité ou dans les films qui ne savent pas comment finir) mais que le mouvement reprend à nouveau et que le geste ainsi retrouvé une fraction de seconde, avec la surprise et l'émotion qui accompagnent cette retrouvaille, retourne lui aussi à sa perte, *cette perte que la bande-son n'a jamais cessé d'inscrire*.

Car le son, lui, pendant les aléas de ce ralentissement de l'image, continue à se dérouler à vitesse normale, marquant ainsi cette rétention des images, et ces retrouvailles successives, de la dimension de la perte.

Et si les spectateurs ont envie de rire quand l'image retenue reprend soudainement, de façon un peu saccadée, sa vitesse normale, c'est un peu comme un enfant qui tient par une patte une grenouille qui se débat gauchement et qui rit de plaisir à l'instant précis où il la relâche, où elle est rendue d'un seul coup à la mécanique parfaite de ses gestes, à l'altérité de son espèce, par quoi il la perd, par quoi il ne l'a jamais eue.

Une question se pose, pour finir : est-ce qu'il n'adviendrait pas la même étrangeté, la même consistance en décomposant n'importe quelle image, auquel cas le seul mérite de Godard-Miéville serait d'avoir été les premiers à faire un tel usage de cette machine ? Question que se posait déjà Roland Barthes à propos du « troisième sens » chez Eisenstein, celle de la valeur que pourrait avoir un signifiant éparpillé au hasard, partout invisible mais partout révélable, « *un vil signifiant, un signifiant à bon marché* ». Mais il suffit de regarder un seul de ces plans ralentis, et comment Godard les avait initialement filmés, pour mesurer le dérisoire d'une telle question. Si c'est Godard qui a trouvé ce mode de décomposition du mouvement, et non un réalisateur de publicité ou de télévision, c'est qu'il aura été le premier – et sans doute le seul – à s'être approché de cette machine, pour s'être posé la question de « comment filmer deux enfants, comment ralentir les paroles, comment ralentir la pensée ? », c'est qu'il a trouvé par nécessité ce nouvel usage d'une machine, la même nécessité qui pousse un chercheur, à un moment donné, à modifier ou à inventer l'instrument de mesure dont il a besoin, ou encore la nécessité qui a fait que Cézanne, un jour, a eu besoin de ces couleurs-là et de cette touche-là pour rendre compte de la Sainte-Victoire.

C'est d'une évidence aveuglante, pour qui a vu les douze mouvements de *Tour Détour*, qu'il s'agit de tout autre chose que de ralentir seulement les images ou de chercher un effet d'étrangeté ou de séduction (bien qu'il y ait par surcroît, dans ces images arrêtées, beaucoup de séduction consentie) et que ce besoin de ralentissement est à la racine même de la pensée-Godard, constitutif de son projet, de façon tout à fait irréductible, incontournable : besoin de ralentir le dialogue, de ralentir la pensée, de ralentir la télévision elle-même.

Si elles devaient un jour passer à l'antenne, ces douze émissions agiraient comme une dépression, comme un trou d'air, et auraient le redoutable pouvoir de faire le vide, ce vide qui est la chose dont visiblement les servants de la télévision ont le plus horreur, eux dont la principale obsession semble être de meubler le temps, d'occuper l'image, de mimer la vitesse et la variété. On risquerait alors de s'apercevoir que la façon dont Godard ralentit la pensée et les images, ce prétendu piétinement, cette décomposition du mouvement, sont en fait le moment de plus grande vitesse, de la vraie vitesse, mais dans une autre dimension dont la télévision ordinaire, dans son agitation, n'a même pas le soupçon.

Ce texte a été publié dans le numéro 301 des Cahiers du cinéma *(juin 1979).*

---

1. Ce texte a été écrit à l'occasion de la première diffusion publique, en feuilleton, de cette série, dans le cadre d'une Semaine des *Cahiers du cinéma* à l'Action République. Jean-Luc Godard venait chaque soir, en taxi, quelques minutes avant la séance, déposer la cassette du jour et récupérer celle de la veille.

Esthétique de *Passion*

En voyant *Passion* pour la première fois, au Festival de Cannes[1], j'ai été frappé par l'extraordinaire réseau de brouillages et de discordances calculées que Godard interpose entre nous (entre lui) et les rares moments où l'émotion et la beauté nous sont « données » à l'état pur. Le film m'est apparu à l'image de ce plan où Isabelle Huppert, au bord de la rivière, est vue à travers un réseau inextricable de branchages. Je me suis dit que cette ligne de défense, si elle est absolument nécessaire à Godard dans ce film pour approcher de la beauté ou de la communication absolue (disons celle de l'ange, au-delà de tout bruit et de toute parole), risquait de désappointer les spectateurs qui avaient été séduits par la beauté et l'émotion plus « humaines » de *Sauve qui peut (la vie)*. Ce n'est pas un hasard si c'est aujourd'hui que Godard se pose la question du « comment faire partie de l'humanité », au moment de la sortie de ce film qui est plutôt du côté de sauve-qui-peut-le-cinéma.

S'il y a un sens du péché, dans *Passion*, il est d'abord esthétique : « Tu ne regarderas pas la beauté nue, en face, droit dans les yeux. (La Vierge, dans les Annonciations, baisse les yeux devant l'ange, dont elle est le plus souvent séparée par les colonnes d'un portique.) Ta passion, spectateur, sera d'en apercevoir de temps en temps l'éclat, trop éblouissant pour tes pauvres yeux, à travers le réseau minutieusement ouvragé de la cacophonie du monde. » Ces éclats, bien évidemment, sont aussi sublimes que fugitifs : une jeune fille qui se courbe en arrière dans une chambre d'hôtel, Hanna Schygulla devant son image vidéo, la caméra qui survole les ailes d'un ange. Mais à ces quelques moments près, qui sont des moments véritablement « donnés » et atteignent à l'émotion la plus pure dont le cinéma est capable, il n'est pas un moment de beauté ou d'émotion que ne vienne brouiller un trait de trivialité, rayer un son discordant. Si une jeune fille enlève son peignoir pour dévoiler un corps d'une pureté de ligne à la Ingres, Godard fait entrer dans le champ une caméra de télévision, toute en angles, suivie d'un machiniste en train de tirer des câbles. Si un couple est sur le point de se parler de sentiments, quelqu'un ne cesse de frapper à la vitre et de brouiller leur dialogue. Au moment où un plan-séquence risque de laisser « prendre » un peu d'émotion, Godard le casse au montage. J'ai été d'autant plus sensible à ce travail de brouillage que j'avais pu voir quelques rushes du film où les plans m'avaient paru beaucoup plus « tenus », au sens où on le dit d'une note de musique. Le seul film, dans le cinéma du passé, où l'art du brouillage des lignes et des émotions atteint à une telle complexité, c'est *La Règle du jeu* de Jean Renoir, auquel *Passion*, curieusement, m'a souvent fait penser.

Dans *Passion*, Godard pose l'harmonie, la paix artistique – disons celle de la musique – *à la fois* comme un idéal et un péché. Car Godard a affaire au cinéma qui est sans doute, de tous les arts, le plus ontologiquement impur. C'est le seul qui doit compter, à tout moment, avec le bruit, la nature chaotique du monde, la singularité des choses, l'aléatoire. La musique, à l'opposé, qui substitue sa combinatoire souveraine à la cacophonie du monde, est sans doute le plus pur. Je placerais la peinture quelque part entre les deux, entre la pureté absolue de la musique et l'impureté native du cinéma. Godard, de savoir mieux que personne que cette impureté même fait tout le prix du cinéma, était aussi le mieux placé pour faire le film de cette « passion » du cinéaste, condamné à chercher la géométrie dans le chaos, la musique dans le bruit, à errer entre la singularité des choses et le chiffrement du sens, entre l'émotion pure et la rumeur confuse du monde.

Au départ de *Passion*, Godard se donne à la fois un idéal ontologiquement inaccessible au cinéma, disons la musique de Bach (la géométrie absolue, la pureté fermée), et les matériaux merveilleusement aléatoires, fugitifs, singuliers, avec lesquels le cinéma est

condamné (mais c'est en même temps sa bénédiction) à se faire :
des corps et des voix d'acteurs, des paysages, des bruits, les changements de la lumière naturelle. Et *entre les deux*, comme une petite marche entre la singularité d'un visage d'ouvrière filmé en gros
plan et l'universalité abstraite du Requiem de Bach, la peinture. La
peinture comme quelque chose à quoi le cinéma, depuis son impureté, peut encore tenter de se mesurer, en studio, à l'abri de la
lumière naturelle et des bruits du monde. Tout le problème pour
le cinéaste consistant à permettre au spectateur de gravir cette
petite marche, c'est-à-dire de trouver le bon raccord entre l'impureté du cinéma et la semi-pureté de la peinture. Et le bon accord
entre la cacophonie du monde, le début d'ordre que le peintre
impose à sa toile (quand elle ne lui résiste pas trop) et l'ordre absolu du règne musical.

Si ce film est une « passion » – et c'en est une – c'est donc celle
du cinéma lui-même, écartelé entre le pur et l'impur, la géométrie
et le chaos, la communication et le bruit. Tous les cinéastes com-
mencent par réduire cet écart avant même de commencer à filmer.
D'abord en se protégeant du bruit et du chaos (*Identification d'une
femme* est superbe mais uniformément beau, Antonioni commence par supprimer le bruit ou le désordre qui pourrait troubler la
beauté harmonieuse de *chaque* plan). Ensuite s'en remettant à une
géométrie normalisée qui a fait ses preuves, je pense en particulier
à l'échelle hiérarchique ordinaire des plans, totalement remise en
cause dans *Passion* où une figurante peut avoir droit à un gros plan
qui sera refusé à la star.

Godard, lui, qui aime les deux à la fois, le bruit et la musique,
commence par poser cet écart en évidence, comme un point de
départ. Prologue : la caméra, qui semble hésiter entre un mouvement chaotique ou la fixité, cadre des nuages, et la lumière chan-
geante qui les traverse, c'est-à-dire l'image même de l'instable, du
chaos original. Mais la même image est rayée d'une ligne impeccablement droite, la géométrie à l'état pur, le tracé d'un réacteur.
Premier plan « fictionnel » : l'image est envahie dans sa moitié infé-
rieure par un champ d'herbes et de fleurs sauvages, un réseau inextricable de lignes et de couleurs ; dans la moitié supérieure de
l'image, un camion de régie vidéo, la géométrie et la couleur
pures ; entre les deux, les hommes, vus de très loin, qui émettent
des sons à la limite du compréhensible (entre le bruit et la phrase)

ponctués de coups de klaxons. Dans la suite de ce film, rigoureusement impossible à sous-titrer, tout ce qui sort de la bouche des acteurs est toujours entre le bruit et la phrase. De ce brouillage généralisé des paroles (désynchronisation, sonneries de téléphone, bruits, langues étrangères) émergent pourtant, de temps en temps, quelques phrases qui deviennent du même coup inoubliables : « moi aussi, j'aurais voulu t'aimer passionnément », « dis ta phrase », « è a me che deve parlare ».

Si Godard, comme on vient de le voir, pose au départ de son film qu'il a besoin de cet écart maximum pour avancer, pour risquer quelque chose avec le cinéma, la question du raccord va devenir l'enjeu principal, et pas seulement esthétique, de *Passion*. Godard sait bien que s'il est capable de trouver le bon raccord entre le bruit et la musique, entre le monde et la peinture, entre ce qu'il appelle quant à lui « le monde et sa métaphore », le cinéma est sauvé. Et on rencontre effectivement dans ce film quelques-uns des plus beaux raccords de l'histoire du cinéma. Beaux et émouvants *en tant que raccords*. Je pense à ce sublime raccord dans le mouvement sur la jeune fille qui fait un pont arrière dans la chambre de Jerzy, et qui passe d'une silhouette en contrejour (d'une image cachée) au « don » que nous fait Godard de ce même geste dans l'autre axe, superbement éclairé par la lumière qui vient de la fenêtre, don d'autant plus émouvant qu'il est rarissime dans un film où les raccords servent plutôt à changer de ligne, à couper court à l'émotion. Je pense aussi à ce raccord entre l'image inextricable de la serre (où Michel Piccoli est caché comme dans ces dessins pour enfants où il faut « chercher le chasseur ») et ce plan d'une géométrie absolue où Piccoli, dans sa voiture, poursuit Hanna Schygulla qui finit par lui jeter son bouquet de fleurs à la figure. Je pense évidemment à tous ces raccords entre le monde et la peinture, à tous ces passages à autre chose dont Godard a toujours eu le secret (la tasse de café de *Deux ou trois choses* ou le caillou de *Week-end*), à ces raccords incroyables d'audace entre l'initiation à l'amour d'Isabelle et le tableau à la Vierge de Velasquez.

Le cinéma sort effectivement sauvé de *Passion*. Godard a pris sur lui de le racheter de toute la tiédeur et la résignation du cinéma ambiant. Pour cela il a choisi la voie la plus difficile, celle de nous rappeler d'où vient réellement le cinéma et d'où il devra tou-

jours repartir s'il veut être encore du cinéma (de la rumeur caco-
phonique du monde, de la singularité irréductible des choses, des
variations de la lumière) et de tendre malgré tout vers cela même
à quoi le cinéma ne pourra jamais prétendre, sauf par éclairs : à la
pureté absolue. La grande force esthétique de Godard, c'est de
savoir qu'il n'y a de vraie beauté, au cinéma, que dans l'étincelle
entre ces deux pôles : *Passion* en est la plus belle preuve.

Ce texte a été publié dans le numéro 338 des Cahiers du cinéma
(juillet-août 1982).

---

1. Lors du même festival de Cannes 1982, on avait pu découvrir *Identification d'une femme*
de Michelangelo Antonioni.

Les Ailes d'Icare

(Prénom Carmen)

« *La beauté*, dit l'oncle Jean dans *Prénom Carmen*, *c'est le commencement de la terreur que nous sommes capables de supporter.* »

Remontons en arrière d'un film ou deux pour voir où en est Godard dans ses rapports avec la beauté, avec le cinéma qui lui permet de l'approcher, et avec cette humanité dont il lui importe comme artiste, même si c'est difficile, de faire aussi partie. Avec *Passion*, qui restera sans doute un film-phare plus qu'un film dans le siècle, il a tenté d'approcher au plus secret de ce mystère bouleversant de la beauté, jusqu'à la limite extrême, celle où on ne peut plus la regarder en face, comme le soleil, sans s'y brûler les yeux ou y laisser ses ailes à la façon d'Icare.

Il est probable que Godard a pris le risque admirable de *Passion*, qui est un film plutôt icarien, assez loin de nos préoccupations terrestres, parce qu'avec *Sauve qui peut (la vie)* il venait au contraire de toucher en plein dans nos désarrois du moment, au cœur de l'ici et maintenant, avec une justesse telle que les spectateurs, godardiens ou pas, ne s'y sont pas trompés et que les autres histoires que nous racontait dans le même temps le cinéma nous ont semblé avoir tout à coup quelques années de retard, et les autres films prendre esthétiquement un sérieux coup de vieux. *Sauve qui peut (la vie)* nous avait touchés parce que Godard y parlait de la vie telle que nous étions en train de la vivre et telle que personne ne nous l'avait encore montrée, en ce début des années quatre-vingt, avec autant de justesse et un tel synchronisme.

Dans *Passion,* Godard se parlait plutôt à lui-même (« *La solitu-de,* dit une autre voix dans *Prénom Carmen, m'a forcé de faire de moi-même, pour moi, un compagnon* »), mais on en avait eu le souffle coupé de le voir évoluer dans l'air raréfié et la solitude sans recours de cette zone limite où se risquent de loin en loin quelques rares artistes pour qui la question *de ce que peut vraiment leur art* devient un jour d'une telle urgence qu'il leur faut y aller voir, au risque de s'y perdre, pour pouvoir éventuellement retourner sur terre, parmi les hommes. Avec ce film, Godard ne tenait plus à nous que par un fil, mais ce fil, même ténu, était sa façon à lui, à ce moment-là, de faire encore partie de l'humanité, même dans ce *no man's land* où la beauté touche à cette terreur que nous ne sommes plus capables, faibles spectateurs d'une époque faible, de supporter sans cligner des yeux.

Avec *Prénom Carmen,* Godard nous donne le sentiment qu'il peut à nouveau regarder la beauté en face. Mais parce qu'il en a dissocié les deux visages, la beauté de Claire et la beauté de Carmen, et qu'il peut se tenir quelque part entre les deux, comme il se tient depuis quelque temps entre la cacophonie et la musique, entre le brouillage et la Forme.

Pour rester dans la mythologie, on pourrait dire de Claire, la musicienne, qu'elle est comme vue par une sorte d'Orphée (enco-re un amoureux de la beauté, mais qui a refusé de choisir entre le sublime et le trivial, et qui en mourra) mais un Orphée qui n'au-rait plus besoin de se retourner pour vérifier la beauté mortelle d'Eurydice car la beauté idéale qui le hante depuis si longtemps, et dont Eurydice lui a fourni à un moment l'image, il peut la retrouver les yeux fermés, même quand le soleil a disparu, même si le visage d'Eurydice a vieilli ou si une autre a pris sa place dans la réalité. Le temps d'un plan, le visage de Myriem Roussel est tra-versé par le souvenir d'autres images godardiennes de la beauté, celle d'Anna Karina ou d'Anne Wiazemsky, comme si les visages des femmes qui ont hanté ses films se surimpressionnaient fugiti-vement à ce visage-là, le temps d'un cadre et d'un éclairage, non pas par une ressemblance trait par trait, mais parce que les accents de ces visages dessinent une image de la beauté qui ne s'incarne dans aucun de ces visages singuliers mais les éclaire tous, comme l'idéal de beauté non-terrestre qui habite tous les visages des Vierges peintes par un Filippo Lippi.

Quant à la beauté de Carmen, elle est visiblement d'une autre nature, c'est une beauté tout à fait terrestre, « étrange et sauvage », à l'expression « à la fois voluptueuse et farouche » selon la description de Mérimée, une beauté incarnée, donc nécessairement imparfaite et inachevée, avec un rien de lourdeur et de vulgarité où peut venir s'arrimer le désir le plus charnel.

La beauté de Carmen est une beauté qui peut se regarder en face, c'est même une chose qui rend fou Don José, chez Mérimée, de savoir que d'autres hommes ont l'occasion de la regarder en face, qu'elle ne s'y refuse pas et qu'elle leur appartient du même coup à la fois autant et pas plus qu'à lui-même. C'est la raison pour laquelle il rêve dans sa folie de l'éloigner du monde : « *Si je te tiens dans la montagne, je serai sûr de toi.* » Dans le film de Godard, Joseph rêve sans doute de garder Carmen dans la villa au bord de l'océan, même s'il est évident que ce serait l'enfer, comme Pierrot le fou rêvait de garder Marianne sur son île de paradis – les temps ont changé – Marianne qui aurait pourtant pu dire à Pierrot ce que Carmen dit à Don José et qui condense ce qu'il y a de profondément godardien dans la nouvelle de Mérimée considérée comme le vrai scénario du film et non pas comme un simple prétexte : « Je ne t'aime plus ; toi tu m'aimes encore, et c'est pour cela que tu veux me tuer ». Sauf que s'aimer et se tuer sont devenus depuis quelque temps dans le cinéma de Godard – comme avant lui dans le cinéma d'Hitchcock – le même geste.

Avec *Prénom Carmen*, Godard se tient donc quelque part entre ses deux films précédents, entre les hauteurs aveuglantes de *Passion* et la houle des passions simplement humaines de *Sauve qui peut (la vie)*. Comme s'il avait entendu le conseil de Dédale à son fils pour qui il vient de fabriquer des ailes en imitant celles des oiseaux : « Je te préviens, Icare, il faut mener ta course à hauteur moyenne. Vole entre les deux. » Quand Godard s'essaie à voler entre terre et ciel, à hauteur moyenne (une hauteur moyenne *pour lui*, dont le cinéma standard, faut-il le dire, n'a même pas idée), entre bande son et bande image, il y réussit avec la plus grande aisance, et ce cinéma le plus expérimentant qui soit (à une époque où la plupart des cinéastes semblent avoir baissé les bras devant toute recherche et toute innovation formelle) nous touche avec la simplicité de l'évidence, à la façon d'un air de musique dont la complexité formelle n'empêche pas qu'il semble aller de soi à

l'oreille de l'auditeur le moins averti des subtilités de l'harmonie et de la composition musicales. *Prénom Carmen* est un film qui nous parle musicalement de ce que les autres films se contentent dans le meilleur des cas de scénariser, à savoir « soit le dernier combat des femmes contre les hommes, soit le premier ».

Et curieusement ces ailes étranges fabriquées par Dédale semblent définir la façon la plus naturelle de voler. C'est que Godard est à la fois le constructeur et le pilote, Dédale et Icare. Parce qu'il est le cinéaste contemporain qui a la conscience la plus large et la plus organique du processus de fabrication technique de ses films, il est en train de se construire patiemment, film après film, avec logique, la chaîne d'instruments et la méthode douce, naturelle, dont il a besoin pour repenser, à l'écart du carcan des normes, une autre façon de concevoir et de faire naître les films. Les autres cinéastes essaient de faire décoller des machines fabriquées en pièces détachées par des techniciens qui ne savent pas pour quel pilote ni pour quelle destination ils sont en train de travailler. Et qui s'étonnent ensuite de ce que leurs films finissent tous par se ressembler étrangement à la sortie de la chaîne de montage.

À écouter *Prénom Carmen* – et quand je dis écouter, il s'agit aussi bien des images et des sons, comme on écoute de la musique, en passant d'une ligne à l'autre (d'une image de mer accompagnée d'un quatuor de Beethoven, à l'image d'un couple qui dialogue en muet accompagnée d'un son de mer, avant de passer à une image de mer sur fond de silence et de revenir au couple qui dialogue cette fois en son synchrone, envahi peu à peu par des cris de mouettes puis par des bruits de vagues) – on se dit que le cinéma sonore aurait dû naître avec cette liberté musicale-là, qui n'a rien d'une expérimentation sans nécessité et se déploie avec l'évidence d'une liberté originelle et non d'une liberté reconquise.

Ce texte a été publié dans le numéro 355 des Cahiers du cinéma *(janvier 1984).*

Si près du secret

(Je vous salue Marie)

Jusque-là, c'est surtout Joseph qui en a bavé. Il lui en a fallu de la souffrance pour simplement accepter l'évidence, croire à l'incroyable : Marie, la fille du garagiste, la femme qu'il désire, attend un enfant qui n'est pas de lui – il ne l'a jamais touchée – mais qui n'est pas non plus d'un autre homme, Marie est vraiment la Vierge. Il lui a fallu apprendre à ne plus être jaloux, ni violent, ni impatient, à faire taire en lui le doute, à réprimer l'exaspération. Au bout de tout ce travail sur lui-même, Marie l'autorise à effleurer son ventre avec sa main. Il est à la fois apaisé et résigné, il a enfin compris que c'était aussi simple et aussi difficile que ça d'aimer Marie.

Marie, elle, n'a jamais douté. Elle a accepté d'emblée de porter le mystère. Elle a été disponible à ce destin unique, qu'elle a accueilli sans question, close sur sa certitude et son secret.

Jusque-là, dans le film, le cinéma était presque normal, les convenances respectées, chacun à sa place. Joseph regardait Marie, Godard regardait Joseph regarder Marie, le spectateur se demandait s'il devait refuser l'incroyable, comme Joseph, ou y croire, comme Marie. Mais à la neuvième bobine, tout à coup, quelque chose bascule dans le film. Avec *Prénom Carmen*, Godard était passé de l'autre côté de la caméra, là il passe carrément de l'autre côté de la représentation, dans la chambre obscure elle-même.

Joseph, qui venait enfin de retrouver une sorte de paix, est congédié de l'image, il n'y a plus de tiers personnage pour supporter la souffrance, le doute ou la croyance du spectateur. Godard est seul en face de son sujet et de son actrice, il a décroché de sa propre fiction, il n'y est plus pour personne. Du coup le spectateur se sent presque de trop. Ce qu'il va voir et entendre peut être bouleversant mais il se demande s'il a le droit de se trouver à cet endroit-là, si près du secret. Godard le laisse regarder, à moins qu'il n'ait tout simplement oublié sa présence, mais est-ce que ça le regarde vraiment ?

Ce qui se passe dans cette scène entre le peintre et son modèle – mais aussi entre Dieu et sa servante – on l'a rarement vu au cinéma de façon aussi peu protégée. Godard est seul en face de son actrice, elle est seule en face de lui, ils sont encerclés et il leur faut à tout prix se sauver dans et par une image. Pendant longtemps Godard a refusé de se laisser encercler par les autres images, qu'elles viennent du cinéma ou d'ailleurs. Il préférait les emprunter, les traverser, les critiquer, les digérer. Avec ce film il a choisi le blocus. Comme si aujourd'hui la seule façon de résister était de produire une image qui fasse oublier toutes les images ennemies. Il essaie de regarder Marie-Myriem et de faire cette image mais il n'y arrive pas, ou mal, c'est devenu trop difficile de regarder la beauté en face, ou le mystère. La beauté d'un avion qui atterrit, il peut la filmer derrière un réseau de branchages, un animal ou un paysage ça va encore, c'est une innocence plus facile à retrouver, mais la beauté ou le mystère d'une jeune fille, c'est devenu presque impossible. Satyajit Ray ou Mizoguchi y arrivaient sans se forcer, et Godard aussi dans les années soixante, où la grâce pouvait encore aller de soi, souvenez-vous d'Anna Karina dans *Bande à part*, mais aujourd'hui, malgré tous ceux qui la miment, ou à cause d'eux, il n'y a plus de place pour cette évidence-là. Godard sait que son cinéma est cerné, qu'elles sont là tout autour de lui et dans la tête des spectateurs, les images de la pub, de *Playboy* et toutes les images faussement innocentes du cinéma ambiant. Il lui faut creuser l'écart au maximum, vite, avant qu'elles ne le rattrapent. Il est obligé de s'enfermer à l'intérieur de son film, mais pour se sauver il lui faudrait trouver au moins le bon axe, celui par lequel il pourrait toucher vraiment son sujet et échapper à l'encerclement.

Ces images de Marie-Myriam ne constituent pas une série. Ni même un montage qui ferait de la somme de ces images partielles une image totale. Ce sont *des images essayées*. Godard ne les accumule pas, il les efface au fur et à mesure qu'il les produit. L'une chasse l'autre, comme s'il n'en trouvait aucune qui puisse être la bonne. Les plans de paysage de soleil, de lune, d'animal, servent aussi à cela, à effacer les images essayées, à repartir à chaque fois d'avant les images. Aussi bien se refuse-t-il pour ces plans tout pictorialisme, ce sont des images simples, premières, presque des images de calendrier des postes ou d'école primaire, c'est-à-dire des images qui croient avant tout à leur sujet.

Mais l'ennemi n'est pas qu'extérieur, le malheur est aussi entre le peintre et son modèle. Maintenant qu'il a évincé Joseph de son film, c'est Godard lui-même, directement, qui est aux prises avec le doute, la souffrance, l'exaspération. Dans *Prénom Carmen* les choses étaient séparées, donc plus faciles à filmer : l'âme d'un côté, le corps de l'autre. Ici, il n'y a plus que Marie, corps et âme, qui se pose justement cette question : est-ce que c'est l'âme qui a un corps ou le corps qui a une âme ? Je ne vois pas que Godard ait jamais eu une actrice d'aussi bonne volonté que Myriem Roussel. S'il y a de la résistance, dans l'image d'elle qu'elle lui donne, ce n'est jamais par manque de courage ou de générosité. On la sent dans chaque plan réellement disponible, désireuse par-dessus tout de bien faire, de répondre du mieux qu'elle peut à la demande du maître, du moins à ce qu'il lui en laisse deviner. Mais la demande est trop malheureuse, impossible. Godard lui demande d'être sa créature (sa servante, son sujet) et de témoigner, en même temps, avec l'évidence d'un paysage ou d'un hérisson, du mystère de la création. Il lui demande à la fois d'être l'orage et d'avoir l'indifférence et la passivité du champ d'herbes folles sous la pluie. Il lui demande à la fois de tout (lui) donner et de garder son mystère. Il lui demande de veiller à elle-même, de préserver son secret, et de lui répondre, de lui obéir. Elle est écartelée entre ces deux postulations. Elle se tord entre les deux maîtres qu'il lui propose.

L'arbre ou le hérisson, eux, n'ont qu'à refléter le mystère qui les a créés, la demande de Godard leur indiffère, il peut donc les filmer paisiblement. Mais quand il filme Marie-Myriem, il s'exaspère de ne pas arriver à faire tenir les deux bords de son désir de cinéaste dans une seule image. Il n'arrivera pas à résorber cet écart, à combler cette béance de la représentation qu'il a lui-même creusée. Il ne lui reste plus qu'à en faire la dernière image de son film, l'image réussie d'un échec.

Ce texte a été publié dans le numéro 367 des Cahiers du cinéma *(janvier 1985).*

La beauté du geste

(Grandeur et décadence d'un petit commerce de cinéma)

Curieusement, j'ai beaucoup repensé à la fable du *Sacrifice* de Tarkovski en regardant se déposer un à un, sur mon téléviseur, les plans de *Grandeur et décadence d'un petit commerce de cinéma*. Godard aussi, comme le personnage interprété par Erland Josephson, est maintenant persuadé qu'en ce qui concerne le cinéma, la catastrophe majeure a eu lieu, irréversible, et qu'il n'est plus que l'un des rares survivants, avec Mocky et quelques autres, de cette époque où il y avait encore des hommes de cinéma. Il aime bien, depuis quelque temps, se mettre en scène comme un rescapé de cette « série noire » où tant d'autres sont tombés au champ d'honneur, de Rassam à Lebovici en passant par Romy Schneider et Georges de Beauregard. Puisqu'on lui commandait justement une Série Noire, le sujet était tout trouvé : la disparition d'une espèce (Mocky, Léaud et lui-même sont filmés comme de vieux éléphants tenaces qui continuent à croire à la savane en plein cœur du zoo de Vincennes) et son remplacement par une autre, mieux adaptée à l'horrible fausse légèreté des temps qui s'annoncent.

Toujours comme le personnage de Tarkovski, qui ne manque lui non plus ni d'illumination ni d'humour, Godard me donne l'impression d'avoir entrepris ce film sans aucune illusion sur l'efficacité de son geste dans le réel, dans ce qui n'est même plus un rapport de force entre le cinéma et la télévision. Mais alors, pourquoi ? Pour la beauté du geste. C'est tout ? C'est tout, mais quand le geste arrive par moments à une telle beauté désespérée, c'est déjà beaucoup.

Ici, pour Godard, il n'est même plus question de « faire la leçon » à ceux qui sont chargés de fabriquer la télévision, ni de proposer je ne sais quelle alternative illusoire, non, pour ça il a déjà trop donné, il s'agit simplement, comme l'homme qui brûle sa maison dans *Le Sacrifice*, de manifester que la catastrophe n'a pas eu raison de cette liberté souveraine qui lui reste d'accomplir jusqu'au bout la beauté d'un geste lui appartenant en propre, même si ce geste peut sembler vain aux autres.

J'ai été frappé, plus que jamais, par l'extraordinaire attention que Godard, dans ce film de télévision, accorde à chacune des touches qui composeront le tableau. Il attaque chaque plan comme si, de la force et de la beauté de la touche plus que du résultat d'ensemble, dépendait l'essentiel. Comme si le salut du cinéma, dans cet état urgence, était suspendu à l'amour et à l'énergie du désespoir mobilisables dans chaque geste. Quand la partie est perdue (et Godard acceptant cette commande de la télévision considère visiblement qu'elle est perdue d'avance, ce qui n'était pas le cas à l'époque de *Six fois deux* et de *France tour détour*), il peut arriver que le geste de celui qui n'a plus rien à gagner retrouve la splendeur gratuite du style. Le style de Godard pourrait sembler par moments quelque peu gratuit dans ce film, à la limite du maniérisme, trop virtuose, ne serait cette rage à peindre pour se sauver qui l'anime. Car il ne s'agit pas de vaincre, mais de se sauver, et de sauvegarder en même temps – à l'intérieur de l'image cette fois – la beauté de quelques gestes élémentaires qui participent de l'amour de faire des images. Je pense à ce très beau geste, à la gravité toute keatonienne, du personnage de Carol regardant dans le viseur l'image qu'elle est en train d'enregistrer. Je pense aussi à cette première tentative de Godard, fugace et brillante, de tracer directement à la main, guidée par la musique, des jets de couleurs empruntées à la mire vidéo.

Si j'ai parlé de touches, tout à l'heure, ce n'est pas par métaphore mais bien parce que ce film, réalisé pour l'écran de télévision, me paraît relever directement *de la peinture considérée comme un art du dépôt*. *Grandeur et décadence* n'est peut-être pas un film racontable, mais au fur et à mesure que ses plans apparaissent et disparaissent de l'écran, il en reste quelque chose qui finit par déposer en nous de façon durable, comme si l'on avait regardé assez longtemps un tableau quelque peu énigmatique, pas forcément pour mieux le comprendre, mais pour mieux s'imprégner de ce que nous dit son mystère. Pour une fois, l'écran de télévision – c'est tellement étrange qu'on a du mal à le reconnaître – *retient quelque chose* qui finit par faire dépôt sans jamais consister précisément quelque part : la vraie gravité du beau visage fatigué de Jean-Pierre Mocky, quelques accents de la somptueuse phrase de Faulkner, un certain rapport d'ombres et de couleurs, la grâce surannée du visage de Marie Valéra, le regard d'éléphant de Jean-Pierre Léaud. Cela peut paraître un peu léger comme viatique, mais Godard nous en fait véritablement le don, on peut le garder avec soi, y repenser avant d'aller se coucher ; à chacun de voir s'il en a besoin ou pas.

Ce film de télévision, Godard s'en sert aussi comme d'une machine à voyager dans le temps. Dans les deux sens. Vers le futur, c'est à la fois « terrifiant et marrant » comme disait Marianne à Pierrot dans un vieux film du même. Godard, par le médium Mocky interposé, s'imagine mort. Qu'est-ce que c'est qu'imaginer sa mort, pour Godard ? Ce n'est pas, comme dans *La Chambre verte*, imaginer une chapelle ardente, c'est voir son propre bureau – qui sert de décor à l'essentiel du film – envahi par une bande de jeunes « créatifs » en vidéo, hyperbranchés, qui mettent leurs pieds poussiéreux sur sa table de travail, qui se servent sans amour et sans attention de ses machines, et qui ne veulent rien savoir des questions qu'il aura passé sa vie à se poser sur les rapports de l'art, du cinéma, avec les sentiments et expériences vécues. Mais avant, il y aura eu ce plan à la fois complètement anodin et le plus terrible du film, où, après la mort d'Almereyda-Mocky, les membres de la petite équipe qui travaillait avec lui – sa secrétaire, son chef-opérateur, son assistant, qui sont réellement ceux du film – se séparent sur le trottoir, devant son bureau, et disparaissent chacun de leur côté, défaisant le plus naturellement du monde une famille de cinéma, laissant le champ vide. Ce plan de disparition sèche m'a fait penser à cette « mort totale, indialectique » dont parlait Roland Barthes dans *La Chambre claire*.

Grandeur et décadence est aussi une machine à remonter le temps. Elle lui permet de revenir, grâce au médium du beau visage de Marie Valéra, au temps de ces actrices dont il aimait aller voir les films en compagnie de François Truffaut. Même si ce nom n'est jamais prononcé au cours de cette sonnerie aux morts d'une heure et demie, on a en permanence l'impression que ce film a été pour Godard une façon de revenir en arrière, avant l'interruption de la mort, pour reprendre, par un autre médium interposé (Jean-Pierre Léaud), le dialogue avec François Truffaut. Pour lui dire, avec ce film qui est à la fois sa *Chambre verte* et son anti-*Chambre verte*, à sa manière à lui, sans images pieuses et sans cérémonies, avec gravité et drôlerie, que le cinéma qu'ils avaient aimé ensemble, au début, et dont Truffaut maintenait vivante (beaucoup plus que lui, l'iconoclaste) la tradition, était bel et bien mort.

Ce texte a été publié dans le numéro 385 des Cahiers du cinéma *(juin 1986).*

Une famille réfractaire

(JLG/JLG)

Pour faire une brève coupe, en vingt minutes, sur la question du personnage de cinéma cent ans après son invention, j'en ai choisi quatre, dans cette fin de siècle cinématographique, qui me semblent constituer une petite famille réfractaire.

Le premier est un assassin, c'est Yvon, le personnage principal de *L'Argent*, le dernier film de Robert Bresson. Il est livreur de mazout et il va être arrêté, bien qu'innocent, par refus de se disculper, refus de se justifier, refus de dialoguer avec un juge, répugnance à prendre sa propre défense. Ce qui va le conduire tout droit en prison et, quand il en sera sorti, à son terrible acte final : il va massacrer « gratuitement » deux familles.

Le deuxième est un artiste, c'est Van Gogh revu par Maurice Pialat. Dans le film, on voit surtout l'homme Vincent à la fin de sa jeune vie ruminer, ressasser ses échecs et ses ressentiments. Pialat lui prête à plusieurs reprises un comportement étrange : dès qu'il est confronté à une demande de l'autre, qu'elle vienne d'une femme, de son frère ou d'un marchand de tableaux, il se ferme, il devient soudain opaque et muet, de façon presque réflexe.

Le troisième est un amnésique, c'est Michele, le héros de *Palombella rossa* de Nanni Moretti. Il regarde comme une énigme tout ce qui l'entoure après avoir perdu provisoirement l'usage des connexions qui lui permettraient de comprendre et de rassembler les fragments de comportements et de discours qui se présentent à lui. Michele est en permanence en état d'extrême vigilance à tout ce qu'il ressent comme agression dans le langage des autres. Il est absolument rétif à toute demande et phobique à l'égard de tous les stéréotypes. Il finira par donner un coup de poing à l'un de ses adversaires idéologiques en lui précisant bien que c'est davantage sa manière de s'exprimer que le contenu de sa pensée qui l'a fait réagir ainsi.

Le dernier personnage est un dinosaure, un survivant, un vieux cinéaste solitaire, une sorte de nouveau Saint Jérôme entouré de livres et méditant dans sa cellule, à deux pas du lac de Genève. Godard l'appelle JLG. Le film, *JLG/JLG*, passe actuellement à Paris dans une salle éloignée de toute station de métro, ce qui oblige, en sortant du film, à y réfléchir tout en marchant. Je pense que cela n'était pas pour déplaire à Godard : qu'il faille marcher pour aller rendre visite à son film.

Ces quatre personnages, imaginés par des cinéastes réputés très singuliers, des « auteurs » à l'ancienne, ont pourtant un sérieux air de famille.

En premier lieu, ils ont en commun d'être réfractaires à l'identification. Dans chacun de ces quatre films, l'auteur n'est pas vraiment disséminé ni « fragmenté » entre les diverses figures – pour reprendre l'expression de Daniel Sibony – mais en quelque sorte enkysté dans le personnage principal, qui forme un bloc de résistance dur et opaque, au centre du film, auquel il n'est pas facile de s'identifier.

Au milieu du siècle, après la guerre, ce sont des personnages d'enfants qui ont joué historiquement ce rôle de figures réfractaires à l'identification du spectateur. Je pense en particulier à deux de ces enfants de cinéma qui ont chevillé au corps d'une génération de futurs cinéastes et cinéphiles (celle de l'immédiat après-guerre) la passion du cinéma.

Le premier est le petit Edmund d'*Allemagne année zéro*, de Rossellini, qui n'a pas le droit d'être un enfant à l'âge où il aurait dû l'être. La guerre le prive de ses prérogatives d'enfant. Il est seul à assurer la survie de sa famille, dont il est en quelque sorte le délégué aux échanges avec le monde, ce qui lui interdit tout rapport ludique et léger avec le langage, ce qui entrave l'enfance qui est en lui. Le second, le petit John de *La Nuit du chasseur* de Charles Laughton est aussi un enfant qui n'a pas le droit au babil, au jeu insouciant avec le langage. Il est sous le serment du père mort et toute parole peut entraîner un lapsus qui le trahirait, et par lequel il trahirait ce serment fait au père. Ces deux enfants sont souvent graves, méditatifs et presque toujours muets.

Un demi-siècle plus tard, les quatre personnages de Bresson, de Pialat, de Moretti et de Godard sont un peu le prolongement de ces enfants-là, mais qui auraient grandi. Ils ressemblent visiblement à leurs auteurs dont ils sont les *porte-silence* plutôt que les porte-parole. Moretti et Godard prêtent même leurs corps à leurs personnages. *JLG* n'est peut-être pas tout à fait Godard mais habite chez lui et lui ressemble quand même pas mal. Pialat prête très clairement à Van Gogh ses foucades d'artiste et ses ressentiments familiaux. Quant à Yvon, il a l'orgueil intransigeant de Bresson qui était capable de renoncer à un film – ce qu'il a fait une fois, à Rome – plutôt que d'avoir à négocier avec un producteur.

Ces personnages ont un autre trait en commun, leur répugnance à répondre à toute demande de l'autre, qui leur semble exorbitante, insurmontable, surtout si elle est formulée dans un langage stéréotypé, donc suspecte d'être une fausse demande, émanant du social plus que d'un sujet et n'exprimant pas un vrai désir. Ils refusent dans l'échange tout ce qui impliquerait un renoncement, même minime, à leur propre intégrité. Dans *JLG/JLG*, deux contrôleurs du Centre du cinéma s'introduisent chez lui, pour une visite surprise aux allures de perquisition, et cherchent à savoir s'il est vraiment cinéaste. JLG se refuse à leur répondre et préfère monologuer, le nez dans ses livres, comme s'ils n'étaient pas là, ou parler à sa femme de ménage. Quant à Moretti, il gifle une journaliste pour les mots qu'elle emploie et frappe son adversaire à cause d'une expression insincère. Ce sont des gens qui ont renoncé au dialogue superficiel dont est tissé le lien social, et qui préfèrent se taire, ruminer, ressasser. Leur rapport au monde et aux autres est devenu tout à fait singulier. Intraitables, ils opposent une radicale fin de non-recevoir à la prétendue inéluctable accélération de la communication. Ils ont tendance à ralentir d'instinct le mouvement, et ce d'autant plus qu'autour d'eux le langage des faux échanges s'emballe. Ils campent au milieu de leur petit monde comme des ressasseurs-ralentisseurs.

Même s'il est devenu amnésique, Michele se souvient de certaines phrases, toujours les mêmes, qu'il répète durant tout le film. Il se demande par exemple : « *Que signifie être communiste aujourd'hui ?* » Godard fait la même chose depuis dix ans, il lui a fallu six films et autant de vidéos pour approcher et faire siennes une dizaine de phrases. Je pense à la phrase de Rilke sur la terreur et la beauté[1]. Actuellement, c'en est une autre, de Reverdy – qu'il a commencé à ressasser dans *Passion* – sur la distance entre les images et la solidarité des idées, ou encore celle de Saint Paul sur l'image et la résurrection. Dans chaque film ou dans chaque interview, il revient sur ces quelques phrases, comme s'il n'en avait jamais fini avec elles. C'est ce que j'appelle ralentir le mouvement de la communication, c'est une des formes de résistance les plus exemplaires aujourd'hui où l'on demande au cinéma et aux images de circuler de plus en plus vite.

À travers leurs personnages, ces quatre cinéastes attestent d'eux-mêmes en tant qu'artistes de cette fin de siècle, comme cœur réfractaire de leur propre film. Le refus de dialoguer devient aussi refus de dialoguer le film, d'écrire des dialogues. Il n'y a presque plus de dialogues dans leurs films, au sens classique du terme, comme si chacun d'eux, à sa façon, avait choisi de faire sienne l'injonction de Bresson : « Monologue au lieu de dialogue. » Et dans le même temps où ces « vieux » cinéastes ruminent, répètent ou se taisent, on assiste à un mouvement inverse dans le jeune cinéma français où le dialogue prolifère, devient un babil de plus en plus emballé. Ces quatre personnages sont en quelque sorte des anti-héros ou des anti-représentants du cinéma actuel en ce qu'ils relèvent de ce que Maurice Blanchot appelle le *neutre*, l'interruption du dialogue, l'empêchement de toute communication, creusant un écart de plus en plus grand avec le cinéma ambiant, au risque d'un divorce déjà dangereusement consommé avec le public d'aujourd'hui. Cet écart finit à l'occasion par se manifester de façon très violente, c'est Pialat levant le poing devant le public du festival de Cannes, dont Bresson avait affronté avant lui, debout, silencieux, souverain, les huées après la projection de *L'Argent*.

Il ne fait pas de doute, à mes yeux, que ces personnages sont néanmoins nos grands contemporains. Cézanne, à la fin du siècle dernier, ressassait lui aussi les sept mêmes phrases sur la peinture à tous ceux qui venaient lui rendre visite à Aix-en-Provence. Dans ses propos qui ont été recueillis, ces phrases reviennent sans cesse *avec des légères variations*, un peu à la façon de Godard aujourd'hui. Au même moment, Emile Zola, qui se voulait au cœur de l'actuel en enquêtant sur le terrain comme un journaliste, appareil photo en mains, écrivait en fait les derniers romans du XIXe siècle. Plus personne ne peut douter aujourd'hui que le vrai contemporain de la naissance du XXe siècle, ce n'était pas Zola mais à coup sûr Cézanne, isolé dans son petit coin de campagne et remâchant ses mots d'ordre personnels pour affronter chaque jour l'acte de peindre.

Cet état de ressassement et de silence, qui est évidemment réactif, et qui isole, peut entraîner dans les excès du ressentiment. C'est un danger que Jean Narboni a pointé dans un article de la revue *Trafic*[2]. Les excès de ressentiment ont conduit par le passé plus d'un artiste – et des plus grands – à d'inexcusables dérives politiques. Les quatre personnages dont je viens de parler portent en eux une forme d'intégrisme, ne serait-ce que par la mission qu'ils se sont donnée de veiller sur tous les abus du langage et de résister farouchement à l'obligation d'accélérer le rythme de la communication. Entre intégrisme et résistance, ils essaient de tenir tête à toutes les injonctions à communiquer qui sont aujourd'hui celles de la supposée demande du public et de l'ensemble des discours médiatiques sur le cinéma.

Ces personnages, pourtant, atteignent parfois à la vraie communication, mais elle ne peut avoir lieu, pour eux, qu'à de rares moments d'exception et dans la fulgurance.

C'est le coup de foudre muet, dans *L'Argent*, entre Yvon (qui vient d'assassiner une première fois) et la vieille dame aux cheveux blancs, qui reconnaît instantanément et passionnément en lui, lors de leur première rencontre dans la rue du village, le jeune homme qui va accomplir son destin. Cette communication absolue entre une victime et son futur assassin est scellée par le don muet des noisettes, l'un des plus beaux moments de cinéma de cette fin de siècle.

Dans *Palombella rossa*, Michele va se souvenir, au moment de tirer le pénalty, d'une phrase que lui a dite Raoul Ruiz, bien avant, alors qu'il était de simple passage dans le film : « *Chaque but est un silence* ». Au moment où cette phrase a été prononcée, rien ne laissait supposer que Michele y ait été plus attentif qu'à toutes celles dont les personnages secondaires (qui semblent proliférer autour de cette piscine) l'ont accablé par ailleurs tout au long du film. Mais, au moment de tirer – et même s'il va manquer son tir, « à cause » ou « grâce à » ce retour fulgurant – ces mots lui reviennent comme une phrase merveilleuse à méditer, qui mérite toute son attention. Il n'était donc pas autiste, on sait maintenant qu'au milieu de tout cette logorrhée qui l'entoure, et dont il se protège phobiquement, il a au moins *entendu* une phrase, même si la communication se fait à retardement, comme une révélation rossellinienne, alors que l'interlocuteur n'est plus là depuis belle lurette, et le rapte à sa situation immédiate de héros de la balle de match.

Dans *JLG/JLG*, Godard se retrouve à un moment sur un petit bout de grève au bord du lac, seul, en train de communiquer avec ses cinéastes de prédilection par des bouffées de bandes-son de leurs films. Au lieu de convoquer, comme il en a pris l'habitude depuis quelques années, des images de ces films – photos ou plans – c'est sa propre image qui va servir de médium à quelques phrases constitutives de son imaginaire cinématographique, comme s'il en était l'intercesseur sur cette langue de sable qui avance dans l'eau du lac, à la façon dont Orphée, dans le film de Cocteau, allait capter dans le garage quelques phrases de poésie automatique sur l'autoradio de la voiture. Godard a toujours été, dans la vie ou dans les livres, un génial capteur de phrases. Ici c'est son propre corps qu'il filme en train de fonctionner, dans cette lisière vouée depuis quelques temps, chez lui, à la résurrection et au sacré, comme une antenne à capter ces phrases magiques. Ce qui est un peu terrifiant dans *JLG/JLG*, c'est que Godard n'y a plus de commerce (à une ou deux exceptions près) qu'avec les morts. Comme si dans sa mythologie du cinéma, définitivement constituée, il ne pouvait plus y avoir de place pour de nouvelles œuvres. C'est ce qu'il explique à propos des *Histoire(s) du cinéma* : rajouter un plan d'un nouveau cinéaste impliquait la suppression impossible d'un cinéaste du passé, à ses yeux indispensable.

Je vois une origine de tous ces enjeux chez Rossellini, dans *Stromboli* plus précisément. Il est le premier cinéaste à avoir pensé ce que pouvait être le rapport du cinéma à la communication. Les trois phases de *Stromboli* correspondent à trois états de la communication considérée comme la grande question, à ses yeux, de l'« après après-guerre ». La première, c'est le camp de personnes déplacées, une sorte de tour de Babel où la communication est très brouillée, où s'entremêlent toutes les langues européennes, où, en l'absence de preuves juridiques, le langage sert à convaincre, à mentir et à dissimuler pour ceux qui veulent à tout prix sortir du camp. La vraie communication y est rendue impossible par la cacophonie, un trop-plein de langages. La deuxième phase, c'est lorsque le personnage féminin (joué par Ingrid Bergman) a réussi, en épousant par calcul un strombolien, à sortir de la tour de Babel et se retrouve enfermée à nouveau, cette fois dans la communauté de l'île. Elle essaie d'y affronter ses problèmes de communication et de culture en tentant désespérément de nouer un dialogue avec son mari, le curé, un enfant apeuré, les vieux artisans, bref tout ce qui est doué de parole sur cette île, mais sans jamais y parvenir. Elle se heurte à un mur car toute ouverture réelle de dialogue aurait un prix qu'elle refuse viscéralement de payer, qui serait d'accepter comme préalable à toute communication la demande de conformation sociale que ne cessent de lui signifier les habitants de l'île. Rossellini est très en avance sur le cinéma des années soixante (en particulier celui d'Antonioni et de Bergman) en filmant dès 1949 les difficultés à communiquer comme conséquence majeure de la guerre, une fois passée la phase de reconstruction matérielle des années 40-50. Ce n'est que lorsque Karin renonce à tout dialogue, dans la dernière phase du film, et que pour elle la seule solution est de monter sur le volcan, de traverser la réalité pour repartir de l'autre côté, qu'elle rencontre enfin la communication absolue. Il n'y a plus de bruit, plus de transversalité interhumaine, mais une communication directe et vigoureuse avec Dieu qu'elle interpelle avec beaucoup de violence, sur le mode d'un monologue véhément.

Ce texte est adapté d'une intervention au colloque « Le cinéma vers son deuxième siècle », qui s'est tenu les 20 et 21 mars 1995 au Théâtre de l'Odéon, dont les actes ont été publiés par Le Monde éditions, octobre 1995.

1. Voir p.86, *La Passion du plan selon Godard.*
2. Jean Narboni, *Tous les autres s'appellent Meyer,* Trafic n°3, été 1992.

Le conte des sept maisons
ou
La maison de cristal

(For Ever Mozart)

Il existe déjà un roman qui se termine, comme le film de Godard, par une partition musicale. Le lecteur y est convié, à la fin de l'histoire, à abandonner les mots et à tourner quelques pages couvertes de notes. C'est *Sans famille* d'Hector Malot, dont un personnage – le vieux montreur d'animaux qui emporte Rémi, le jeune narrateur, sur les chemins d'un rude apprentissage – s'appelle Vitalis, comme le cinéaste de *For Ever Mozart*. Ce roman d'apprentissage est aussi une quête d'identité : il raconte les tribulations d'un jeune garçon à la recherche de ses origines, de ses vrais parents. Il est arraché au début du livre à l'humble maison de sa mère adoptive pour prendre la route avec Vitalis. À la fin du roman, il se découvre héritier d'un manoir en forme de château, entouré d'un vaste parc planté de vieux arbres, où son premier souci est de faire résonner la musique d'une chanson napolitaine du temps de sa vie difficile. *Sans Famille* est un itinéraire initiatique entre deux maisons. *For ever Mozart* aussi, à sa façon : le cheminement de Godard y passe par sept maisons.

Maison numéro un : la maison familiale. C'est une belle maison ancienne, au milieu des arbres que l'on voit à travers la grande baie vitrée de la salle à manger. C'est celle dont il faut partir si l'on veut se lancer sur les chemins de l'apprentissage. Même et surtout si l'on y est bien. En partir, c'est inévitablement s'arracher aux parents. À la maman surtout qui rappelle à son fils et à sa nièce que de son temps « *les enfants appartenaient aux parents* ». Et qui est dépitée lorsque Djamila, celle qui vient d'ailleurs et qu'elle a accueillie – même si c'est à l'office – déclare que non, elle n'est pas heureuse ici et qu'elle aimerait bien partir avec monsieur Jérôme et mademoiselle Camille. Plus loin dans le film, au Ministre qui a oublié depuis longtemps qu'André Malraux l'a été avant lui et se demande pourquoi ces enfants sont partis à Sarajevo pour jouer Musset, l'Ecrivain répond : « *Un air de liberté, sans doute, dont ici nous manquons.* »

Maison numéro deux : la maison du Père. C'est comme un mirage, cette maison de l'autre côté de la rivière par laquelle le Père va essayer de tenter ses enfants sur le chemin d'apprentissage. Il va les inviter à traverser le bras d'eau qui les isole, à venir au moins se réchauffer et manger confortablement dans la grande maison. Ils résisteront à cette dernière tentation et resteront fidèles à leur résolution en choisissant la toile de tente précaire et un frugal repas de tomates cuites à un feu de camp de western.

Maison numéro trois : la maison du petit Poucet. Le but (Sarajevo) est loin et difficile à atteindre. La marche est trop longue. L'hiver est venu, la neige commence à tomber, comme dans *La Prisonnière du désert*. Camille s'effondre, épuisée. Pendant que Jérôme l'exhorte à lutter – avec les mots mêmes de Jean exhortant Hélène à la fin des *Dames du Bois de Boulogne* – Djamila lui parle d'une maison qu'elle a vue, là-bas, au loin. À la façon du Petit Poucet monté sur un arbre lorsqu'il est perdu dans la forêt avec ses frères épuisés et désespérés : « *Il y a une maison, on est sauvés.* » Cette maison, on ne la verra pas et on ne saura jamais si c'est une réalité ou un pieux mensonge pour donner du courage à Camille. Un moment après – on pense à *Nouvelle Vague* –, la situation s'est inversée : Camille a repris des forces et c'est Djamila qui est maintenant engourdie au sol, lentement recouverte par la neige qui tombe comme dans un conte.

Maison numéro quatre : la maison détruite. Ils n'arriveront jamais à Sarajevo. Ils sont pris en otages dans une maison au milieu des arbres, une maison à l'abandon qui est devenue le quartier général du commandant Madlic. Une prison, normalement, est une maison mieux fermée que les autres. Celle-ci est ouverte aux quatre vents ; de sa splendeur ancienne il ne reste plus que les murs. Et des traces d'une vie familiale disparue depuis longtemps : des marques sur un montant de porte où quelqu'un a noté les prénoms des enfants qui ont grandi là et qu'on a mesurés, année après année. Jérôme lit un de ces noms : Odile. Ce modèle réduit de Yougoslavie, c'est la maison des grands-parents maternels de Godard, de l'autre côté du lac, et cette petite fille dont on a mesuré la croissance n'est autre que sa propre mère. Mais de cela le film ne nous dit rien, sinon allusivement.

Maison numéro cinq : la maison sur la plage. De cette maison-là nous ne verrons que la grande vitre qui sépare l'intérieur du paysage de plage. Une maison de verre. Côté mer : la jeune actrice (Bérangère Allaux), qui doit lutter contre le vent qui fait rage, contre le bruit de cette tourmente qui emporte ses paroles, contre sa robe rouge opéra, trop lourde, trop grande, et qui claque, contre ses cheveux qui viennent brouiller son visage, contre elle-même surtout et la tentation du renoncement. À l'abri, protégés du vent et des embruns : le cinéaste Vitalis, la caméra, les techniciens. Godard, qui se plaint souvent des acteurs, leur rend une justice dans cette scène : ce sont eux qui sont exposés, qui doivent se battre avec le monde pendant la prise, de l'autre côté de la vitre protectrice du cinéma. Dans un plan magnifique, l'actrice est cadrée aux épaules, sur fond de ciel : un corps en souffrance dans l'espace, vacillant, en même temps monumental et fragile. On pense évidemment à cette contre-plongée sur Natalie Wood, dans *La Prisonnière du désert*, au moment où quelque chose qui était terriblement rigide, bloqué, mort, sec, se dénoue d'un coup dans le personnage de John Wayne qui la soulève à bout de bras comme lorsqu'elle était enfant, juste avant de la ramener à la maison d'enfance.

Dans cette scène de la plage (avec laquelle je sens qu'on n'en a pas encore fini de penser la question de l'acteur au cinéma) le cinéaste, malgré ou à cause de son intraitable exigence, est le véritable allié de l'actrice, même lorsqu'elle croit qu'il est en train de la torturer. Sa dureté apparente permettra finalement à la jeune femme de surmonter ses peurs et de renoncer au renoncement. Même si la conviction godardienne reste inébranlable : la bonne prise est nécessairement hors-jeu : ce ne peut être que la première, inconsciente, d'avant l'interprétation (mais la caméra ne tournait pas) ou la dernière, d'après l'interprétation, alors que l'actrice ne sait plus qu'elle joue. Il se passe très exactement dans cette scène magnifique ce que racontait Bergman à propos d'une journée de tournage particulièrement tendue et éprouvante avec Victor Sjöström pour *Les Fraises sauvages*, encore un film qui passe par la maison d'enfance : « *Quand tout fut prêt, il arriva en chancelant, il s'appuyait sur l'assistant-réalisateur, sa mauvaise humeur l'avait épuisé. La caméra tournait, on fit le clap. Son visage s'est alors ouvert, ses traits se sont apaisés, il n'était plus que calme et douceur, un instant de grâce. Et la caméra était là. Et elle tournait. Et le laboratoire n'a rien abîmé.* »[1]

Au moment de cette prise qui va être la bonne, tous les techniciens sont partis déjeuner et il faut que le vieux cinéaste sorte de sa fatigue et de la maison pour faire pivoter lui-même l'imposante caméra ancienne sur son grand trépied : la réussite du plan passe par ce synchronisme inespéré des deux partenaires au bout d'un piétinement d'échecs longuement répétés. Pour l'actrice débutante, une page importante vient de se tourner.

Maison numéro six : le cinéma de quartier. Avant de devenir une salle « Bio », ce cinéma a dû être une salle de quartier accueillante, au carrefour, un lieu de retrouvailles pour la petite communauté, un peu à la façon du cinéma d'*Amarcord*. Fellini disait à la fin de sa vie, pour parler d'aujourd'hui : « *Je suis pessimiste car je pense que le public n'a plus d'amitié pour le cinéma.* » Pour les premiers spectateurs du *Boléro fatal* au cinéma Bio, l'idée que l'on puisse avoir de l'amitié pour le cinéma n'est même plus pensable. C'est le public d'aujourd'hui, maltraité (on le pousse comme du bétail entre les chaînes où il est entassé) et énervé, agressif, exigeant à l'avance son droit à voir satisfaits les faux désirs qu'il croit être les siens. L'amitié et le plaisir sont perdus de vue depuis bien longtemps dans ce rapport de hargne revendicative à l'égard du cinéma. Ce public qui en veut pour son argent est devenu méfiant, à cran : le désir d'amicale hospitalité s'est retourné en *a priori* d'hostilité. La maison de projection n'est plus un foyer, on n'y entrera même pas, on restera dans le hall mal éclairé et inaccueillant.

Maison numéro sept : la maison de cristal. Des gens – des riches et des pauvres – pénètrent dans un vaste hall d'où part un escalier monumental. Les riches viennent là par habitude ; on a le sentiment que les autres sont appelés dans ce lieu inconnu par la musique, comme les enfants dans le conte du *Joueur de flûte.* Un très beau raccord articule une tache de lumière (la surblancheur des lustres) à une autre tache de lumière (la surblancheur d'une partition) au centre de l'écran. Un foyer lumineux, à la limite du suréclairement et de la fascination hypnotique.

Le spectateur godardien a un sentiment de déjà-vu. C'était vers la fin de *Prénom Carmen.* L'oncle Jean – déjà un cinéaste sur le déclin condamné à accepter une quelconque commande – faisait son entrée dans le salon monumental d'un grand hôtel. Un quatuor jouait de la musique. L'oncle Jean commençait par faire tinter le cristal des verres et pendant toute la scène, même au plus fort de la fusillade, un employé impassible sur son échelle – sorti tout droit de l'hôtel du *Silence* de Bergman – époussetait la verroterie des grands lustres. Mais l'harmonie n'avait pas le temps de s'établir, le bruit et la fureur des armes à feu du hold-up prenaient le dessus sur la musique. C'était aussi, de loin en loin, comme un leitmotiv dans *Détective* : Le Prince (Alain Cuny) montait l'escalier monumental du grand hôtel avec une petite fille à la longue chevelure de princesse, comme dans un conte ; un plan de lustre ne cessait de revenir, associé à des sentences sur la famille (« *Personne n'a jamais pu quitter sa famille* ») ou sur le théâtre (« *Au théâtre on joue, au cinéma on a joué* »).

L'escalier monumental, le lustre, la musique, une certaine qualité cristalline de la lumière : il a fallu deux essais à Godard avant d'aboutir avec la fin de ce film, *For Ever Mozart*, à une figuration fluide, lumineuse, parfaitement magique de cette constellation, « *une saturation de signes magnifiques, qui baignent dans la lumière de leur absence d'explication.* »[2]. Quelque chose qui tient à la fois du rêve, du conte, d'une sensation qui revient de l'enfance. Et qui rejoint le mythe du retour dans une maison cristalline que l'on aurait quittée depuis longtemps. Une origine rêvée.

Le mystère, dans ce film initialement inspiré par *Le Livre de l'intranquillité* de Pessoa, et qui entend clairement parler de la guerre en Yougoslavie, c'est que quelque chose finisse par s'y dénouer au point de nous laisser tout à fait apaisés. Pourtant Jérôme et Camille, qui ont entrepris ce voyage d'apprentissage, meurent en cours de route, dans un charnier. D'où vient que cette mort n'assombrit pas vraiment le film ? De ce que leur quête, d'une certaine façon, continue sans eux. Cette quête est moins celle des personnages que celle du film, ou de Godard lui-même, avant de devenir celle du spectateur. « *Je ne suis que la scène vivante*, dit le metteur en scène Vitalis (citant Pessoa), *où passent divers acteurs, jouant diverses pièces.* » D'une section à l'autre, rien qui meure vraiment. Tout revient sous une autre forme. Les nouveaux personnages reprennent des phrases déjà dites par ceux qui ont disparu du film : « *Fais un effort, lutte* ! – *Il faut tourner la page* ». Le texte sur le monde et la sensation passe de l'actrice de théâtre à l'actrice de cinéma. Des gestes – comme le partage de la cigarette – reviennent s'incarner dans d'autres corps. Des personnages dont on pensait qu'ils avaient fini leur tour de piste reviennent dans un autre rôle (Cécile, l'assistante-image du cinéma, en fille du vestiaire au théâtre ; le stagiaire, méprisé par tous dans l'équipe de cinéma, va devenir un petit sauveur dans la maison de cristal en tournant la page de la partition du jeune pianiste, débloquant une situation figée et libérant la musique pendant que tout le monde retient son souffle). Un rapport d'images établi par Godard sur l'affiche du film suggère même que le jeune pianiste est d'une certaine façon la résurrection de Camille sous la forme d'un nouveau Mozart. Que des figures meurent en cours de film n'a plus le même sens si d'autres figures les ressuscitent sous une autre forme, et renouent la trame qui continue de se constituer d'un épisode à l'autre, sans qu'aucune disparition n'y fasse vraiment trou.

Godard aurait très bien pu, tout en tournant son film entièrement en Suisse et en France, maintenir chaque épisode dans un décor étanche, afin de sauvegarder la croyance du spectateur en une distance imaginaire entre l'ici et l'ailleurs, en l'occurrence la Yougoslavie. C'est d'ailleurs ce qu'il fait avec application au début du film, à la façon du John Ford de *La Prisonnière du désert*. Camille, Jérôme et Djamila sont censés parcourir la route qui les rapproche de Sarajevo pendant qu'ici la Mère attend de leurs nouvelles. La circulation des lettres et le montage parallèle maintiennent jusqu'à leur mort la fiction de cet intervalle. C'est à ce moment précis que le film dérape : on abandonne la maison dans les bois en Yougoslavie où l'on a laissé Camille et Jérôme dans le trou où ils ont été fusillés. Et commence, ici, l'épisode du tournage du film. Tout à coup, sans crier gare, l'ici et l'ailleurs – maintenus jusque-là séparés dans notre imaginaire de la fiction – se télescopent au moment où l'équipe du film tombe sur un charnier tout à fait improbable au bord du lac. On en extrait deux corps « encore vivants », on les dépose nus sur la plage où une main va les vêtir d'habits de théâtre. Ils vont se relever, comme dans un film de Buñuel ou de Cocteau pour devenir les acteurs du *Boléro fatal*. Quelle est la logique de cauchemar qui opère sous nos yeux cette monstrueuse condensation entre un charnier, là-bas, en Yougoslavie et un tournage de film ici ? Celle du *Chien andalou* et du *Testament d'Orphée* appliquée au traitement des corps par la guerre et le cinéma. « *Quelle horreur !* » disait Jean Cocteau transpercé par la lance de Minerve à la fin de son film. Godard reprendra à deux reprises la même exclamation pour dire l'horreur de la découverte d'un charnier et le désespoir d'une jeune actrice qui n'arrive pas à trouver le ton juste. Ce pourrait être absolument obscène du fait que contrairement à celle, générique, des *Carabiniers* il s'agit d'une guerre terriblement proche de notre histoire la plus récente et désignée comme telle, nommément. À une femme qui lui disait que les Français pensaient beaucoup à ce qui se passait dans son pays, en Pologne, et qu'ils en avaient de la peine, Jerzy, le metteur en scène polonais de *Passion* répondait : « *C'est pas vrai. Jamais un peuple ne pense à un autre peuple.* » Un homme seul, en l'occurrence un cinéaste, peut-il penser, lui, à ce qui arrive à un peuple qui n'est pas le sien ? Godard choisit ce terrible raccourci du plan de chemin au bord du lac (le même décor par où s'enfuit Djamila et par où arrive l'équipe du film) pour penser concrètement et crûment son rapport de cinéaste d'ici, du bord du lac, aux horreurs qui se sont passées là-bas. C'est le plan où Godard affronte avec courage le danger de monstruosité qui était le risque majeur de son projet. Dans *JLG/JLG*, il essayait de penser la guerre par rapport à une photo de l'enfant qu'il a été au bord de ce même lac. Avec ce dernier film il tente de penser en même temps *et à égalité* la guerre en Yougoslavie, son activité de cinéaste et les ruines de son propre passé dans ces décors des maisons de l'enfance, celles qu'il lui a fallu quitter avant de revenir aujourd'hui, alors que ce passé est mort, voir et filmer ce qui en reste.

Ce chemin initiatique, c'est aussi le chemin d'une auto-analyse un peu sauvage (par les moyens du cinéma et sur les chemins très réels autour de Rolle), que Godard semble avoir entreprise en douceur depuis quelques films. « *Combien sont émouvants les cheminements de l'inconscient* » s'avouait-il déjà dans son *Autoportait de décembre*. « *Apprendre à tourner la page* » – c'est un pas de plus – on peut l'entendre dans ce sens plus analytique : lorsque la page pèse trop lourd, elle est pour le vivant comme une pierre tombale qui l'empêche de vivre. Apprendre à tourner la page, c'est réapprendre la légèreté qui permet de vivre. Une légèreté gagnée sur la souffrance, le contraire de la légèreté sans effort de ceux pour qui aucune page n'a jamais été trop lourde à tourner. La légèreté des deux M du film – Mozart, Musset – c'est cette légèreté reconquise. Pasolini, qui a couru très consciemment avec *Salò* le même risque de pousser la représentation aux limites de l'obscénité, a fait un chemin du même ordre vers un Mozart dont il a mis du temps à découvrir qu'il n'était pas seulement « doux et léger ». C'est Elsa Morante qui lui a donné accès très tardivement à la musique de Mozart, il en parle au moment où il traverse son plus grand désespoir d'amour : « *Elle m'a enseigné à aimer la légèreté, par exemple la légèreté mortuaire de Mozart. J'ai appris à aimer Mozart et je l'aime, bien qu'il ne soit pas dans mes cordes (…) parce que ce mal profond qui s'expie en légèreté, qui vainc donc la douleur par la légèreté, sera peut-être plus saint que la légèreté canonique (...)* » Godard rejoint aussi Rohmer réaffirmant dans un livre publié récemment[3] que Mozart est le plus profond des musiciens, plus profond même que Beethoven. D'une certaine façon, Godard passe avec ce film du cinéma comme dépositaire de la souffrance, de la vieille macération de la sainteté canonique, au cinéma comme reconquête de la légèreté. *For ever Mozart* résoud musicalement un nœud psychique qu'il n'était pas encore possible de dénouer dans la maison de cristal de *Prénom Carmen*. Tous les éléments de la figuration étaient en place ; mais n'était pas encore assez engagé ou accompli le travail de Godard sur lui-même, qui avait encore à passer nécessairement par un retour sur sa propre enfance.

À la toute fin des *Frères Karamazov*, Aliocha prend la parole devant les garçons à l'enterrement d'Ilioucha pour leur dire : « *Sachez qu'il n'y a rien de plus noble, de plus fort, de plus sain et de*

plus utile dans la vie qu'un bon souvenir, surtout quand il provient du jeune âge, de la maison paternelle. On vous parle beaucoup de votre éducation ; or un souvenir saint, conservé depuis l'enfance, est peut-être la meilleure des éducations : si l'on fait provision de tels souvenirs pour la vie, on est sauvé définitivement. Et même si nous ne gardons au cœur qu'un bon souvenir, cela peut servir un jour à nous sauver. » C'est peut-être ainsi que la délivrance s'opère à la fin de *For Ever Mozart* : le salut par un seul bon souvenir associant une sensation visuelle et une sensation auditive : une qualité cristalline de lumière et quelques notes de musique elles aussi cristallines. Un souvenir de la mère.

Cette maison de cristal, pour Godard, c'est toujours aussi le cinéma : « *J'ai toujours senti – pour reprendre l'image de la maison-cinéma – que dans le bel appartement il y avait Griffith, Eisenstein, Gance. Parfois Nicholas Ray pouvait y monter en passant. Mais que nous on ne dépasserait jamais l'entrée. Et je n'en étais absolument pas affecté puisque j'étais dans la maison. La maison, c'est la maison, peu importe l'étage.* »[4]

Le vieux cinéaste Vitalis, lui non plus, n'a même pas besoin d'entrer dans la grande salle de la maison de cristal, il lui suffit de s'asseoir au pied d'un pilier, en haut de l'escalier monumental, et d'écouter ces quelques notes de Mozart pour oublier cette fatigue qui l'accompagnait depuis le début du film. Aux yeux d'Aliocha Karamazov il serait définitivement sauvé.

Ce texte a été publié dans le numéro 508 des Cahiers du cinéma *(décembre 1996).*

1. Ingmar Bergman, *Laterna magica*, éd. Gallimard, 1987.

2. Godard reprend cette phrase à Oliveira, qui l'avait prononcée lors d'une rencontre entre les deux cinéastes organisée par le journal *Libération*, publiée dans le numéro du 4-5 septembre 1993.

3. Eric Rohmer, *De Mozart en Beethoven*, éd. Actes Sud.

4. Entretien avec Alain Bergala et Serge Toubiana, octobre 1996, in *Godard par Godard* tome 2, éd. Cahiers du cinéma.

2. L'acte cinématographique

Filmer un plan

Eurêka. Immense

On a beau savoir qu'elle n'existe pas, qui n'a rêvé de découvrir un jour l'image dans le tapis qui lui donnerait la clé du cinéma de Godard et l'autoriserait à câbler comme le pauvre héros d'Henry James : « Eurêka. Immense. »

Car enfin une chose est sûre : quelle que soit l'étendue du territoire-cinéma exploré par Godard depuis trente ans, et quel que soit l'écart entre les postulations les plus contradictoires de l'acte cinématographique entre lesquelles il se refuse depuis toujours de choisir pour ne pas avoir à renoncer à celle qu'il n'aurait pas choisie, il y a à l'évidence dans chacun de ses films, et même de ses plans, (pourtant dieu sait si apparemment il y a tout et son contraire dans l'œuvre de ce cinéaste sans imagination) l'énigme d'une empreinte, reconnaissable entre mille, mais qui n'a rien à voir avec la gestion d'un style (ça serait quoi le style Godard, celui d'*À bout de souffle* ou celui de *Je vous salue Marie* ?) ni l'ornement d'une touche d'auteur. C'est visiblement d'autre chose qu'il s'agit, pas seulement d'une inflexion personnelle qui ferait de Godard un auteur de plus, plutôt quelque chose comme un cinéma d'une autre espèce, aussi variée que celle des autres films, mais dont ledit Godard Jean-Luc, par une malheureuse aberration génétique, serait le seul cinéaste à se coltiner l'entièreté, ce qui doit souvent lui peser mais qu'il continue bon an mal an à assurer avec ténacité en arborant son sourire de vieux sage.

S'il n'y a donc pas à proprement parler d'auteur Godard mais plutôt un cinéma-Godard, ce n'est pas l'image dans le tapis qu'il convient de rechercher, mais plutôt le trait distinctif de cette espèce de cinéma nommée Godard. Dans cette quête, *Passion* est la meilleure des pistes, où Godard semble nous dire : « Voilà comment se tisse mon cinéma dans ce film, voilà la trame (l'usine d'un côté, le studio de cinéma de l'autre, l'hôtel entre les deux), voilà la chaîne (tout ce qui circule de personnages et d'émotions entre le cinéma et l'usine, en passant par l'hôtel), voilà les couleurs (celles du Greco, de Delacroix), voilà les motifs (ceux des tableaux, ceux des vivants, les tableaux-vivants), il vous suffit de bien regarder et vous verrez comment mon cinéma est simple, clairement organisé, tissé au point de croix, et reconnaissez pour une fois que je ne cache rien, que je n'ai jamais rien caché. » Et effectivement, il n'y a aucun secret à découvrir derrière les images somptueuses de *Passion*, là n'est pas la marque de leur pourtant très visible singularité. La caméra de Jerzy d'ailleurs, comme le pinceau du Greco, passe derrière les ailes de l'ange, comme pour ne laisser aucun doute possible à ce sujet : le vrai mystère, c'est l'évidence de l'ange lui-même (cet être d'une autre espèce, intermédiaire) et non le pauvre secret de ce que pourraient cacher ses ailes. Mais comme chez Rossellini, pour prendre un exemple cher à Godard, mais aussi bien chez Dreyer ou Ozu, c'est de cette absence de secret que naît précisément le mystère : en quoi le cinéma-Godard se constitue-t-il en espèce différente ? *Passion*, plus clairement que tout autre film de Godard, nous désigne que c'est à la racine même de l'acte cinématographique, avant toute intention stylistique, endeça de tout propos organisé, que s'origine ce qui est peut-être l'essentiel de cette différence, dans ce moment mystérieux et sans doute partiellement opaque au cinéaste lui-même où se forme la décision toujours vertigineuse dans son arbitraire irrémédiable (le champ du possible à ce moment-là, est théoriquement illimité) d'attaquer ce motif-là dans tel axe, à telle distance, dans tel cadre, avec le point à tel endroit, dans telle lumière. Au cinéma, ce moment de l'attaque, qui correspond à la touche du pinceau sur la toile du peintre, à l'attaque des cordes par l'archet du violoniste, au coup de ciseau dans le marbre du sculpteur, relève autant du geste, du réflexe, du préconscient que du projet conceptualisé. Mais alors que le peintre organise son bouquet avant de le peindre, il est beaucoup plus difficile au cinéma de séparer mentalement, en voyant le film terminé, ce geste de l'attaque de celui qui consiste à disposer, à organiser le motif à filmer.

Dans l'œuvre de Godard, *Passion*, dont les scènes de peinture ont été tournées en studio, fait exception dans la mesure où la reconstitution des tableaux-vivants préexiste de façon tranchée à leur tournage et que du coup, pour une fois, il suffit de regarder une reproduction du tableau filmé pour isoler ce qui relève de la disposition et ce qui relève purement de l'attaque de ce motif par Godard, de ce geste essentiel dans ce qu'il emporte de phobies, de décisions à l'arraché, d'idiosynchrasie. La singularité de cette attaque godardienne du motif, du plan, de la scène, est sans doute l'un des traits différentiels les plus forts entre le cinéma-Godard et le reste du continent-cinéma, comme s'il se refusait depuis toujours à accepter comme allant de soi les impératifs que la plupart des autres cinéastes, fussent-ils talentueux, finissent par intérioriser à ce moment-là au nom de la lisibilité de leur film, et qui font que le champ du possible dont je parlais tout à l'heure finit par s'appauvrir considérablement dès le premier geste du filmage et les films par se ressembler tous un peu trop au bout du compte.

Tout se passe dans *Passion* comme si le plaisir pur pris par Godard à la seule attaque cinématographique des tableaux-vivants, qu'il n'a pas eu à inventer avant de filmer, lui avait donné encore plus de force pour suivre sans remords ses propres pulsions dans l'attaque des autres scènes, même si au départ il les a conçues et organisées comme tout un chacun pour construire son histoire, cette fameuse histoire que tout le monde dans le film ne cesse d'exiger du cinéaste Jerzy, qui résiste avec un entêtement tout à fait stimulant à *ce que les autres entendent par là*. Je ne prendrai qu'un exemple, celui de la scène de la réunion des ouvrières chez Isabelle. Cette scène a une fonction précise dans la structure du scénario de *Passion*. Elle éclaire le personnage d'Isabelle, son conflit avec la direction de l'usine dont on veut la chasser, sa relation avec les autres ouvrières de l'usine. Elle est porteuse d'un véritable enjeu fictionnel : la mobilisation de ses camarades pour la rétablir dans ses droits et avancer à cette occasion quelques revendications d'intérêt général. Jusque-là rien de bien différent d'avec la conception et les impératifs d'une scène identique chez un autre cinéaste dans un autre film. Mais tout se passe comme si Godard, au moment de filmer (puis plus tard, de monter et de mixer) sa scène, répugnait par une sorte de résistance instinctive, à l'attaquer précisément dans le sens de la pente commune, c'est-à-dire du point de vue de sa raison d'être première dans le scénario, sa fonction informative et narrative.

Subitement, au moment de filmer cette scène, Godard relègue sans remords au second plan – même s'il prend le plus grand soin à ce que toutes les informations nécessaires à la compréhension du film figurent malgré tout scrupuleusement dans un coin de la tapisserie – ce sur quoi n'importe quel autre cinéaste l'aurait centrée : le groupe des femmes en train de dialoguer, l'espace et les enjeux de cette discussion à travers les contradictions incarnées dans des figures rendues aisément repérables. Godard commence sa scène sur un élément totalement décentré par rapport à cet enjeu principal. Celui du grand-père qui mange sa soupe et qui se refuse, avant d'avoir dit sa phrase, à laisser le champ libre aux acteurs qui devraient légitimement l'occuper dans une « bonne » économie narrative. Puis, lorsque la scène peut véritablement commencer, sa caméra devient rêveuse, contemplative, et au lieu de s'intéresser à l'espace dramatique de cette discussion, se met à regarder les visages tout à fait singuliers de ces femmes (visiblement des non-actrices), pour eux-mêmes et non plus, comme dans n'importe quel autre film, par rapport aux enjeux de la discussion. Toute la scène, de fait, va être filmée, montée, mixée de façon étrangement décalée, comme si Godard, tout à coup, au moment de s'y attaquer, s'intéressait à tout autre chose qu'à ce pour quoi il a eu besoin, en scénariste consciencieux, de la filmer. Et pour que le spectateur, lui aussi, regarde pour une fois véritablement ces visages de femmes, de « figurantes », pour de bonnes raisons, c'est-à-dire sans raison narrative, indépendamment de ce qu'ils peuvent supporter de sens dans la discussion en cours, Godard va jusqu'à désynchroniser au montage le son et l'image, rendant ainsi ces visages anonymes à une singularité et une opacité que nulle fonctionnalité ne puisse réduire.

Là où les autres cinéastes, quelle que soit leur touche personnelle, finissent par se rendre plus ou moins à la nécessité de filmer *malgré tout* la scène pour sa fonction dans l'histoire, Godard n'hésite jamais à inverser la hiérarchie narration/ontologie au bénéfice de l'être-là des choses, à reléguer sans remords l'information au second plan, à déconnecter un plan en le décrochant du *main stream* de la narration, et à chercher à chaque fois au tournage, au moment de s'attaquer à sa scène, un nouveau désir, toujours décentré par rapport au programme de son scénario, articulé à un objet ou un axe imprévu, toujours singulier, une raison au présent de filmer cette scène. Ce n'est donc assurément pas en cherchant l'image dans le tapis que l'on trouvera la clé du mystère du cinéma-Godard : ce désir singulier, un peu pervers, qu'il se donne à chaque plan, à chaque scène, à chaque phase de l'élaboration de son film, et qui lui préserve depuis trente ans, de façon toujours renouvelée, une fraîcheur inégalable dans l'attaque de son motif ou de son sujet, ne relève précisément et par nature d'aucune figure localisable, dans laquelle ce désir et cette surprise trouveraient bien vite à s'user et à s'abîmer dans la fonctionnalité ou la répétition. À défaut d'un Eurêka plus qu'improbable, une chose au moins reste sûre, à regarder *Passion* pour la première ou la trentième fois : immense !

Ce texte a été publié en préface du numéro de L'Avant-Scène Cinéma *(380, avril 1989) consacré au film* Passion.

Filmer un plan

Godard ou l'art du plus grand écart

Il y a de multiples façons d'évaluer le travail d'un cinéaste. Tout dépend du critère. De Godard je dirais, en mesurant bien mes paroles, qu'il est en cette fin des années quatre-vingt *le plus grand cinéaste en activité* dans la mesure où son projet de cinéma est *de loin* le plus grand projet de cinéma actuel. C'est-à-dire le plus ambitieux *pour* le cinéma. Pas pour lui-même ni pour le destin de ses films, mais réellement pour le cinéma. Il s'agit pour Godard, plus que jamais, à chacun de ses films, de sauver le cinéma en exigeant de lui le plus difficile au moment même où il est en train d'aller à sa perte. Au regard de cette ambition : exiger du cinéma quelque chose de plus grand que lui, il va de soi que l'œuvre de Godard ne saurait être évaluée, au film par film, en termes de « réussite » au sens ordinaire du terme. Un cinéaste a d'autant plus de chance de « réussir » son film qu'il se donne un projet de cinéma plus étroit ou plus lisse. Il y a longtemps que la réussite de l'objet-film n'est plus la préoccupation majeure de Godard. Il a prouvé et il s'est prouvé, il y a déjà deux décennies, qu'il pouvait faire les plus beaux films de sa génération, pour peu qu'il veuille bien limiter son désir de cinéma à un projet de film, et s'y tenir. *Vivre sa vie, Bande à part* ou *Le Mépris* en témoignent avec évidence, pour ne citer que les films les plus « ronds » de Godard, ses *films-films* plus que ses *films-cinéma*. Mais il y a longtemps que cela n'amuse plus Godard de faire ce qu'il sait qu'il peut et qu'il sait faire mieux que les autres. Ce qui l'intéresse aujourd'hui, plus que jamais, c'est ce que le cinéma pourrait faire qu'il n'ait jamais tenté ni réussi. Et sur ce terrain, il ne reste plus grand monde à risquer le hors-pistes. C'est là sans aucun doute la grande défaite des cinéastes depuis les années 70 : même ceux qui réussissent de beaux films ou une œuvre digne ce nom, n'exigent pas véritablement de leur art plus que ce qu'ils savent pouvoir lui demander avec le savoir-faire ou le talent qui est le leur. Or un art qui cesse d'être soumis à cette tension de projets qui mettent ses limites en crise, est voué plus ou moins rapidement à l'asphyxie ou à sa propre académisation. C'est sur ce front-là, celui du salut du cinéma, que Godard se bat aujourd'hui, sans arrogance, avec le sourire énigmatique du sage, pour lui-même *et* pour les autres, y compris pour les « professionnels » du cinéma qui n'en auront jamais le moindre soupçon. On aurait tout à fait tort de croire que cette recherche, parce qu'elle est solitaire, est narcissique. Comme tous les grands cinéastes modernes depuis Rossellini, Godard orchestre une rencontre devenue de plus en plus improbable, celle du réel et du cinéma, où son moi compte moins que sa pratique. Je pense de plus en plus que dans ces conditions (historiques), il est à peu près vain de mesurer l'entreprise godardienne aux critères du « bon film » tel qu'il répond simplement à notre pauvre vieux besoin de « bons objets » à se mettre sous la dent. Lorsque Picasso s'attaquait vingt-quatre fois dans la même journée au même motif, comme un défi au problème de peintre qu'il se posait à travers ce sujet, qui aurait eu le ridicule de déclarer que la quinzième toile issue de cette bagarre avec la peinture était plus réussie que la quatorzième ? La seule certitude, c'est que la plus ratée de ces toiles faisait plus pour la peinture que le tableau le mieux exécuté des salons contemporains.

Quelle est la nature de ce projet godardien dont je pense qu'il est sans conteste, en cette fin de siècle, le plus grand projet de cinéma que nous ayons vu, film après film, s'élaborer sous nos yeux et que nous n'avons souvent commencé à comprendre qu'avec un ou deux films de décalage ? C'est avant tout *un refus*, celui de *choisir* entre les deux grands pôles du cinéma : l'ontologie ou le langage, l'écran comme fenêtre ou l'écran comme cadre, l'être-là des choses ou le montage. Tout se passe comme si Godard ne s'était jamais résigné à accepter pour son propre compte la leçon du terrible postulat d'André Bazin (dont chaque cinéaste mesure un jour l'inéluctable cruauté) selon laquelle, au cinéma, « *il faudra toujours sacrifier quelque chose de la réalité à la réalité* ». « *Ce ne sont point les mêmes terminaisons nerveuses*, écrit Bazin, *qui enregistrent la couleur et l'intensité lumineuse, la densité des unes étant d'ordinaire en fonction inverse de celle des autres ; les animaux qui distinguent parfaitement, la nuit, la forme de leur proie, sont presque aveugles à la couleur.* »[1] Pour reprendre la métaphore bazinienne, je dirais que Godard, précisément parce que le cinéma est entré dans son crépuscule, voudrait voir à *la fois* la couleur et la forme, et refuse de perdre d'un côté du cinéma ce qu'il sait pouvoir gagner de l'autre. Alors que tous les cinéastes, bon gré mal gré, finissent par se rendre à l'évidence que l'on ne peut pas faire à la fois un cinéma et son contraire, et par choisir leur « camp », au moins à l'échelle d'un film, Godard refuse de renoncer à Méliès quel que soit son amour de Lumière, et rêve aux plans d'Hitchcock lorsqu'il filme du côté de Rossellini. Il veut à la fois l'ontologie et le langage, comme il désire à la fois le monde comme bruit et chaos et la pureté de la musique, le tremblé de l'instant unique et la nostalgie de la répétition.

Godard a pratiqué depuis ses débuts le cinéma du plus grand écart entre les deux postulations réputées contradictoires de son art. Pourtant, quelque chose a radicalement changé dans son cinéma, depuis son retour du début des années quatre-vingt, avec *Sauve qui peut (la vie)*, et qui relève, je pense, d'une plus grande conscience de la nature-même de son projet esthétique, et de sa difficulté inouïe. Les films des années soixante exploraient déjà, mais d'une façon beaucoup plus hasardeuse, les deux pôles de l'acte cinématographique. Disons plutôt que d'un film à l'autre, d'une scène à l'autre, Godard « passait » en toute innocence, dans une joyeuse anarchie, du cinéma de l'ontologie au cinéma du langage, du plan-séquence bazinien, propice à l'épiphanie du réel, à l'écran-tableau noir de la démonstration politique. Mais les plans, le plus souvent, restaient encore séparés et leur appartenance d'origine localisable. Plus rien de tel, aujourd'hui, où Godard affronte la contradiction majeure *dans chacun de ses plans*. Chaque image de Godard, aujourd'hui, tend à être dans le même temps un morceau du monde et sa métaphore, à nous donner à voir la chose en soi et la conscience de cette chose. Chaque plan godardien doit répondre à la double exigence de « tenir » par ses propres forces et de n'exister que dans le montage. Chaque cadre est à la fois la fenêtre ouverte sur un fragment du paysage et le tableau qui l'organise en totalité. Plus que jamais, et, je pense, plus que quiconque dans le cinéma qui l'a précédé, Godard s'efforce à chaque moment de ses films d'aujourd'hui de tenir le cinéma par ses deux bouts *en même temps*, mais sans nier leur irréductibilité, en se servant au contraire de ce plus grand écart, réputé jusque-là irréductible, pour exiger du cinéma quelque chose que très peu de cinéastes, à ce jour, avaient osé lui demander. C'est au prix fort de telles tensions et de telles exigences que le cinéma trouvera peut-être à se sauver. Ce qui est mille fois plus précieux, pour ceux qui aiment vraiment le cinéma, que quelques « bons » films de plus.

Ce texte a été publié dans le numéro 22/23 (2° édition, 1989) de La Revue Belge du cinéma, *composé par Philippe Dubois et intitulé* Jean-Luc Godard le cinéma.

---

1. André Bazin, *Le réalisme cinématographique et l'école italienne de la Libération*, publié dans *Qu'est-ce que le cinéma ?*, éd. du Cerf.

Filmer un plan

La Passion du plan selon Godard

Quelque chose a changé, dans le cinéma de Godard des années quatre-vingt, qui a certainement à voir avec la perte de cette belle innocence avec laquelle il pouvait – lui, mais aussi bien d'autres cinéastes comme Jacques Rozier ou Jacques Demy – filmer un plan au cours des années soixante. Il suffit de revoir aujourd'hui *Vivre sa vie, Une femme est une femme, Bande à part, Pierrot le fou* ou *Le Mépris* pour réaliser, à la lumière des films d'aujourd'hui, combien il pouvait encore aller de soi, dans cet état-là du cinéma, de regarder la beauté en face. Et nul mieux que Godard n'a su capter la grâce d'un jeu de lumière sur un visage, la démarche d'une jeune femme ou la beauté antique d'un paysage méditerranéen. Dans la nostalgie du souvenir de ce cinéma des années soixante, Godard reste avant tout pour nous le cinéaste de la frontalité, autrement dit celui qui a le mieux filmé et (on peut le dire aujourd'hui sans provocation) avec le plus de simplicité, *de plain-pied*, la beauté des choses. Que l'art de Godard ait été aussi, et dès le début, un art du montage, et même un art du montage généralisé, ne change rien à l'affaire : l'acte même de faire un plan, de mettre la caméra devant le visage ou le corps d'une actrice, était un acte qui pouvait encore, de toute évidence, aller de soi, et les traces que la pellicule en a gardées témoignent, comme de quelque chose d'irrémédiablement perdu, de ce qu'il pouvait encore y avoir, dans ce geste élémentaire, d'innocence et de confiance dans le cinéma vécu comme un art qui n'avait pas encore conscience d'être mortel. Ce sentiment a à peu près totalement disparu dans le cinéma des années quatre-vingt, où quiconque filme un plan sait bien que c'est quelque chose qu'il arrache, non plus seulement à la mort de son modèle, mais aussi à la mort du cinéma.

S'il y a toujours eu *une passion du plan* chez Godard, ce n'est pas dans le même sens qu'il faut l'entendre dans la première partie de son œuvre, disons jusqu'à *Week-end,* et dans le cycle des films qui commence avec *Sauve qui peut (la vie).* Dans les années soixante, la question de *comment faire un plan* ? ou de *qu'est-ce qu'un plan* ? passionne Godard, mais cette passion n'est pas vraiment douloureuse ni vécue dans l'angoisse. À l'époque de *Pierrot le fou,* Godard déclarait aux *Cahiers du cinéma* : « *Le problème qui m'a toujours préoccupé,* mais que je ne me pose pas durant le tournage (c'est moi qui souligne), *c'est : pourquoi faire un plan plutôt qu'un autre ?* » À relire les interviews de l'époque, il est clair que la question du plan (« *Le seul grand problème du cinéma me semble être de plus en plus à chaque film : où et pourquoi commencer un plan, et où et pourquoi le finir ?*») est alors au centre de ses préoccupations et de sa recherche esthétique. Mais chaque plan de *Pierrot le fou* témoigne que ces interrogations de Godard n'affectent en rien la grâce avec laquelle, *durant le tournage,* il peut encore filmer la beauté en toute innocence.

Dans la trilogie des années quatre-vingt (*Passion, Prénom Carmen, Je vous salue Marie*), cette passion du plan est devenue beaucoup plus douloureuse. Au terme de cette trilogie, avec *Je vous salue Marie,* dont le sujet même (la figuration de la Vierge) pose de façon cruciale la question de la représentation, Godard est arrivé au cœur du problème, et *au plus près de son point de résolution.* La préoccupation de *comment faire un plan* ? n'a cessé de se poser pendant tout le tournage de ce film avec un double sentiment, contradictoire, de souffrance et de confiance, d'angoisse et d'abandon. On pourrait répertorier les questions à la fois de technique, de mise en scène et de métaphysique que Godard se pose à ce moment-là à propos du filmage de la Vierge : Quelle est la bonne distance à respecter ? Faut-il filmer la Vierge en plan rapproché, en plan américain, en plan général ? Pourquoi ne peut-on pas être près de la Vierge ? Faut-il l'attaquer frontalement ? Comment faire le point sur la Vierge ? Peut-on montrer l'incroyable ? Ne suis-je pas en train de faire quelque chose de défendu ? Le cinéma peut-il faire croire à l'incroyable ? Comment montrer ce qui n'est jamais montré ? Mais comme toujours, Godard n'invente pas les questions cinématographiques qu'il se pose, il les rencontre. Dans cette trilogie *Passion, Prénom Carmen, Je vous salue Marie*, on peut assister rétrospectivement à l'émergence de ces questions et à l'engendrement, d'un film à l'autre, des figures qui lui permettront de les affronter.

Au moment de *Passion*, j'avais été frappé, sur un plan purement esthétique, par la « ligne de défense » que Godard mettait en œuvre, dans ce film sur la création, pour approcher de la beauté, comme s'il lui était interdit, et à nous aussi, de la regarder en face sans s'être colliné auparavant tout le désordre et toute la cacophonie du monde[1]. Comme si nos pauvres yeux ne pouvaient plus que l'entr'apercevoir, par éclats fugitifs, à travers le réseau inextricablement serré des discordances, des brouillages, des bégaiements, des disjonctions et des pesanteurs qui constituent l'ordinaire de notre triviale réalité. Dans ce film, pour lequel il avait demandé à Isabelle Huppert de lire Simone Weil, aucune fulguration de grâce ascendante qui ne prenne appui sur le mouvement descendant de la pesanteur. Tout se passe comme si le cinéaste et son double dans la fiction (Jerzy) s'évertuaient à construire esthétiquement leur film autour de la fameuse question : « *La pesanteur fait descendre, l'aile fait monter : quelle aile à la deuxième puissance peut faire descendre sans pesanteur ?* »[2]

Dans son film suivant, *Prénom Carmen*, Godard dissociait les deux visages de la beauté en deux figures de femme : la beauté terrestre, charnelle de Carmen et la beauté orphique de Claire, liée à la pureté de la musique. Ce qui lui permettait de faire tenir son film en équilibre entre les deux, entre la pureté abstraite, la recherche de l'harmonie par le quatuor musical et l'affrontement baroque des corps sculpturaux du couple Carmen-Don José. De José à Joseph et de Claire à Marie, la voie du prochain film était frayée, sauf que Marie, contrairement à Claire, aurait à souffrir de ce que son âme aurait aussi un corps. C'est encore dans *Prénom Carmen* que surgissait cette phrase que Godard avait trouvée chez Rilke dès le tournage de *Sauve qui peut (la vie)* : « *La beauté, c'est le commencement de la terreur que nous sommes capables de supporter.* »

(En fait, Rilke écrit : « *la beauté n'est que le commencement de la ter-reur que nous sommes capables de supporter* »).

Je vois pour ma part *Prénom Carmen* comme un maillon, un film de transition entre *Passion* et *Je vous salue Marie*. Mais l'essentiel de ce qui va conduire Godard à s'approcher du mystère de la Vierge est déjà en germe dans *Passion*. Alors que ce film était enco-re en montage, nous étions allé interviewer Godard à Rolle, pour les *Cahiers du cinéma*.[3] En plein milieu de l'entretien, Godard s'était levé pour aller chercher un minuscule bout de papier décou-pé qui était épinglé sur un tableau mural et qu'il nous avait lu avec beaucoup de conviction. Cette petite citation de Saint Paul aux Romains disait : « *La loi est-elle péché ? Loin de là, mais je n'ai connu le péché que par la loi. Car je n'aurais pas connu la convoitise si la loi ne m'eût dit : tu ne convoiteras point. Et le péché saisissant l'occasion produisit en moi par le commandement toutes sortes de convoitises. Car sans la loi le péché est mort.* » Jusque-là, lorsque Godard parlait de la Loi, c'était toujours en l'identifiant à l'écrit sur un de ses thèmes bien connu : « L'écrit c'est la Loi, et, en tant que cinéaste qui veut d'abord voir les choses, c'est l'ennemi. » La citation de Saint Paul éclairait donc d'un jour nouveau, plus pervers, le rapport de Godard à la Loi. Sans la Loi, au sens de Moïse (dont il évoquait comme par hasard la figure un peu plus loin dans le même entre-tien, à propos d'un gag qui l'avait amusé dans un film de Mel Brooks), c'est-à-dire en l'occurrence l'interdiction d'*adorer des images*, et donc l'interdiction de figurer le sacré, le divin (mais aussi bien tout ce qui, dans la création, peut devenir idole ou fétiche), Godard avouait que sa « convoitise » de voir, ou de faire une image, serait peut-être moindre. Et que d'une certaine façon, si faire une image n'avait pas pour lui un goût de péché (c'est-à-dire d'angois-se et de plaisir mêlés), son désir de cinéaste serait peut-être moins vif aujourd'hui.

Jean-Joseph Goux, dans *Les Iconoclastes*[4], a établi clairement le rapport entre l'interdiction mosaïque d'adorer des images et l'in-terdit de l'inceste. L'interdiction de figurer la divinité est d'abord une « *interdiction radicale de tout imaginaire de l'inceste avec la Mère* ». Elle revient à un rejet violent, radical, de la fusion imaginaire avec la Mère. Obéir au *commandement de Moïse, c'est* « *réduire* l'imagi-naire débordant à du symbolique, c'est accéder à la loi du père ». Toujours selon Jean-Joseph Goux, le vide du Temple (de la synagogue ou de la mosquée), c'est-à-dire l'absence de représentation, est d'abord « *l'abîme de la mère, le creux abyssal dont l'effroi accompagne le désir incestueux.* » C'est à l'angoisse de ce vide que venait parer l'idole ou le fétiche interdit par Moïse.

Ce n'est sans doute pas par hasard si, au même moment de *Passion* – mais on pourrait déjà en trouver des traces manifestes dans *Sauve qui peut (la vie)* – Godard commence à être hanté par le désir de faire un film sur la relation père-fille, et par le thème de l'inceste. Un des moments les plus émouvants de *l'Entretien* avec Philippe Sollers filmé par Jean-Paul Fargier[5], est celui où Godard, désarmé comme il l'est rarement devant une caméra, parle précisément de l'inceste : « *Si j'avais une fille, ça serait elle que j'aimerais à l'âge d'être aimée normalement et je n'arrive pas à échapper à ce fantasme-là qui m'écrase complètement... au point que je me demande si je dois toujours considérer le cinéma comme le côté face de l'analyse, l'analyse étant le côté pile.* » Un peu plus loin, dans le même entretien vidéo, il explicite la genèse de *Je vous salue Marie* à partir de ce désir d'un film sur l'inceste, ou plutôt sur la transgression de cet interdit : « *J'étais parti de père et fille, ensuite ça a dévié sur Freud et Dora... l'actrice avec qui je souhaitais avoir des relations mélangées – personnelles et de travail – a pris peur, forcément, ou est restée humaine... alors je suis tombé dans Dieu le Père et sa fille...* » Et il ajoute aussitôt, avec un plaisir évident de découvrir cette réversibilité mère-fille : « *Ça m'a étonné quand tu m'as dit que la Vierge était la mère de Dieu, par dogme, plutôt que la fille de Dieu* », comme s'il prenait conscience, alors que *Je vous salue Marie* est maintenant derrière lui, que croyant faire un film sur Dieu le Père et sa fille (lui se substituant, dans ce déplacement de sujet à partir de l'inceste, à Dieu le Père), il a peut-être fait en même temps, sans le savoir – mais cela a plutôt l'air de le réjouir – un film sur l'inceste avec la mère. Jean-Joseph Goux rappelle pour sa part que dans le Christianisme, la Vierge est à la fois, dans la chambre nuptiale céleste, la Mère *et* l'Epouse du Christ. « *C'est donc véritablement d'une sublimation de l'inceste maternel, sous l'autorité du Père, davantage que d'une interdiction aveugle, que le Christianisme se fait le chantre.* » La Réforme, quant à elle, sans reprendre à son compte le radicalisme mosaïque, a opposé aux pompes du rituel catholique une liturgie épurée et intellectualisée, à l'ornementation des églises la plus grande sobriété du lieu cultuel, et a manifesté la plus grande suspicion

quant au culte de la Vierge. Godard, de par ses origines protestantes, se situerait donc quelque part entre l'interdiction de figurer la divinité (et plus particulièrement la Vierge) et la propension
des catholiques à représenter la Vierge (à sublimer l'inceste). C'est
exactement dans cet entre-deux (entre la Loi et la convoitise du
péché, l'angoisse et le plaisir, la résistance et l'abandon) que
Godard se situe lorsqu'il filme la Vierge dans *Je vous salue Marie*.

C'est ce que je voudrais montrer à partir de quelques plans prélevés dans trois séquences du film et qui exposent clairement, dans
leur progression, cette « passion du plan » pour le Godard d'aujourd'hui, à travers les difficultés à surmonter, ou à contourner,
pour arriver à filmer l'image la plus simple, celle du ventre nu
d'une jeune femme. Mais il est vrai que cette jeune femme s'appelle Marie.

1. Joseph entre vision et apparition

Avec cette scène, Godard avance de deux cases dans sa propé-
deutique du regard. À peu de plans d'écart, Joseph va être en proie
successivement à une vision et à une apparition, qui relancent son
désir de voir mais qui lui manifestent clairement qu'il n'est pas
encore mûr pour voir, que sa passion du regard n'est pas terminée,
qui lui permettra enfin de pouvoir regarder Marie nue.

De cette image qu'il désire, Joseph a d'abord *une vision* : Marie
nue dans sa salle de bains. Le raccord s'opère sur une suspension
du regard de Joseph qui s'immobilise soudain, dans le plan, figé,
comme saisi par cette vision, avec cet arrêt sur image qui caractérise le *fascinum*, et qui est le signe que son regard relève encore du
« mauvais œil ». Marie, ce qui est pour le moins étrange pour une
hallucination de désir, ferme la porte de la salle de bains, occultant
radicalement pour Joseph (et pour le spectateur) la possibilité de
voir son corps. Le statut de ce plan où Marie referme la porte au
nez de la caméra est très exactement celui d'*une vision qui se défend
d'être vue*, qui se soustrait elle-même au regard qui est en train de
l'halluciner. Elle manifeste simultanément la convoitise et la Loi
telles que les articule autour de l'interdit la citation de Saint Paul.

Immédiatement après cette vision, Joseph a *une apparition*, de
nature sacrée, celle de l'ange double de l'Annonciation selon

Godard. Cette fois-ci, léger progrès, l'apparition ne lui est pas interdite, elle va se contenter, ce qui est logique pour une apparition, de disparaître quand elle le jugera bon. On ne peut manquer d'être extrêmement frappé, à regarder de près les deux plans de cette apparition, par un superbe faux-raccord dont je dirais qu'il était la condition même de la possibilité de cette apparition. Si l'on observe la position de Joseph, saisi une seconde fois par le *fascinum* alors qu'il s'apprête à s'asseoir dans son taxi, on imagine sans peine quel devrait être le raccord sur le regard logique de ce plan. Joseph est au milieu du V que forment le montant du pare-brise avant et celui de la portière, son champ de vision est manifestement dégagé. Pourtant, dans le plan suivant, le regard subjectif qui voit le plan est déporté à l'extérieur de la portière, sa position n'a plus rien à voir avec la place réelle occupée par Joseph dans le plan précédent. C'est que Godard a besoin, à nouveau, de barrer le regard que nous portons sur l'ange par la présence malaisante de ce créneau visuel, trop présent pour avoir simple fonction d'amorce. Par sa netteté inutile, par son cadrage affirmé, la portière est désignée comme appartenant à cette classe d'objets dont j'ai déjà parlé à propos du lys de l'Annonciation, qui viennent s'interposer entre le regardant et l'apparition, permettant au regard de se *re-poser* et d'entrevoir ce qui lui serait, autrement, interdit.

Mais Joseph n'est pas encore mûr pour croire, il va vérifier sur place la réalité de cette apparition, ce qui a pour effet immédiat – les apparitions sont susceptibles – de la faire disparaître. C'est que son chemin de voir et celui de Godard (qui est au moins autant Joseph que Dieu le Père dans cette histoire) n'est pas encore arrivé à son terme.

2. L'atterrissage de l'ange

Le mystère de ce premier plan, où l'on découvre l'avion dont on ne sait pas encore qu'il transporte l'ange, est déjà celui d'une Annonciation, comme en témoignent, sans en exténuer la magie, la musique qui l'accompagne et le plan qui suit : Marie, légèrement décadrée, lève un regard inquiet vers le hors-champ comme si elle avait senti, inconsciemment, la présence du souffle angélique.

J'avais été frappé, à la première vision, par le treillis de branchages à travers lequel Godard filme cet avion. à ma question à ce sujet, il répondait : « *Je voulais un avion qui atterrisse mais que, tout en atterrissant, il donne l'impression de monter. Là, c'est l'influence de Rossellini qui a joué : il n'y a pas trente-six places pour la caméra, il n'y en a qu'une, et s'il y a un treillis devant la caméra à cet endroit-là, c'est la récompense.* »[6] En quoi un treillis qui gêne la vision peut-il être une récompense pour celui qui veut filmer un avion ? Une partie de la réponse se trouve en fait dans le scénario du film où Godard écrivait : « *Une étoile dans le ciel nuageux et sombre d'hiver. Les feux d'un avion qui va atterrir, accueilli par les violentes rampes de lumière de la piste. Une masse*

bruyante comme un météore. »[7] La gêne à voir introduite par l'entrelacs des branches favorise le crépitement métaphorique du plan en retardant l'identification de ces deux lumières et de ce grondement comme étant ceux d'un avion. Tant qu'elle n'a pas émergé de la confusion végétale, cette boule de lumière reste un objet lumineux non identifié, étoile filante aussi bien que météore, rayon lumineux de ce qui va se révéler être une *jet Annonciation.*

Que cet ange moderne arrive en avion ne change rien à l'ambiguïté de son statut angélique. Intermédiaire entre l'ordre divin et l'espèce humaine, il échappe à moitié à la loi de la pesanteur. S'il atterrit, comme le souhaitait Godard, en donnant l'impression de monter, c'est à la façon de ses ancêtres ailés, dans les Annonciations de la Renaissance, où l'Ange, devant la Vierge surprise, repose légèrement sur un seul pied, avec ses voiles saisis en mouvement par le peintre sans qu'il soit véritablement décidable, pour qui regarde le tableau, s'il est sur le point de se poser sur la terre ou s'il s'apprête à s'envoler pour réintégrer l'apesanteur céleste. Quant au treillis de branchages qui s'interpose entre notre regard et la lumière angélique, sa fonction n'est pas très éloignée de celle du lys qui sépare rituellement l'Ange de la Vierge dans ces mêmes Annonciations de la Renaissance : ce qui empêche de voir est aussi ce qui permet de regarder le sacré ou la beauté en face (la beauté absolue, celle de l'ange où le médium *est* purement et simplement le message, sans bruit ni perte). Cet hymen du regard protège l'interdit. Dans les rares Annonciations où rien, ni colonne ni portique ni lys, ne vient séparer l'ange de la Vierge (c'est le cas, extrême, de la petite Annonciation de Fra Angelico, dans une des cellules de San Marco, à Florence), la Vierge est saisie dans ce moment de la séquence du colloque angélique où elle baisse les yeux avec humilité, comme si cette absence même l'empêchait de lever les yeux vers lui.

3. Voir-croire : la renonciation au refus

L'enjeu de cette troisième séquence a été clairement défini, peu de temps auparavant, dans un dialogue entre Joseph et Marie :
Joseph : – Puisqu'on se marie, je pourrai te regarder toute nue, une fois ? Je regarderai seulement.
Marie : – Oui, tu regarderas.

Fort de cette promesse, Joseph, qui s'est endimanché pour la circonstance, annonce à son chien : « *Allez Arthur, le moment est venu. Je vais* VOIR *la patronne. Je crois qu'on a gagné cette fois !* » (On retrouve dans ce plan la portière ouverte qui vient barrer l'image.) Mais il ignore encore à ce moment-là qu'il a un dernier combat à livrer avec ses propres démons, puis avec l'ange, pour arriver à se soumettre enfin avec humilité à la grâce de pouvoir voir le mystère de Marie. Le véritable enjeu de cette scène est le franchissement des dernières épreuves qui permettront à Joseph-Godard d'accéder à cette grâce : pouvoir *regarder seulement, simplement* le ventre de Marie comme on peut regarder un champ de blé ou une fleur. Son sujet même : la nécessité pour Joseph de renoncer au refus de croire, de se soumettre à la croyance de l'incroyable, se confond de façon limpide avec la passion du plan selon Godard : la difficulté à surmonter pour filmer aujourd'hui une image de grâce, une image vierge. Ce trajet – du refus à l'acceptation – Marie l'a fait avant Joseph, mais beaucoup plus vite car elle était directement visée par la grâce, comme les plans de Godard pouvaient l'être dans les années soixante, dans un autre état du cinéma. Le pauvre Joseph, lui, doit désapprendre à ne pas croire.

Marie, donc, a accepté de se laisser regarder nue par Joseph, mais cette promesse ne l'empêche pas d'être surprise lorsqu'elle aperçoit par la fenêtre (*plan 1*) Joseph qui vient réclamer son dû. Elle se hâte d'enlever sa jupe et sa culotte, sans doute pour ne pas avoir à le faire devant Joseph, mais son premier mouvement est de refus. Le gros plan du visage de Marie à ce moment-là (*plan 2*) incarne cette surprise-refus (« *Je n'ai plus envie d'y voir clair* », a-t-elle murmuré dans le plan précédent par une étrange inversion : voir/être vue).

Les Annonciations de la Renaissance peuvent se diviser en deux catégories quant à l'attitude de la Vierge par rapport à l'apparition de l'ange. Il y a les Annonciations – les plus nombreuses – où la Vierge a déjà accepté le message angélique de son élection, où elle est figurée dans une posture d'ouverture, d'humilité ou de soumission selon les cas. Dans quelques Annonciations, plus rares, comme celle, exemplaire, de Simone Martini aux Offices de Florence, la Vierge est saisie, posture et regard, dans la première phase du colloque angélique, celle du trouble et de la surprise, voire du doute (qui confine presque au refus dans l'Annonciation

95

de Simone Martini) devant cette étrange apparition qui lui annonce des choses incroyables. Il y a souvent, dans les gros plans de Marie filmés par Godard, quelque chose qui relève de cette attitude fermée, butée, presque hostile de la surprise-refus, même après son acceptation.

Si Marie se sent brusquée, il est trop tard pour se dérober à sa promesse. Le plan suivant (*plan 3*), long, insistant, dans lequel Joseph fait irruption dans l'appartement, laisse une impression étrange, malaisante, provoquée par une sorte d'oxymore visuel : on y voit littéralement *une porte qui se referme devant celui qui entre.* Ce qui n'est pas très loin de la réversibilité de la figure de l'avion qui atterrit en donnant l'impression de monter.

Dans le plan suivant (*plan 4*) où ils vont s'asseoir côte à côte sur le bord du lit (Marie d'abord, Joseph ensuite), apparaît pour la première fois dans le champ cette chaise invraisemblablement gênante dont le dossier est recouvert, pour le moment, d'un tissu encore innommable, et qui vient s'interposer, très exactement, entre notre regard et le couple assis au bord du lit, dans l'axe. Plus encore que le treillis de branchages ou la portière de la voiture, dont on pouvait encore se dire qu'après tout « ils étaient là », cette chaise parasite désigne l'arbitraire de sa présence dans cette chambre où il était facile de l'enlever pour dégager le champ de la caméra, et manifeste du même coup sa fonction statutaire : *un redan du regard.*

Suit un plan (*plan 5*) où Godard filme Marie suivant un axe apparemment insolite qui n'est autre, en fait, que celui du regard de Dieu, cet axe oblique, plongeant, qui est parfois matérialisé, dans les Annonciations, par un rayon de lumière qui vient se poser sur la Vierge. Cette lumière d'essence divine se manifeste d'ailleurs dans ce plan alors qu'elle était absente du plan précédent, censé être parfaitement « raccord » sur le geste de Joseph caressant l'épaule de Marie. Si Marie est sous le regard de Dieu, dans cet axe que Godard n'a pas eu à choisir, Joseph est forcément de trop dans l'image et elle s'emploie vigoureusement à le « vider » du champ où seule elle a le droit de s'inscrire.

Marie, qui a glissé au sol (*plan 6*), est maintenant prise en tenaille entre deux axes : l'axe du plan précédent, celui du regard de Dieu, et celui, symétrique, de la caméra, ou si l'on veut, du regard de Godard. Marie est écartelée, tiraillée, et se tord sous ces

deux regards entre lesquels elle ne sait plus où donner de la tête.

Puis Joseph en gros plan (*plan 7*) regarde Marie qui s'est levée et qui exige comme préalable à l'exécution de sa promesse : « *Dis-moi que tu m'aimes !* » En se levant, Marie a ramené son ventre à la hauteur des yeux de Joseph (*plan 8*) mais pour le moment le visage de Joseph et le ventre de Marie sont isolés dans deux gros plans séparés. Joseph essaie de regarder, mais il baisse les yeux, il essaie de toucher le ventre de Marie, mais elle rejette sa main car sa voix, lorsqu'il lui dit : « *Je t'aime* », est encore fausse, elle y entend qu'il est encore trop crispé sur son désir de voir, qu'il n'est pas encore mûr pour le regard juste qu'elle exige de lui.

Suit un gros plan (*plan 9*) où Marie baisse les yeux vers son ventre (vers Joseph) et ouvre la bouche avant de se figer, comme dans un tableau vivant, dans une expression de surprise qui est une variation, à la limite de l'effroi, de la surprise-refus dont j'ai déjà parlé (*plan 2*) à propos des Annonciations du moment du trouble.

Le plan suivant (*plan 10*) est l'un des plus surprenants que Godard ait jamais filmés. En effet (c'est un trait de son classicisme fondamental) Godard, quelles qu'aient pu être ses recherches et ses expérimentations, a toujours eu un respect premier de l'espace euclidien, de la perspective albertienne. Le goût qu'il a pu avoir, surtout dans les années soixante, pour l'à-plat, n'infirme en rien cette proposition, l'à-plat godardien ne fonctionnant jamais comme négation de cette perspective issue du Quattrocento, mais au contraire comme sa limite géométrique radicale. Godard a toujours eu besoin, pour filmer, du cadre d'un espace « classique » pré-existant à sa propre mise en scène (*Le Mépris* en est l'expression la plus flagrante et la plus somptueuse). Il n'a jamais vraiment connu la tentation baroque (qui est celle d'un Ruiz dans le cinéma d'aujourd'hui) de recréer un espace différent, généré par le film lui-même en lieu et place de l'espace et du monde réels. Même lorsqu'il lui est arrivé de tourner en studio, Godard est toujours resté fidèle au cube scénographique fondamental qu'il exhibe même avec un plaisir évident dans l'usine en coupe de *Tout va bien*. Ce plan proprement baroque du « combat avec l'ange », avec son espace étrangement sphérique, sa scénographie tourmentée, se désigne immédiatement à notre attention par la façon dont il génère son propre espace de représentation. Il s'ouvre sur les cheveux de

Marie qui « bouchent » le
champ. D'un battement de tête,
sa chevelure balaie l'écran avant
de sortir du champ, générant
l'espace de la scène à la façon
d'un rideau de théâtre dont les
mouvements seraient devenus
convulsifs. C'est visiblement
Marie qui est la cause et l'origine de ce surgissement de l'ange
dont la vision l'effraie pourtant
elle-même, comme l'annonçait
le plan précédent. Puis elle réin-
tègre cette scène qu'elle vient
de susciter mais dont elle refuse
de regarder la violence en face.
Joseph, lui, ne s'y trompe pas et
continue de s'adresser à elle,
comme si cet ange-démon
n'existait pas, n'était qu'un
intercesseur sans réalité, un
ectoplasme que Marie aurait
fait surgir entre elle et son désir
à lui, comme une dernière
épreuve dont elle se refuse à
assumer la souffrance nécessaire qui doit en résulter pour lui.
Il y a, dans ce plan filmé avec un
angle et une focale tout à fait
surprenants dans l'esthétique
godardienne, quelque chose qui
n'est pas très loin de l'écriture
kafkaïenne, je pense plus particulièrement au *Château* et à la
façon dont y surgissent « les
aides », eux aussi mi-angéliques
mi-démoniaques et surprenant
celui-là même qui les a suscités,
comme des manifestations

visibles de ses démêlés avec le Désir et la Loi.

Après un bref plan d'herbes folles (*plan 11*), premier signe que l'issue est pour bientôt, que le regard va devenir possible, un nouveau gros plan de la chevelure de Marie (*plan 12*), qui tourne le dos à l'affrontement de Joseph et de l'ange, permet à Godard de mettre les points sur les i sans faire coïncider encore le dialogue et son image :

L'Ange : – Alors, t'as compris?
Joseph : – Oui. Je me sacrifierai.
L'Ange : – Espèce de trou du cul (*son de gifle*). D'abord un trou n'est pas un trou et ensuite le tabou épargne le sacrifice.
Joseph : – Mais pourquoi ?

La réponse de l'ange (« *Parce que c'est la Règle* ») ne surgit que dans le plan d'après (*plan 13*), au moment précis où Marie, *sans aucune raison apparente*, enlève le tissu qui recouvrait le fameux dossier de chaise du plan 4. En effet, avec ce plan 13, la caméra revient dans le même axe que le plan 4, avec cet énigmatique dossier de chaise entre notre regard et le lit. Joseph, l'air un peu hébété, cherche du regard l'ange avec lequel il vient d'avoir cet échange, comme s'il se réveillait d'un mauvais rêve.

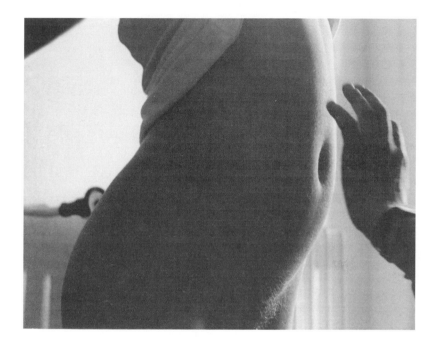

Pendant qu'il change de place pour aller s'asseoir face à Marie qui est debout, *off*, sa main à elle entre dans le champ pour enlever le tissu qui cachait le fameux dossier de chaise, lequel dossier devient aussitôt une surface luisante, fortement éclairée, perturbante, qui fait tache de lumière dans le plan. Joseph, dans un synchronisme qui ne saurait être le fait du hasard, s'asseoit alors sur le bord du lit, à sa place initiale, de telle sorte que sa tête vienne précisément se positionner *derrière le dossier brillant de la chaise*. Il n'est plus possible de douter, pour qui observe la précision des gestes, positions et déplacements du début de ce plan, de la visée de Godard quant à cette chaise « en trop », à cette brillance ineffable qui annonce la fin de la passion et du chemin de voir. Et Marie, évidemment, n'a plus qu'à venir se placer en face de Joseph, debout, toujours dans le même plan, de telle sorte que la chaise luisante vienne s'inscrire très exactement entre le visage de Joseph (qui s'est légèrement reculé) et le ventre de Marie. Instantanément, un son de cloche cristallin, quasiment dreyerien, se fait entendre, et maintenant que cette luisance (qui est en même temps une fausse nuisance) s'est interposée entre le regard de Joseph et son désir de voir, son regard peut se *re-poser* (le « re », c'est précisément la fonction du dossier de chaise) sur le ventre de Marie. Sa voix est devenue juste (« *C'est ça, je t'aime ?* ») et Marie, après une ultime résistance, lui octroie sans crainte ni réserve la récompense de son triple acquiescement (« *Oui, oui, oui* »). Musique ! L'heure de pouvoir voir a sonné ! Marie relève son tee-shirt (*plan 14*), Godard peut enfin la filmer, dans une lumière glorieuse, dans un axe qui est « presque » celui du regard devenu pur de Joseph. Marie pivote alors d'un quart de tour sur sa gauche, vers la lumière. Godard raccorde avec un léger zoom-avant sur le ciel (*plan 15*). « *Dans mon cœur, dit alors la voix off de Marie, naissait une clarté, chaude et douce comme un feu rayonnant. Qu'y a-t-il, sur la terre ou même au ciel, qui vaille la certitude de plaire au regard de celui qu'on aime, et qui est votre maître ?* (plan 16) *Je me souvenais de ce qu'il avait dit au sujet du péché, pendant que nous contemplions les libellules, c'est que si on* (plan 17) *le considérait de la bonne manière, il n'existait pas, il disparaissait, comme l'enveloppe des libellules quand elles luttent pour leur liberté.* » Pendant ce temps, la caméra de Godard est revenue sur la terre et il peut maintenant filmer avec une innocence reconquise de haute lutte les choses les plus simples : un plan de feuillage (*plan 16*) ou un champ de coquelicots (*plan 17*). Bientôt, dans le film, Godard n'aura plus besoin des souffrances de Joseph pour filmer Marie : à la neuvième bobine, il va se retrouver seul en face de son sujet et de son actrice, dans la chambre obscure, au plus près du mystère, au cœur même de cet acte de filmer qui fut pour lui si simple. Aujourd'hui, il lui faut se retrancher dans le secret d'une chambre, prendre le maquis dans la nature, ou encore l'avion *(Soigne ta droite)*, comme si l'amour et la liberté qui restent encore dans cet acte de filmer devaient être arrachés à un encerclement irrémédiable.

Ce texte a été publié dans le numéro 22/23 (2° édition, 1989) de La Revue Belge du cinéma, *composé par Philippe Dubois et intitulé* Jean-Luc Godard le cinéma.

1. Voir p. 39, le texte *Esthétique de Passion*, écrit à chaud après la première projection de ce film au Festival de Cannes.

2. Simone Weil, *La Pesanteur et la grâce*, éd. Plon, 1988.

3. Entretien réalisé par Serge Daney, Serge Toubiana et moi-même, après la projection d'un bout-à-bout d'une heure de plans du film, en mai 1982 : *Le chemin vers la parole*, repris dans *Godard par Godard* tome 1.

4. *Les Iconoclastes*, Jean-Joseph Goux, Seuil, collection L'Ordre philosophique, 1978.

5. Cette rencontre entre Godard et Sollers a été filmée par Jean-Paul Fargier peu après la sortie du film *Je vous salue Marie*.

6. *L'art à partir de la vie*, in *Godard par Godard* tome 1.

7. *Je vous salue Marie*, continuité pour le tournage, in *Godard par Godard* tome 1.

The other side of the bouquet

Au cœur même de l'acte cinématographique, il y a toujours un moment où le désir de plan, quel qu'il soit, doit trouver à s'incarner dans un plan concret, terriblement définitif, exclusif, où ce désir, nécessairement, à la fois s'inscrit et se manque. C'est là que se jouent simultanément le plaisir et l'angoisse de filmer, à ce point où le film idéal imaginaire passe dans et par la réalité des gestes et des décisions du tournage, où la rencontre de l'absolu du désir et des surprises du contingent crée ce « définitif par hasard » dont parlait Godard dans les années soixante. Ce moment-là est devenu plus que jamais un moment de profonde solitude depuis qu'au cinéma, comme répond « Monsieur Coutard » au metteur en scène en difficulté de *Passion*, il n'y a plus de règles, plus vraiment de Loi à respecter ou à transgresser. Peu ou prou, tout le cinéma godardien des années quatre-vingt porte sur des modes très divers le deuil et la nostalgie de ce temps où « *Il y avait encore des riches et des pauvres, des forteresses à prendre, des degrés à gravir, des choses désirables assez bien défendues pour conserver leur attrait...* », comme il est dit à plusieurs reprises dans *Nouvelle Vague*. Ce temps, pour Godard, a été précisément celui de la Nouvelle Vague, au début des années soixante, où le cinéma français, aux mains des cinéastes académiques, était encore cette forteresse corporatiste bien défendue qu'avec ses amis des *Cahiers* ils entreprirent de prendre d'assaut en tournant leurs premiers films contre la grise norme de la

« qualité française », mais sous la bannière de quelques grands cinéastes qu'ils avaient élus comme Maîtres. Quand Hitchcock meurt, en avril quatre-vingt, Godard s'apprête à aller à Cannes avec *Sauve qui peut (la vie)*, qui marque son retour au cinéma-cinéma après une longue absence. Loin de pavoiser, il constate avec amertume : « *La mort d'Hitchcock, c'est le passage d'une époque à l'autre. [...] Je crois qu'on entre dans une époque marquée par l'arrêt du visuel, ou plus exactement le reflux du visuel. L'époque refoule le visuel. [...] Et puis j'ai trouvé le cinéma très désagrégé. [...] J'ai eu l'impression de faire un premier film, et en même temps tout cela est un peu désespérant. Je ne crois pas qu'on aura encore longtemps la force de faire du cinéma.* »[1] Pour le moment, en ce début des années quatre-vingt où les Maîtres sont morts, où la forteresse s'est effritée d'elle-même, rongée de l'intérieur par le virus télévisuel, où la Loi au cinéma est devenue pour le moins défaillante ou introuvable, il s'agit pour Godard de retrouver le désir de faire du cinéma. Et ce désir doit impérativement passer pour lui, plus encore que pour tout autre cinéaste, par celui de faire un plan. Les cinéastes parlent rarement de cette chose étrange : le désir ou pas de faire un plan. Pas le désir de faire un film, qui est d'un autre ordre, mais simplement le désir de filmer tel ou tel plan, qui ne va jamais de soi sur toute la longueur d'un film qui en comporte plusieurs centaines.

Dans la mise en place et le filmage de tout plan, il y a deux opérations mentales conjuguées, pas toujours faciles à démêler dans la chronologie réelle du tournage : la *disposition* et l'*attaque*. Quand un cinéaste de fiction entreprend de filmer un plan, il lui faut toujours, (et peu importe pour le moment lequel de ces deux gestes est chez lui directeur), *disposer* ses figures dans l'espace, et décider de la façon dont il va *attaquer* cet espace et ce motif, c'est-à-dire sous quel angle, à quelle focale et à quelle distance. Dans la plupart des films, où les auteurs s'efforcent de s'effacer devant l'histoire qu'ils ont à raconter, l'attaque va toujours dans le sens de la disposition, et ce sens commun est à la fois le vecteur de la lisibilité du plan et le garant de la bonne foi du contrat avec le spectateur. Pourtant, l'un des plaisirs du cinéaste, que ne connaît pas le metteur en scène de théâtre, c'est que son art, comme celui du peintre, lui permet de dissocier la disposition et l'attaque. Si l'on en croit Robert Bresson, qui a pratiqué magistralement ce plaisir pervers tout au long de son œuvre, Auguste Renoir aurait déclaré un jour à Matisse : « *Je peins souvent les bouquets du côté où je ne les ai pas préparés.* »[2] Au cinéma, pareillement, Godard peut disposer dans le même espace une jeune femme, une table, sur la table un bouquet de fleurs, et attaquer au dernier moment son plan de telle sorte que le bouquet de fleurs vienne masquer partiellement le visage de la femme. Cette pulsion de ne pas attaquer le plan (ou la scène), dans le sens où il l'a disposé, cette propension à disjoindre de plus en plus fréquemment la disposition et l'attaque sont, même s'il n'en parle jamais, ce qui aura travaillé le plus obstinément, parfois en secret, parfois ouvertement, l'acte cinématographique godardien des années quatre-vingt. Mais ce travail a une histoire.

Dans les années soixante, quand Godard fait son entrée dans le monde du cinéma, il y a encore une Loi, elle a ses gardiens : des critiques consciencieux lui expliquent à la sortie d'*À bout de souffle* qu'il y a des bons et des mauvais raccords, qu'il y a des règles à respecter pour écrire un scénario, que dans un film le dialogue doit être toujours audible et que l'on ne doit pas masquer le visage d'un acteur qui parle dans le champ. Alors Godard, qui joue sagement le jeu de son personnage d'enfant terrible du nouveau cinéma, ouvre *Vivre sa vie* sur un long plan-séquence où il attaque ses deux acteurs impeccablement de dos et brouille leur dialogue avec les bruits de vaisselle du barman. C'est sa façon d'alors de s'affirmer contre la Loi, en s'y adossant fermement, sans réelle perversion, simplement en faisant le contraire de ce que faisaient les autres ou en faisant ce qui était réputé interdit. Mais ses masquages – il y en a beaucoup d'autres dans *Vivre sa vie* – sont alors aussi francs que ses attaques frontales de prédilection, ils n'en sont jamais que l'envers complice. Au début des années quatre-vingt, quand il revient au cinéma, cette belle innocence est perdue à jamais, il ne trouve plus grand chose, en guise de Loi, à quoi s'adosser : tous les styles coexistent dans une molle permissivité ; même l'interdit de représenter l'acte sexuel a été hypocritement levé dans le ghetto du cinéma X ; la presse a renoncé, devant la puissance de feu de la publicité, à exercer une réelle fonction critique ; il n'y a plus beaucoup de grands cinéastes en activité à qui se mesurer. Pourtant Godard est convaincu, comme Orson Welles, qu'« *il n'y a pas d'expérimentation s'il n'y a pas la tradition sur laquelle on peut s'appuyer, et il n'y a pas non plus de désir d'expérimenter* ».[3] Si la Loi est à ce point défaillante, c'est le désir-même de filmer qui est menacé. Il va donc lui falloir faire *tout* le travail : constituer pour son propre compte un semblant de Loi à transgresser *et* en inventer en même temps la transgression. C'est au prix de cet effort – tout à fait visible lorsqu'il devient le sujet-même de certaines scènes de *Passion* ou de *Je vous salue Marie* – qu'il préservera pour son propre compte le désir élémentaire sans lequel le cinéma n'est plus à lui-même que sa propre simulation : le désir de faire un plan, celui de filmer une nouvelle fois, comme si c'était la première, un motif déja filmé tant et tant de fois, par les autres et par lui-même : un visage de femme, une voiture ou un bouquet de fleurs.

Sauve qui peut (la vie) n'est pas seulement le film qui rouvre à Godard les portes du cinéma, il porte en germe la trilogie à venir : *Passion*, *Prénom Carmen*, *Je vous salue Marie*. Godard, avant de se remettre au travail, commence par faire un état des lieux et constater ce qu'il en est, en ce début de la décennie quatre-vingt, des incertitudes de la Loi et du désir. Pour le moment, avec ce premier film, il ne s'agit encore que d'un thème : le cinéaste a détecté dans son expérience du monde extérieur cette zone de turbulence et l'intègre à son scénario. Mais très vite, on va le voir, Godard va faire l'épreuve de cette mutation au cœur même de son travail, dans l'acte même de faire un plan, en l'occurrence dans la contradiction disposition/attaque. Ce n'est pas autrement qu'il a le plus souvent détecté avec une avance évidente sur les autres cinéastes les mutations en cours : en prenant le risque de les expérimenter au centre même de sa pratique de cinéaste, de les mettre en œuvre au lieu d'en faire œuvre.

Paul Godard, l'homme au centre de tous les croisements de *Sauve qui peut (la vie)*, y est pris entre deux femmes, Denise et Isabelle, l'une a choisi d'affirmer ce qu'elle croit être son vrai désir, qui la fait bouger, parler, et qui est toujours prête à la bagarre pour le défendre ; l'autre qui se laisse balloter en silence, au gré des événements et des rencontres, avec un sourire indécidable où est enclos son propre désir. Structure qui va faire matrice pour les trois films suivants : un homme pris entre les désirs de deux femmes, « l'une ouverte, l'autre fermée », comme le dit Jerzy dans *Passion*, l'une qui manifeste activement son désir à la face du monde, l'autre qui l'enfouit comme un secret indicible, une hystérique et une vierge, jusqu'à ce qu'à la fin de *Je vous salue Marie*, qui clôt la trilogie et ce cycle de préoccupations, les deux se rejoignent dans cette image de la Vierge réinventant sur son lit de souffrance l'arc hystérique. Dans *Passion*, Jerzy sera pris entre Hanna et Isabelle ; Joseph dans *Prénom Carmen* entre Carmen et Claire ; et Joseph encore, dans *Je vous salue Marie*, entre Marie et Juliette. Cette dernière, tout à fait improbable dans la tradition du mythe marial, Godard devra en inventer la figure pour parachever sans hiatus la tapisserie du tryptique. Dans tous les cas, c'est l'écart du désir des deux femmes, tout au moins dans l'expression qu'elles lui en présentent, qui livre l'homme à l'incertitude et aux oscillations de son propre désir. Si au moins entre Denise et Isabelle, dont les prénoms appellent inévitablement la nostalgie d'*une* « Denisabelle », il n'y avait pas ce trait d'union, cet «is»thme qui les relie et condamne l'homme à les rater toutes les deux ou à être raté par elles ! Mais malgré tout, cet écart, comme celui que Godard va creuser de plus en plus dans les films suivants entre disposition et attaque, est encore la condition de la relance du peu qui lui reste de désir pour l'une ou pour l'autre de ces deux femmes.

Dans une étrange scène apparemment déconnectée de l'intrigue principale – il s'agit d'une scène vue par Denise qui attend sur un quai de gare –, une jeune femme est sommée de choisir entre deux garçons, deux motards, et elle va s'y refuser obstinément. Même battue, elle va résister jusqu'au bout à cette injonction de la loi du Père, ici incarnée par les fils, indifférenciés sous leurs casques, qui insistent avec la bonne conscience obtuse des mandataires. Reste que dans cette scène la Loi du père, même congédiée par la jeune femme, tient encore debout d'être supportée par les fils. Godard en filme la défroque, une figure dérisoire à laquelle il consacre un plan intersticiel : un employé de gare affublé d'un étrange costume, trop grand pour lui, plein de poches et de plis, comme dans une description par Kafka de l'un de ses innombrables figurants de la Loi.

La scène suivante, apparemment sans lien avec la première, met en scène un père bien réel et contemporain : Paul Godard vient chercher sa fille, qui a douze ans, sur un terrain de sport. Pendant que l'autre Godard, le cinéaste, décompose les mouvements de la jeune fille, Paul discute avec l'entraîneur, qui a une fille du même âge, et lui fait part de son désir et de son désarroi : « *Tu n'as jamais eu envie de la caresser, de l'enculer, ou je ne sais pas, n'importe quoi... Des fois je trouve injuste qu'une maman puisse toucher sa fille, fille ou*

garçon, plus facilement que le père… » L'interdit, même s'il est plus trivialement social que réellement symbolique, suffit malgré tout à
susciter un double désir : celui du frôlement incestueux avoué par
le père et celui de Godard décomposant les gestes de la jeune fille,
c'est-à-dire attaquant le mouvement dans ce qu'il a de stérile pour
l'action, le vouant à la pure jouissance d'une attaque qui ne doit
plus rien à sa finalité. Ce jeu avec l'inceste, où Godard instaure à la
fois une simulation de la Loi (« Tu serais sa fille, il serait ton père »)
et sa transgression imaginaire, aboutira trois films plus loin au désir
de s'attaquer au sujet même de la Vierge : puisque Myriem Roussel
n'a pas voulu faire un film sur l'inceste avec lui comme père [4], ils
feront ensemble un film sur la Vierge et il y aura entre eux un
contrat tacite : « Tu seras la Vierge, je serai à la fois Joseph et Dieu-
le-Père, tu seras donc à la fois ma femme, ma fille et ma mère. »

Plus loin, toujours dans *Sauve qui peut (la vie)*, lors de la séquence désormais fameuse de la chaîne prostitutionnelle, Godard ins-
talle au centre de son film et au seuil de la nouvelle décennie une
figure allégorique de désir du Maître avec cette imposante statue
de « l'homme à la face d'ivoire » qui organise sous nos yeux et à nos
oreilles la longue scène minutieuse, laborieuse, par laquelle il lui
faut passer pour arriver à avoir accès une fois encore, peut-être,
non pas au plaisir, visiblement exclu, mais à la jouissance. À travers cette sombre figure de pervers sans affects, Godard constate
avec panache que l'époque est bien révolue où le plaisir pouvait
advenir simplement au détour d'un plan par la grâce d'une actrice
ou d'un mouvement de caméra : tout ce que l'on peut espérer
aujourd'hui de l'acte cinématographique, c'est une jouissance soigneusement traquée et durement acquise. Au centre de la scène,
délicatement déconnecté de son enjeu, un somptueux bouquet de
fleurs autour duquel Godard organise plus d'une attaque de plan
entre Isabelle et l'homme à la face d'ivoire, comme leur lien secret,
à la fois cache et médium, un peu de beauté et de communication
en-deçà ou au-delà de la terreur. Dans ce film, où Godard commence à filmer avec attention les paysages qui l'entourent, la question de l'attaque commence à se poser à lui de façon autonome
devant ces paysages dont la disposition, qui n'a pas à être inventée,
est l'affaire de la nature : « *Les problèmes que je me suis posés dans ce
film par rapport au paysage, c'est : si je voulais filmer un paysage de dos,
problème que pensent les peintres…* »[5] Reste que dans ce film, sans

doute parce qu'il retrouve avec une certaine innocence le plaisir du tournage cinéma, le filmage est encore assez classiquement frontal, par rapport à ses anciennes habitudes, dans ses dispositions comme dans ses attaques.

Au moment où il entreprend *Passion*, Godard, qui vient de faire l'état des lieux, se pense dans le cinéma qui l'entoure comme l'un des derniers dinosaures, un étrange specimen qui aurait survécu à la fin de son espèce. Pour quelqu'un que l'envie – ce qui n'a rien à voir avec l'esprit de compétition – a toujours stimulé, il n'y a plus beaucoup de cinéastes à qui se mesurer, à jalouser, ou à qui voler un acteur ou une scène. Les pères sont morts, les pairs récusés et les fils amnésiques n'ont pas pris la relève : personne à l'horizon qui pourrait désigner à son désir une relance inattendue. Un peu plus tard *Grandeur et décadence d'un petit commerce de cinéma* scandera sur un mode funèbre la litanie des morts au champ d'honneur du cinéma et ses *Histoire(s) du cinéma* macéreront dans ce sentiment crépusculaire d'être le dernier dépositaire des splendeurs en lambeaux d'un art irrémédiablement perdu dont il fait clignoter anonymement, une dernière fois avant l'oubli total, quelques images en suspension. « *La nuit est venue*, dit un très beau texte lu dans chacun des deux premiers épisodes, *un autre monde se lève, dur, cynique, analphabète, amnésique, tournant sans raison, étalé et mis à plat, comme si on avait supprimé la perspective, le point de fuite. Le plus étrange c'est que les morts-vivants de ce monde sont construits sur le monde d'avant : leurs réflexions, leurs sensations sont d'avant.* »

Pour *Passion*, il lui faudra donc aller se chercher ailleurs qu'au cinéma des Maîtres à qui se mesurer, des Grands Classiques à qui s'adosser ou à pervertir. Il se fera d'abord disciple, presque respectueux, des grands peintres qu'il a élus et s'efforcera de reconstituer humblement quelques-uns des plus universellement connus de leurs tableaux, en studio, avec autant de minutie pour choisir les couleurs, les tissus et les décors que l'homme à la face d'ivoire pour choisir et disposer les figures de la scène érotique selon le protocole rigoureux de son fantasme. Mais pour une fois, la disposition est imposée, Godard n'a pas à l'inventer : il lui suffit de regarder les tableaux, qui font loi, et d'en recopier la scénographie avec humilité. Libéré par cette contrainte, si j'ose dire, il ne lui reste plus que les plaisirs et les angoisses, pour une fois absolument purs, d'une attaque radicalement dissociée de son habituel corollaire, la disposition. Tout heureux de cette aubaine, Godard va découvrir quelque chose peut-être à quoi il ne s'attendait pas. L'invention, pour lui comme pour Rossellini, n'a jamais été affaire de programme : il commence le plus souvent par découvrir, entre hasard et nécessité, toujours dans le concret de la création, et c'est seulement ensuite qu'il tire pour son propre compte les leçons de sa découverte, les prolonge dans une autre scène ou les remet en jeu dans un autre film. On peut suivre à l'œil nu le cheminement de cette précieuse découverte dans le filmage des grands tableaux vivants qui jalonnent *Passion*.

Lorsqu'il filme *La Ronde de nuit* de Rembrandt, c'est le mystère du petit personnage « surexposé » qui est l'objet de son enquête et requiert toute son attention : une naine. Pour la filmer, Godard s'y reprend à plusieurs fois, non sans une certaine raideur, comme on le ferait dans un film didactique. Il a commencé par nous présenter respectueusement sa reconstitution, plutôt fidèle, du tableau en plan d'ensemble. Dans un premier plan sur la naine, il l'attaque frontalement, à quatre-vingt-dix degrés, comme un pur recadrage effectué dans le tableau lui-même, à « sa » place entre l'homme en rouge au fusil et le capitaine en noir à la collerette. Deuxième plan, première déviation de l'attaque : Godard déplace son point de vue légèrement vers la droite, attaquant de biais le plan du tableau, disons à cinquante degrés, de telle sorte que la petite femme se trouve maintenant entraperçue entre le capitaine à la collerette (qui passe du coup, à l'image, de sa droite à sa gauche) et l'homme au chapeau blanc. Trois plans plus loin, Godard revient une dernière fois à son motif et déplace encore plus latéralement son point de vue vers la droite et vers le plan du tableau, de façon à attaquer les figures du premier rang presque de profil, la naine apparaissant cette fois à droite de l'homme au chapeau blanc. Dans ce dernier plan, même si l'axe de sa caméra flirte de très près avec le plan du tableau (quelque chose comme un angle de dix degrés) pendant que Jerzy et Coutard parlent *off* du cinéma et de la Loi, Godard ne passera jamais *derrière* la vitre imaginaire qui sépare l'espace du regardeur et celui du tableau, là où sa caméra pourrait voir de dos ce que le peintre a figuré de face. Il vient de découvrir les plaisirs de flirter avec la transgression en disjoignant progressivement l'attaque de la disposition mais reste encore sous le coup de l'interdit majeur, celui de passer de l'autre côté de la vitre, dans l'espace habité par les figures.

Ce sera chose faite avec *La Fusillade du trois mai* de Goya, où sa caméra va s'enfoncer dans la toile et s'immiscer entre les boureaux et les victimes, qui étaient disposés de profil dans le tableau, pour filmer – le temps très réel d'un champ-contrechamp – leur terrible face-à-face dont le peintre avait voulu suspendre éternellement l'insoutenable. Ici, visiblement, c'est le sujet-même du tableau qui semble avoir suscité le désir de filmer plutôt qu'une figure de détail. Pourtant l'émotion du cadrage sur une jeune fille apeurée (image que l'on retrouvera plus d'une fois sous d'autres formes au cours du film), nous désigne que ce désir de filmer de Godard, même lorsque le « sujet » de la scène lui importe au plus haut point, ne saurait se passer d'un autre désir, d'objet celui-là – en l'occurrence, ici, une posture –, en soi et par nature toujours déviant, erratique, plus ou moins déconnecté du désir plus induit de la scène. De tous les cinéastes en activité, et quoi qu'il en dise, Godard est sans doute le plus incapable de filmer une scène pour son seul sujet, même celui qui lui serait le plus cher, sans que quelque chose d'autre, et qui n'a rien à voir avec le contenu de la scène, ne vienne faire signe à son désir de filmer. C'est sans doute à cause de cette heureuse faille dans son hypermoralisme d'alors que les films militants des années 69-72, même ceux réalisés sous influence, écrasés par le surmoi politique le plus éradicant, restent encore des films de Godard, où se manifeste souvent, au détour d'un plan, la fraîche résurgence d'un désir de filmer irréductiblement singulier, sourd à toute doctrine.

Lorsqu'il filme *L'Entrée des Croisés à Constantinople*, rien moins que facile à reconstituer, une autre figure retient son attention et soutient son désir de filmer, celle des deux femmes, en bas à droite de la composition, et surtout ce *« puissant dos nu »* auquel, selon son scénario, aboutit cet *« ensemble de cris, de larmes, de bruits d'armures et de chevaux »*[6]. Mais cette fois-çi, à l'inverse de *La Ronde de nuit*, Godard ne va pas changer d'axe : il va respecter, tout au long du mouvement de caméra qui parcourt comme un regard la surface du tableau vivant, la frontalité de l'attaque. Il va mettre en scène, par l'artifice d'une machinerie, le moment imaginaire de la création picturale où, disposant sur le rectangle de sa toile une dernière figure, le peintre boucle et achève sa composition. Cette figure, d'être la dernière à venir se déposer sur sa toile (Godard filme cette métaphore de façon littérale : une grue vient déposer les deux jeunes femmes dans le champ de sa caméra) n'en est pas moins, dans son interprétation, la cause du désir du peintre.

C'est cela même que Godard essaie de filmer, le désir supposé du Maître, qui le contamine, à moins que ce ne soit le sien qui contamine le tableau, ce qui revient au même; cette jeune femme qui apparaît ainsi pour la première fois dans un de ses films deviendra « sa » Vierge. Il n'a donc pas à se démarquer du peintre par une attaque qui lui serait propre. Si ce dos fait signe à son désir de filmer, c'est précisément dans l'axe et la posture où il se propose dans le tableau lui-même, auxquels Hitchcock, à en juger par sa belle collection de plans pervers de dos et d'épaules de femmes, ne serait pas resté insensible.

En trois tableaux vivants, Godard a découvert et exploré, sans jamais se répéter, toutes les possibilités ouvertes par cette situation nouvelle pour lui : une disposition imposée, qui fait loi. Comme toute découverte, elle est d'abord timide. Premier tableau : Godard déplace légèrement l'axe de son attaque par rapport à celle du peintre, puis, comme un enfant s'aventure progressivement en terrain défendu, prend de l'audace et s'écarte encore un peu plus, frôle la frontière mais finit par s'arrêter néanmoins au seuil de l'interdit. Deuxième tableau : il se jette dans la transgression et franchit brutalement la ligne de démarcation de l'interdit, sans grand plaisir mais délibérément, juste pour voir. Troisième tableau : comme s'il était allé trop loin, ou pour se souvenir comment c'était avant qu'il ne commence son exploration, lorsque la Loi régnait encore sans partage, il revient à un strict respect de l'attaque induite par le peintre.

C'est seulement maintenant, après avoir franchi toutes ces étapes par lesquelles il lui fallait passer, qu'il va être véritablement libre, et dans le filmage du dernier tableau du film, *L'Immaculée Conception* du Greco, il n'y aura plus rien de réactif, plus rien qui pourrait être induit par la dialectique avancer-reculer de toute exploration en territoire inconnu. Maintenant il peut jouer avec la Loi sans la moindre raideur, avec une grâce bouleversante, tourner autour des ailes de l'ange, chercher sa voie à lui dans le mouvement d'élévation qui anime l'ensemble de ces figures, s'y essayer à deux fois sans que la seconde ne vienne accomplir ni renier la première, redescendre enfin le long de ce bouquet de figures « *d'un mouvement où la pesanteur n'a aucune part* »[7], selon la définition de la grâce par Simone Weil. Dans ces frôlements sensuels de l'interdit, passer de l'autre côté des figures, la pesanteur de la Loi est comme déjouée sans que jamais pourtant elle ne soit véritablement oubliée ni déniée : Godard a trouvé le bon régime de son désir de filmage, et ces trois plans comptent parmi les plus sublimes et les plus inspirés du film.

Mais pendant que Godard, de tableau vivant en tableau vivant, avance à grands pas pour son propre compte, Jerzy, son personnage de cinéaste, son *alter ego* dans la fiction, piétine devant une loi à laquelle il se heurte et qui le fait souffrir : l'obligation qu'on lui fait de toutes parts de raconter une histoire. Si dès le début du film, il a renoncé à s'expliquer à ce sujet avec les financiers, producteurs et autres professionnels du cinéma, il voudrait que son désir soit reconnu par au moins une des deux femmes entre lesquelles il oscille, ce qui l'aiderait à sortir de l'indécision affective et de l'impasse créatrice. Mais il n'y parviendra pas, renoncera à terminer son film et partira finalement avec une troisième femme, une fille de cuisine, parce qu'elle au moins a accepté de croire qu'une voiture soit un tapis volant. Son rêve de film restera enfoui, indicible, il ne parviendra à en ressasser que l'impasse : « Ça ne va pas ! » C'est que la validation de son travail, il ne l'attend plus d'une loi humaine mais, de façon tout à fait rossellinienne, d'une désignation extérieure, nécessairement extra humaine, un signe venu de la lumière qui le délivrerait de l'angoisse, de l'incertitude et lui donnerait enfin accès à une jouissance esthétique accomplie, celle que Godard, n'en doutons pas, a dû connaître en filmant le tableau du Greco.

Entre les découvertes de *Passion* et leur sublime et douloureux aboutissement dans *Je vous salue Marie*, *Prénom Carmen* m'apparaît comme une œuvre de latence, un peu trop appliquée, où toutes les questions qui travaillent Godard en ce début de décennie, si elles sont constitutives de son projet-même, restent souvent rhétoriques, à l'état de programme encore trop visible dans le film terminé. Tout se passe comme si la réalisation concrète du film ne les avait pas vraiment transformées ni remises en jeu, ce qui est d'autant plus étrange que l'on sait que Godard, après quelques jours de tournage, a dû changer d'actrice et passer d'Isabelle Adjani à Maruschka Detmers !

Le scénario de *Prénom Carmen* met en scène un petit gardien de la loi, Joseph, vigile de banque, supposé donc veiller sur les richesses qui garantissent l'ordre social. Il va tomber brutalement amoureux de la belle Carmen alors même qu'elle est en train de braquer la banque dont il a la garde. Pour s'enfuir avec elle sans attirer l'attention, il lui propose de l'enchaîner à lui, comme si elle était sa prisonnière. Cette chimère d'une figure mixte, la Loi enchaînée au Désir, dont Godard a emprunté l'image à Hitchcock, fait remonter à la surface du film les errements d'une Loi qui ne sait plus très bien où elle en est dans ses compromissions avec le désir. Or, si le désir a toujours partie liée avec la Loi, ce n'est pas d'y être enchaîné mais de s'y adosser. Joseph en fera la triste expérience, car d'avoir cru qu'il pouvait s'aliéner le désir de Carmen, en s'enchaînant à elle, l'éloignera d'autant plus sûrement et irrémédiablement de lui.

Le jeu avec l'inceste, qui pointait son nez dans *Sauve qui peut (la vie)*, chemine en sourdine dans ce film avec l'allusion de Carmen à sa relation d'adolescente avec l'oncle Jean : « *J'ai habité ici. C'est chez un de mes oncles. Je devais avoir 13 ou 14 ans. Là-bas c'était le salon, ici c'était sa chambre...* (elle prend, le temps d'un long silence, un air grave et pensif)... *sa chambre.* » L'oncle, c'est presque le père, mais ce n'est pas vraiment le père, et l'allusion à ce qui a pu se passer dans la chambre est suffisamment vague pour que l'idée d'inceste reste flottante et ne fasse qu'effleurer le spectateur. Mais cet oncle, qui se souvient lui aussi de ce passé avec nostalgie (« *Il y a longtemps. Les dernières vacances, c'était... longtemps* »), c'est Godard lui-même. Il déplace ainsi sur Carmen-Maruschka Detmers (sans vraiment y croire, elle est beaucoup trop sainement charnelle) sa rêverie d'un film sur l'inceste avec Claire-Myriem Roussel, laquelle reste discrètement en attente, à l'horizon de ce film, comme l'Autre femme absolue, la Vierge potentielle qu'elle va devenir bientôt.

La question de l'attaque, dans *Prénom Carmen*, devient le sujet même d'une longue séquence où Godard, à son habitude, se laisse porter par les mots, enfile les métaphores et monte en parallèle « l'attaque d'une banque » et « l'attaque d'un morceau de musique », pas celle de Bizet, en l'occurrence, mais celle des derniers quatuors de Beethoven. Latence du cheminement : même dans ce film de transition, Godard cherche à comprendre ce qui se passe à ce moment mystérieux de l'attaque, et pour cela il observe : comment l'archet attaque les cordes, comment quatre musiciens en répétition s'attaquent à un morceau de musique réputé difficile. Comment attaque-t-il lui-même le filmage de cette musique en train de se faire ? Là encore, d'une certaine façon, la disposition est donnée : les musiciens doivent se faire face, deux par deux, pour que chacun puisse suivre le mouvement des autres. L'attaque d'une telle scène, dès lors qu'on veut en filmer « lisiblement » l'un des personnages, sans gêne ni masquage, est quasiment induite par cette disposition en « partie de cartes » : on place l'axe de la caméra à quarante-cinq degrés, entre le personnage qui lui fait face et celui qui est à sa droite ou à sa gauche. Ou alors, toujours classiquement, on filme un personnage de face et celui qui est devant lui en amorce de dos. Godard va choisir son axe entre les deux, ni vraiment l'un ni vraiment l'autre, et une attaque plus basse. Ainsi, l'image du musicien filmé de face est masquée par intermittence, comme le film par la croix de Malte, par le coude de l'archet du musicien de dos, chaque fois que celui-ci « arme » son archet. Cette intrusion d'une image de dos dans l'image frontale est réglée par la contrainte technique des instruments et la partition elle-même mais reste aléatoire par rapport à l'organisation du visible, comme un clignotement imprévisible : Godard en est l'organisateur mais il n'en est pas le maître, ce qui a dû conditionner largement son plaisir de le filmer sous cet angle inédit. L'intrusion de ce battement d'ailes visuel fonctionne à la fois comme une gêne-à-voir (le masquage, le flou) et un retournement du voir, un peu comme si l'on voyait palpiter le même geste à la fois de dos et de face, en surimpression.

En choisissant le sujet de *Je vous salue Marie*, qui boucle la trilogie, Godard se place d'emblée entre désir et interdit par rapport à son sujet. Ce film sur la Vierge, on le sait, vient aboutir en lieu et place de deux films qu'il a convoité de réaliser avec la même actrice : l'un sur l'inceste père-fille, l'autre sur Freud et Dora, et qui ne se sont pas faits. Mais nul doute que cette histoire de la Vierge filmée par Godard ne soit en même temps un film sur la tentation de l'inceste et un film sur une autre relation interdite, celle entre l'analyste et sa patiente. Lorsque Godard, de par ses origines et son éducation protestantes, entreprend de mettre en images l'his-

toire de la Vierge, il doit affronter en lui-même une double résistance : d'abord le rejet théologique de la Réforme à l'égard du
culte de la Vierge, et ensuite la défiance réactive du protestant face
à l'inclination figurative et ornementale des catholiques dont on
connaît la propension à figurer la Vierge partout et dans tous ses
états. Godard se donne à filmer le sacré à travers la figure qui lui
est *a priori*, comme protestant, la plus interdite, en tout cas la plus
périlleuse. Il a moins le droit qu'un autre de s'attaquer à la représentation de la Vierge, et il racontera volontiers que pendant le
tournage, il a senti plus d'une fois, et très physiquement, la présence manifeste de cet interdit, comme proféré par la Vierge elle-
même : « *Il y a des jours où on était puni, puni d'avoir voulu faire ça :
ce n'est pas vrai, on ne le montre pas, tu ne montreras pas mon visage et
mon ventre comme ça.* »[8]. Les intégristes, on l'a vu, seront d'accord
avec la Vierge.

Contrairement à toute tradition, Godard attaque son sujet d'un
point de vue décentré, sur le personnage de Joseph et ses souffrances. Alors que Marie a très vite accepté de croire au miracle de
son élection, Joseph est pris en tenaille entre son amour et son
désir. Par amour pour elle, il devrait la croire et renoncer à son
propre désir, auquel elle se doit maintenant de se refuser. Il est pris
aussi dans les affres de l'incertitude quant à la question du Nom-
du-Père : sa fiancée va avoir un enfant qui n'est pas de lui et lui
demande de croire qu'il n'est pas d'un autre. Dans une scène à la
ferme qui suit immédiatement la naissance de l'enfant, le père de
Marie met le doigt sur ce point crucial du Symbolique, au fondement même de la Loi : « *Alors, à Joseph il va lui dire papa ? Comment
tu vas faire ?* » Tout le travail de Joseph, qui occupe une bonne partie de la première moitié du film, va être de surmonter son désir et
son désarroi devant la perte de ses repères symboliques. Mais tant
qu'il se trompera de combat en essayant de se soumettre à l'interdit, contre son désir qui est d'autant plus relancé, jusqu'à l'exaspération, comme celui du Joseph de Carmen, il ira d'échec en
échec. Son chemin de croix ne cessera que lorsque Marie, en sus-
citant un ultime combat avec l'ange, lui fera clairement savoir qu'il
ne s'agit pas de continuer à piétiner et à se sacrifier au pied de l'interdit mais de renoncer totalement à la non-croyance, au doute,
d'accepter le « tabou qui épargne le sacrifice » : Marie a un autre
Maître, non pas un rival, un semblable, mais un Autre absolu

auquel lui aussi doit se soumettre. Alors, mais alors seulement, il n'y aura plus de péché ni d'interdit et il sera autorisé à toucher le ventre de Marie. Jusqu'ici, le cinéaste s'est contenté d'accompagner le cheminement du pauvre Joseph dans sa difficulté à voir le corps de Marie, il est passé par les mêmes épreuves et vient enfin, après mille difficultés, de réussir à filmer un plan du ventre de Marie pur de toute contamination avec les autres images. À ce point précis, Godard opère un génial retournement. Il congédie Joseph qui a accompli son travail et l'a aidé à accomplir une partie du sien. Maintenant, dans la longue et très belle scène de la chambre, il peut enfin rester seul avec Marie, il n'a plus besoin de représentant à l'image : il sera lui-même, hors-champ, à la place silencieuse du Maître ou de Dieu-le-Père. Et c'est l'épreuve suprême : Godard attend de son actrice qu'elle lui donne cette vérité qu'elle recèle comme un secret mais dont elle-même n'a pas la clé. Devant cette demande terriblement non-formulée, devant cette patience exaspérante, (Godard a tout son temps), elle va tordre devant sa caméra ce corps qui enclôt son secret inexprimable, et répond à sa façon, dont elle n'est pas maître, par toutes sortes de postures douloureuses ou extatiques, arc hystérique ou catatonie, à ce qu'elle suppose être la demande du Maître. L'enjeu n'a jamais été aussi clairement celui de la disjonction, du clivage entre la disposition (ces postures que l'actrice lui offre et lui dérobe) et l'attaque dont Godard multiplie les essais, de tous les côtés, à différentes distances, sous tous les axes. Plus que jamais, la question essentielle est devenue celle de l'attaque du plan, du corps du film réduit ici à son expression la plus simple et la plus nue, celle du corps offert/refusé de l'actrice.

Dès lors qu'elle a été élue, Marie a été exclue de la communauté des femmes car Godard, en bon rossellinien, et par expérience personnelle, sait cette vérité dont il souffre : ce qui élit exclut. Dans un plan rapide et isolé, on a déjà vu Marie dans un supermarché hésiter devant un présentoir de tubes de rouge à lèvres, partagée entre l'envie et l'interdit. Elle avait rapidement renoncé à ce signe de féminité convoité avec nostalgie mais auquel elle n'avait plus droit. En fin de plan, elle faisait un signe avec un petit sourire triste (non, merci, elle ne voulait rien) à un personnage invisible, hors-champ : ange la rappelant à l'ordre de sa mission ou vendeuse prévenante, c'est égal. À la toute fin du film, Marie, qui a accompli sa mission, peut réintégrer la communauté des femmes, enfin exemptée des interdits liés à son élection. Elle est remise en circulation parmi les autres femmes, réintégrée dans le circuit de cette humanité normale à laquelle Godard ne cesse de se demander comment appartenir. Il va filmer cette métaphore à la lettre. Jusque-là, il a filmé opiniâtrement le visage ou le corps de Marie, avec les difficultés que l'on sait. Sans crier gare, il va changer radicalement d'attaque et filmer en plongée, dans des plans vifs, alertes, sans douleur, visiblement empruntés au Tati de *Trafic*, les jambes de Marie dépassant d'une robe élégante et chaussées de talons mi-hauts, déambulant sur des morceaux de route où sont tracés diverses flèches et autres marques de signalisation. Un homme la suit, que l'on pourrait prendre pour un dragueur, preuve de plus qu'elle est redevenue une femme parmi les autres, circulant au milieu de la communauté des hommes et livrée à leur convoitise. En fait il s'agit de l'Ange qui lui avait annoncé la nouvelle de son élection, mais elle ne le reconnaît déja plus. Il prend congé de sa mission, la délivrant de la sienne en disparaissant après un ultime et tout à fait trivial : « *Je vous salue, Marie !* » On retrouve Marie en gros plan, assise dans sa voiture, les cheveux ondulés, qui allume la première cigarette de sa nouvelle vie. Godard choisit l'axe classique devant une telle disposition, quand il s'agit de filmer quelqu'un au volant d'une voiture arrêtée, par la vitre latérale ouverte. Dans le plan suivant, un peu plus rapproché, mais toujours dans le même axe, elle approche timidement de ses lèvres pâles un tube de rouge à lèvres vif et luisant. Ce sera l'ultime preuve et épreuve de sa réintégration, le signe qu'elle est redevenue disponible à son propre désir. Mais l'interdiction dont elle a subi la loi continue de peser sur elle, même si elle en est formellement déliée, et Godard filme en retenant son souffle ce moment d'hésitation, son envie et sa crainte mêlées tandis qu'elle approche et recule le rouge de ses lèvres, comme il hésitait lui-même avec sa caméra à entrer dans l'espace des tableaux vivants de *Passion*.

Au moment ultime et décisif où le rouge va toucher les lèvres, où elle va cesser d'être « seule entre toutes les femmes » pour redevenir une femme parmi et comme les autres, Godard ne détourne pas les yeux de Marie qui accède par ce geste au droit à la jouissance et recouvre du même coup sa condition de mortelle. Mais les deux plans où a lieu cette annonciation à rebours sont pourtant d'une étrangeté déroutante, comme s'il avait éprouvé à ce moment-là le besoin impérieux de décentrer le filmage de cette scène par une attaque absolument imprévisible, de façon à en affronter l'obscénité par un acte filmique d'une plus grande violence encore : un plan de profil, très surprenant par sa mise au point atypique, nette sur les boucles de cheveux du premier plan et carrément floue sur le bâton de rouge en train d'atteindre les lèvres ; le dernier plan du film, enfin : un gros plan sur cette bouche béante, rouge sang, édentée, ouverte sur un trou noir, décadrée, écarquillée dans un cri muet de jouissance et de mort.

Dix ans d'images godardiennes après la mort d'Hitchcock, on est peut-être mieux en mesure de comprendre ce qu'il voulait dire en 1980 en déclarant que l'époque était au « reflux du visuel », à un moment où les images, plus que jamais, étaient promises à une inflation galopante. Qu'entendait-il exactement par ce « visuel » qu'il décrétait « refoulé » dans et par la plupart de ces images ? Les plans qu'il a prélevés pour ses *Histoire(s) du Cinéma* [9] dans le stock mondial des images (archives et fictions mêlées) avec une précision chirurgicale d'une grande sûreté, sont d'autant plus précieux pour s'approcher de cette notion du « visuel » selon Godard qu'ils représentent une sélection infime, qui ne doit rien à la hiérarchie culturelle instituée, mais tout à une fulgurante intuition de « reconnaissance » des images qui le concernent. Première constatation, d'évidence : le « visuel », pour Godard, est une qualité tout à fait spéciale du visible qui n'a rien à voir avec sa simple captation-reproduction et qui n'advient qu'à de très rares images [10]. Il ne s'agit pas non plus d'un vulgaire marquage de l'instance regardante dans l'image, laquelle désigne trop souvent le regard aux dépens de la chose regardée. Le « visuel » est un poinçon dont la marque est beaucoup plus imprévisible, impossible à reproduire, et dont la présence échappe pour une large part aux manœuvres volontaires du cinéaste. Elle peut être obtenue en toute innocence comme elle peut se refuser à qui s'efforce de la piéger. Hitchcock, de ce point de vue-là, a été un cinéaste « visuel », mais ce n'est pas toujours pour les bonnes raisons qu'il a pu en donner à Truffaut. Le regard hitchcockien, parfois, se laisse détourner du souci majeur du Maître, la « direction de spectateurs », et révèle ce que son obsession d'une économie parfaite de la lisibilité s'efforçait précisément de refouler : son rapport au corps de l'actrice, par exemple, lorsque

celui-ci prenait le pas, dans la pulsion de filmer, sur la fonction du plan dans la scène. Ces dérapages hitchcockiens nous ont donné quelques-uns de ses plans les plus visuellement inoubliables.

Le « visuel » selon Godard pourrait bien être le nom de cet imprévisible dévoilement du regard qui nous saisit soudain, une fois sur dix mille, au détour d'un plan, d'une double émotion : celle d'une fraîcheur et d'une acuité retrouvées de la vision ; celle d'une sur-présence, fragile et émouvante, des êtres et des choses qui sont sur l'écran. On éprouve alors à l'improviste, par la vertu d'une attaque inattendue qui rend mystérieusement présent ce qui n'était jusque-là que visible, que cet acteur, cet arbre, ce ciel, ne sont plus un acteur, un arbre, un ciel de pellicule mais qu'ils ont palpité un jour sur cette terre, pendant quelques secondes très réelles dont l'onde d'émotion, toujours vivante, est parvenue miraculeusement jusqu'à nous, les exemptant provisoirement de la fiction pour les restituer le temps d'un plan à cette planète et à cette espèce qui sont tout aussi provisoirement les nôtres.

Les plans consacrés aux femmes dans les *Histoire(s) du cinéma* sont particulièrement émouvants de cette émotion-là, qui agit d'autant mieux qu'ils sont isolés de tout contexte scénarique. Ils sont nombreux à désigner où se joue ce poinçonnage du visuel qui n'a rien à voir avec la photogénie (au contraire, la photogénie d'une Greta Garbo, par exemple, serait plutôt un déficit du visuel ainsi entendu) ni avec les qualités de jeu de l'actrice. Il semble bien que cette désignation mystérieuse se joue quelque part entre la posture (la disposition du corps, la façon dont il a l'air de s'offrir au regard) et l'attaque : dans la façon dont le cinéaste, soudain inspiré, oublieux des habitudes, en vacance de code, a trouvé dans l'instant un rapport neuf et inédit entre les deux, un rapport à la fois bizarre, un peu tordu et pourtant très frais, coulant de source, jamais induit en tout cas par ce qu'il y a de programme dans tout projet de plan.

La plupart des plans de la plupart des films ne se concrétisent qu'au terme d'une série de déductions qui les programment et ne cessent d'appauvrir, en cours de route, les chances du visuel : la scène est déduite de sa fonction dans le scénario, le plan est déduit de sa fonction dans la scène, la disposition est déduite de sa fonction dans le plan, et l'attaque est le plus souvent induite par la lisibilité de sa disposition. Dix ans après sa prophétie sur le reflux du visuel, il suffit de regarder une scène au hasard de *Nouvelle Vague* pour constater que Godard, même lorsqu'il s'efforce avec sérieux et conviction de raconter une histoire, reste irréductiblement réfractaire à cette logique de la déduction à laquelle il se refuse obstinément, au moment de filmer, comme un cheval qui renâcle devant l'obstacle, de soumettre le visible. Il se met alors à chercher (cette recherche peut être une simple attente) et trouve plus souvent que quiconque, dans le visible, une raison de filmer qui ne soit ni de raison ni de programme, quelque chose qui relance dans l'instant son désir de filmer ce plan-là en particulier : une injonction qui advient au croisement du réel lui-même et d'une pulsion plus imprévisible, qui n'a que faire du scénario, toujours déviante, mais toujours en alerte, guettant l'éclat imprévisible du visuel dans ou contre le visible – une qualité de lumière, une posture, un mouvement, un masquage – qui soudain lui fasse signe, un signe impératif.

Pour le Godard des années quatre-vingt, cette quête du visuel a pris plus d'une fois le chemin d'une résistance, non seulement au lisible mais au visible lui-même, comme s'il obéissait secrètement à une prescription intérieure semblable à celle de Valéry selon laquelle en art « *il faut créer le besoin, le but, les moyens, et jusqu'aux obstacles* ». Ses *Histoire(s) du Cinéma* s'ouvraient sur une autre prescription de résistance au visible, empruntée à Bresson : « *Ne va pas montrer tous les côtés des choses.* »[11] La disjonction entre disposition et attaque aura tracé au cours de cette décennie, dans l'œuvre de Godard, une de ces contradictions souterraines qui scandent secrètement toute avancée créatrice, qui affleurent parfois à la surface d'un film ou d'une séquence, avant de replonger aussitôt dans cette zone obscure où le travail de la négativité est aussi vital au progrès de l'œuvre que celui qui donne l'illusion de surface d'aller dans le sens de son accomplissement. Je connais peu de cas aussi exemplaires de cette négativité à l'œuvre dans tout acte de création véritable, dont parle Blanchot, que cette insoumission de l'acte de filmer – qui seule peut en faire un acte véritable – à la pente naturelle du visible.

Ce texte a été publié en anglais dans l'ouvrage Jean-Luc Godard son + image, *coordonné par Raymond Bellour et Mary Lea Bandy et édité par* The Museum of Modern Art, New York, 1992.

1. *Alfred Hitchcock est mort*, entretien avec Serge July, *Libération* 2 mai 1980. Repris dans *Jean-Luc Godard par Jean-Luc Godard*, tome 1.

2. Cité en note par Robert Bresson, *Notes sur le Cinématographe*, éd. Gallimard.

3. Orson Welles, entretien avec Alain Bergala et Jean Narboni, in *Orson Welles*, numéro hors-série des *Cahiers du cinéma*. Cité dans *Le chemin vers la parole*, entretien avec Jean-Luc Godard, *Cahiers du cinéma* n°336, mai 1982, repris in *Jean-Luc Godard par Jean-Luc Godard*, tome 1.

4. « J'étais parti de père et fille, ensuite ça a dévié sur Freud et Dora... L'actrice avec qui je souhaitais avoir des relations mélangées – personnelles et de travail – a pris peur, forcément, ou est restée humaine... alors je suis tombé dans Dieu le Père et sa fille... » Jean-Luc Godard dans l'*Entretien* avec Philippe Sollers filmé par Jean-Paul Fargier.

5. *Propos rompus*, *Cahiers du cinéma* n° 316, octobre 1980, repris dans *Jean-Luc Godard par Jean-Luc Godard*, tome 1.

6. *Passion, introduction à un scénario*, *Jean-Luc Godard par Jean-Luc Godard*, tome 1.

7. Simone Weil, *La Pesanteur et la grâce*, Plon 1988, rééd.

8. *La curiosité du sujet*, entretien avec Jean-Luc Godard par Dominique Païni et Guy Scarpetta, *numéro spécial Godard*, Art Press, février 1985.

9. Au moment où j'écrivais ce texte, je n'avais vu que le premier état des épisodes 1a et 1b de ces *Histoire(s) du cinéma*.

10. Le « visuel » selon Godard n'est pas à entendre au sens que Serge Daney, par la suite, devait donner à ce mot, et qui en est presque l'opposé.

11. Robert Bresson, *Notes sur le Cinématographe*, op.cit.

Filmer un nu

Le nu chez Godard

> « *Le seul film que j'aie vraiment envie de faire, je ne le ferai jamais parce qu'il est impossible. C'est un film sur l'amour, ou de l'amour, ou avec l'amour. Parler dans la bouche, toucher la poitrine, pour les femmes imaginer et voir le corps, le sexe de l'homme, caresser une épaule, choses aussi difficiles à montrer que l'horreur, et la guerre, et la maladie...* »
>
> JLG
> (novembre 1966)

En 1959, la liberté de ton d'*À bout de souffle* tenait dans une réplique célèbre qui fit beaucoup, paraît-il, pour sa réputation de film audacieux, celle de Belmondo demandant à Jean Seberg s'il pouvait pisser dans le lavabo. Il faudra attendre seize ans, c'est-à-dire *Numéro deux* en 1975 pour *voir*, dans un film de Godard, un homme pisser dans un lavabo. *À bout de souffle*, même pour un film de la fin des années cinquante, est un film d'une grande pruderie visuelle : les amants y font pudiquement l'amour sous les draps, comme pour se protéger de la caméra, Belmondo n'enlève jamais son caleçon ni Jean Seberg ses tee-shirts. Michel Poiccard peut passer les mains sous la jupe de Patricia, le spectateur, lui, est prié avec humour, comme dans la chanson de Brassens, d'aller prendre ailleurs ses cours d'anatomie.

Il ne s'agit pas d'une timidité de débutant : le cinéma du Godard des années soixante restera visuellement très pudique et traitera ses actrices de prédilection, au plan de la nudité, avec un respect farouche jamais démenti : pas une seule fois, en sept films, Jean-Luc n'aura demandé à Anna d'exposer la nudité de ses seins à la caméra.

le tabou des seins

Il y a, de toute évidence, un tabou des seins chez le premier Godard : filmer les fesses d'une actrice n'est pas lui faire une si grande offense, lui demander de montrer ses seins serait une atteinte incomparablement plus grave à son intimité. On ne verra jamais, non plus, les seins de Macha Méril dans *Une femme mariée* où les scènes de nu, même extrêmement épurées, sont pourtant nombreuses. Dans *Masculin-féminin*, une jeune femme entraîne Jean-Pierre Léaud dans une cabine de photomaton et lui propose : « *Si vous voulez voir ma poitrine, c'est 15 000 F.* » Léaud s'enfuira avec indignation en déclarant : « *Mais vous ne savez pas ce que vous dites !* », avant de se réfugier en solitaire dans une autre cabine pour y enregistrer, comme pour se laver, une déclaration d'amour romantique et interstellaire. Un des actes de violence les plus agressifs à l'égard d'une femme, dans un film de Godard, se trouve dans la séquence de la chaîne sexuelle de *Sauve qui peut (la vie)* : l'humiliation d'une prostituée occasionnelle se focalise sadiquement sur ses seins à propos desquels le PDG à la face d'ivoire la force à déclarer : « *mes nichons sont pas fantastiques* » avant de les meurtrir, à chaque tour de la chaîne, en appuyant dessus avec ses chaussures de ville. Un peu plus loin, dans le même film, une jeune femme, postulante à la prostitution, montre sa poitrine à sa sœur, en remontant et rabaissant son pull-over d'un geste brusque, la nudité de ses seins étant dévoilée le bref interstice temporel d'une fraction de seconde, du même geste brusque avec lequel la griffe du projecteur remonte et redescend la pellicule d'une image.

Tout se passe pour le premier Godard comme si les seins étaient le siège même de l'intimité féminine, et par conséquent la partie de son corps dont l'exhibition est la plus agressante. Une phrase de *Pierrot le fou* vend déjà la mèche en 1965, celle où Anna Karina, alors qu'elle tient au bout de son fusil ceux qu'elle s'apprête à abattre, s'encourage en se convaincant que ce n'est pas parce qu'une femme a des seins tendres qu'elle ne peut pas tuer comme un homme. Le fantasme infantile des premiers hommes godardiens (de Michel Poiccard aux révolutionnaires de *Week-end* en passant par le Michel-Ange des *Carabiniers*) était de trousser les jupes des femmes pour voir leur cul pendant que les femmes songaient avant tout à préserver pudiquement leurs seins. Ce tabou des seins est propre à Godard, et il le transgressera très peu dans les années soixante, peut-être justement parce que filmer la poitrine des femmes devenait de moins en moins interdit et que c'était lui seul qui s'était imposé cette forme de pudeur personnelle.

« Oui patron ! » ou le déshabillage selon Godard

Le corps de la femme, dans les films de Godard, ne connaît que trois états bien tranchés : habillé, déjà-nu, forcé de se déshabiller. Le plus inimaginable chez lui serait un déshabillage aguicheur et suggestif. Le *teasing*, le hors-champ à venir que l'on fait attendre pour monter les enchères du désir, le dévoilement progressif, la suggestion prometteuse, sont le contraire-même de l'éthique et de la poétique godardiennes où un corps n'est jamais qu'un corps et doit être nu *ou* habillé. Un plan n'a rien à promettre : il doit donner tout ce qu'il a à donner. Il y a bien un strip-tease dans *Une femme est une femme*, mais il restera chastement ludique, parmi les moins sexualisés, les moins suggestifs, les moins provocateurs qui aient jamais été filmés. Dans les autres films, si déshabillage il y a – comme à la fin de *Week-end* lorsque les promeneurs du dimanche sont capturés par le Front de Libération de Seine et Oise – c'est sous la menace d'un fusil ou pour de l'argent, et il n'est jamais, comme dans le cinéma sexy des *sixties*, une initiative de la femme, de l'ordre du plaisir de séduire. C'est toujours le résultat d'un rapport de force et cet ordre (ce fantasme) du viol de la nudité : « déshabille-toi ! », est toujours un abus du pouvoir masculin. La femme, qui est dans un rapport social (dans le couple, le travail, le rapport à l'argent) tel qu'elle doit s'exécuter, le fait avec la plus grande froideur, sans la moindre gratification narcissique, aussi absente à ses gestes que déjà, en 1962, Nana dans *Vivre sa vie*, qui « donnait son corps mais gardait son âme », même si c'est évidemment de son âme que Godard avait entrepris de nous faire le portrait en forme de puzzle.

« Quand aux types, à part ceux qui vont voir les filles parce qu'ils n'en ont pas d'autres, il y a surtout ceux qui paient 1000 balles pour pouvoir dire des choses qu'on ne peut pas dire autrement ; on ne peut pas dire : " Déshabille-toi ", comme ça, dans la vie. »[1] Le sergent recruteur des *Carabiniers* fait miroiter aux futurs engagés que la guerre leur donnera accès aux « femmes qui se déshabillent », ce qui ne tombe pas

dans l'oreille d'un sourd puisque l'un des premiers exploits de la campagne de Michel-Ange sera d'ordonner à une civile, sous la menace de son arme : « *Enlevez votre robe !* » Michel Piccoli, pratiquement la même année, remarque dans *Le Mépris* que « *c'est merveilleux le cinéma. On voit des femmes, elles ont des robes, elles font du cinéma, crac on voit leur cul.* » Récapitulons : le pouvoir de l'argent, de la force, mais aussi celui du cinéma (c'est sa part d'abjection), c'est de donner l'ordre qui obligera une femme à se déshabiller sous un regard et dans une posture imposés (« *Tourne-toi ! – Regarde le paysage !* »). L'ultime abjection, c'est quand l'homme a aussi le pouvoir de lui dicter son texte, sa bande-son : « *Dis ta phrase !* » (*Passion*) « *Toi tu dis : hé !* » (*Sauve qui peut*). Ce sont précisément les deux pouvoirs que le cinéma est censé donner aux cinéastes sur ses acteurs : prends telle posture, dis telle phrase !

Les deux réponses féminines qui accompagnent depuis toujours, chez Godard, d'un film à l'autre, la froide exécution de l'ordre de se déshabiller sont : « *Oui, patron !* » et « *Qu'est-ce que je fais maintenant ?* », qui font partie de ces phrases-symptômes où se condense dans son cinéma, sous la forme la plus quotidienne et la plus ramassée, quelque chose comme la radiographie d'une époque. Dans la scène de la chaîne sexuelle de *Sauve qui peut (la vie)* le petit-chef qui accueille et « prépare » les prostituées-figurantes pour le fantasme sexuel de son employeur, s'empresse de répondre lui aussi : « *Oui, patron !* » lorsqu'il se voit à son tour intimer l'ordre d'enlever son pantalon. La prostitution, « gros plan des relations d'échange en général » selon Godard, n'est plus depuis longtemps dans ses films localisée aux affaires de sexe. Elle se généralise à chaque situation sociale « où l'argent reçu et donné permet d'acheter non un objet manufacturé mais un sujet », c'est-à-dire en premier chef au cinéma. Et ordonner à quelqu'un de se déshabiller a toujours été pour Godard – juste avant celui de l'enculer – la forme visible la plus directe de son achat comme sujet, la métaphore majeure des rapports sociaux. Ce qui peut avoir un rapport avec le désir (« *La plupart des types*, dit Godard, *ne banderaient pas s'ils ne travaillaient pas dans des bureaux* ») mais ne saurait en avoir aucun avec l'amour. Rarement cinéaste aura opéré une disjonction aussi radicale entre la sexualité et l'amour : l'impensable chez lui – plus encore que chez Bergman qui l'a quand même fait une fois avec *Monika* – serait une scène de sexualité heureuse, amoureuse, réconciliée, sans son cortège de misère, de malentendus, de rapports de pouvoir, sans images de mort ou de guerre en filigrane. Dans *Nouvelle Vague*, où c'est d'amour (et d'affaires) dont il s'agit avant tout (« *Quelle merveille que de pouvoir donner ce qu'on n'a pas !* »), le sexe, comme dit Raoul, « n'est qu'un complément ». Rarement il aura été réduit à une telle portion congrue : deux étranges tableaux vivants où l'acteur et l'actrice, habillés, immobiles, miment – sans aucun engagement personnel dans cette danse statique qui est moins un acte qu'une réminiscence d'acte – un rituel sexuel dont toute l'espèce humaine aurait oublié depuis longtemps la signification, se pliant sans plaisir à la mémoire résiduelle de quelques postures exténuées, vidées de toute signification vécue.

Par contre, il y a eu très tôt, dans le cinéma de Godard, des femmes *déjà-nues* et il n'y a rien de moins érotique, dans ses films, qu'un corps déjà-nu dans le plan. Dans les années soixante, ces femmes nues ont longtemps fait partie du décor, je serais presque tenté de dire du mobilier. La nudité des prostituées dans *Vivre sa vie* se réduisait à quelques tableaux vivants de filles immobiles, sculptées par la lumière, marmoréennes, toujours-déjà nues, nettement impropres à susciter le moindre émoi érotique chez le spectateur. On se souvient, dans *Alphaville*, de ces femmes nues en vitrine dans les aquariums géants des escaliers des immeubles en verre, devant lesquelles les hommes passaient dans une totale indifférence. À la fin de *La Chinoise*, dans une scène énigmatique où Jean-Pierre Léaud recevait la révélation de sa vocation théâtrale révolutionnaire, il entrait dans un immeuble détruit où dans deux cabines en verre, deux vitrines, une jeune fille et une grosse femme d'âge mûr s'efforçaient d'attirer son attention en tapant sur la paroi transparente. À chaque fois qu'il se retournait vers l'une ou vers l'autre, elles avaient perdu une pièce de leur vêtement, jusqu'à la nudité intégrale, mais une nudité abrupte, froide, littéralement sous verre, donnée sans le moindre *teasing*. La juxtaposition égalitaire de ce jeune corps et de ce corps boudiné et vieillissant, le montage parallèle, annulaient à chaque alternance toute possibilité pour le spectateur d'un quelconque échauffement érotique. La vitrine qui nous séparait au cours des années soixante de ces femmes nues, crûment « en montre », sans le moindre mystère, sans la moindre réserve, et qui les rendait inaccessibles à toute sen-

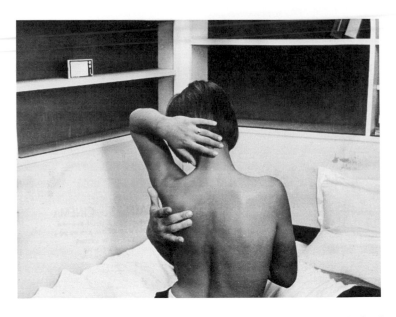

sation tactile, infligeait à notre regard une sorte de frigidité glacée. Avec *Numéro deux*, Godard réalisera son film le plus documentaire sur la nudité des corps, des corps de tous âges. Une petite fille s'interroge sur le trou de son sexe dans la baignoire. Son grand père assis, nu, face à la caméra, constate, joignant le geste à la parole : « *Parfois je regarde ma queue, mais ça c'est pas du cinéma.* » Sa grand-mère fait sa toilette complète, dans un lavabo, dos à la caméra, entièrement nue, comme dans un film ethnologique. Sa mère et son père lui donnent dans leur lit, en lui montrant au fur et à mesure les organes concernés et leur fonctionnement, une leçon sur l'acte sexuel. Visiblement le filmage de ces nudités visait à rendre compte, cinématographiquement, d'un état des corps où l'humanité serait enfin visible comme espèce, en-deça et au-delà de tout gonflage imaginaire, de toute individuation culturelle, de tous les discours que chacun (sauf la grand-mère) tient, en état de nudité, comme pour se constituer, malgré tout, une tunique de mots. Tous ces nus, Godard les filme « sans cinéma », pour reprendre la formule du vieux, il regarde avec une certaine compassion mais sans une ombre de concupiscence ces corps ordinaires, dans leur splendeur et leur misère, en tant qu'ils appartiennent à l'espèce humaine – qui est malgré tout la sienne – et non à

l'univers imaginaire singulier d'une fiction ou d'un auteur.

Dans les années quatre-vingt, où Godard commence à confronter son cinéma à ce que les arts classiques ont produit de plus universel, cette nudité en vitrine cède la place, à partir de *Passion*, à des nus nettement plus picturaux. Les postures, la lumière, le filmage de ces figures secondaires de nus sont nettement plus soignés et sensuels que leurs antécédents des années soixante. Lorsqu'il parle des très jeunes filles décoratives, nues ou en culotte de coton, apparues dans *Passion* pour se mettre à proliférer dans *Détective*, Godard – qui n'est pas si vieux qu'il aime bien parfois le paraître – se compare au Titien de quatre-vingt-dix ans peignant en toute sérénité sexuelle, à la fin de sa vie de peintre, des jeunes filles en fleurs. Je ne suis pas sûr, pour ma part, qu'elles soient cinématographiquement aussi désérotisées, et lui aussi triste, qu'il voulait bien l'affirmer en ce milieu des années quatre-vingt.

l'endroit et l'envers

Le corps de la femme, chez Godard, n'a jamais été réversible. Il ne pratique pas pour son compte cette équivalence à la Bellmer entre l'endroit et l'envers – magistralement filmée une fois pour toutes par le premier Buñuel d'*Un chien andalou* – ce déplacement dont il a été le premier à avoir visuellement l'intuition dans les films d'Hitchcock : « *En revoyant l'autre jour* Vertigo *à la télévision, j'ai eu le sentiment que la force d'Hitchcock venait de ce qu'il filmait des visages comme des culs, de face mais vus de dos, d'où sa fascination pour ces femmes au visage un peu rond et lisse, pour ce devant derrière qu'il n'a jamais osé exploiter à fond dans ses personnages masculins.* »[2] Pour Godard, au contraire, la femme a deux côtés bien tranchés, non réversibles : on peut l'attaquer, cinématographiquement (et sexuellement), de dos et de face. Elle peut être aussi prise en tenaille entre un homme (un personnage) qui l'attaque de dos et une caméra (un cinéaste) qui l'attaque de face, Rossellini ne s'en est pas privé avec Ingrid Bergman, et Godard saura s'en souvenir. De ce simple fait topique, s'il est un cinéaste pour qui « le rapport sexuel n'existe pas », pour reprendre la célèbre formule de Lacan, c'est bien Godard chez qui le fantasme de l'homme (généralement la scène vue de dos) n'a aucune chance de rejoindre jamais la perception que la femme a de cette scène sexuelle (les sensations qu'elle perçoit de face) qui ne sera jamais, et irrémédiablement, la même pour l'un et pour l'autre. Dans une scène du terrible *Numéro deux* – le film le plus bouché, désespérant, sans la moindre issue romantique, que Godard ait jamais tourné –, l'homme est couché sur le dos, il a fait asseoir la femme sur lui, à califourchon, et la pénètre de dos. Comme elle proteste contre cette position imposée où elle ne peut pas le voir, où il n'y a pas d'échange inter-subjectif possible, il lui répond : « *Comme cà, je vois des endroits de toi que tu ne vois jamais* », désignant très clairement le fait que la condition de son plaisir masculin est précisément de traiter son corps à elle comme un objet partiel, opaque, échappant à sa propre perception subjective.

Serge Daney écrit dans *L'exercice a été profitable* : « *Lorsqu'il est question de sexe, Godard n'imagine rien en dehors du fait d'enculer et regarder le frais minois indifférent de ceux qui sont enculés* »[3]. Depuis les années quatre-vingt il me semble que l'une des caractéristiques du geste godardien est de dissocier la disposition préalable de la scène et son attaque au moment du filmage. De la scène sexuelle, on pourrait dire qu'elle est presque toujours disposée pour et par un fantasme masculin, monotone, sans invention, terriblement répétitif – presque toujours du côté du sadisme et de la pulsion de mort – mais que Godard, au dernier moment, celui du filmage, change de camp, se refuse à l'attaquer de ce côté du pouvoir (social) masculin qui ferait que tout irait dans le même sens, celui de l'excitation sexuelle mâle du spectateur (ou de la spectatrice, car le cinéma, le plus souvent, vise indifféremment spectateur et spectatrice selon le seul schéma masculin de la montée du désir). Godard finit le plus souvent par s'identifier, au filmage, au point de vue de la femme qui subit la scène sexuelle et pour qui tout cela, qui relève de la misère masculine, du manque d'amour, du commerce, est un peu dérisoire. Le plus souvent, elle se retirera dans une terrible ironie (« *oui, patron !* ») ou dans le mutisme radical de la non-participation. La femme godardienne peut très bien abandonner son envers aux fantasmes des hommes tout en préservant son endroit et la liberté de regarder ailleurs ou de penser à autre chose. Et c'est l'homme qui sort avili de ce malentendu qu'il a suscité comme condition de son désir.

Ce refus de Godard d'attaquer la scène du côté où il l'a disposée vaut aussi bien pour toute autre émotion que pour l'émoi sexuel : l'obscénité serait cinématographiquement la même. Jamais, en tout cas, Godard n'aura la tentation ordinaire d'érotiser pour le spectateur la représentation de cette scène organisée selon le fantasme masculin.

La scène la plus exemplaire du cinéma godardien, à ce sujet, est celle de *Sauve qui peut (la vie)*, film-clé de l'anti-érotique godardienne, où Isabelle Huppert rend visite à un client nommé Personne (comme l'acteur qui l'interprète) dans son hôtel. Pendant qu'il est en train de négocier beaucoup d'argent au téléphone – on croit comprendre qu'il achète ou revend des joueurs de football – il lui ordonne de se mettre devant la fenêtre, à portée de mains, et d'enlever son pantalon. Ce qu'elle exécute avec autant d'excitation que si elle était en visite chez le médecin. Pendant que cet homme regarde et tripote ses fesses, Isabelle Rivière pense à autre chose et regarde par la fenêtre, comme si son corps était littéralement coupé à la taille en deux parties rigoureusement autonomes, le bas qu'elle a choisi de livrer au commerce mais d'où ne lui remonte littéralement aucune sensation ni émotion perceptible sur son visage, et le haut entièrement livré au monologue intérieur et à la fraîcheur inouïe des sensations qui lui parviennent de la mémoire ou de l'extérieur – on ne saura jamais tant le raccord est indécidable – en l'occurence un paysage du bord du lac : la pureté du contrechamp (même s'il s'agit d'un pur souvenir de sensation) rachète la misère du champ. Le coup de génie de Godard est de filmer les deux parties de ce corps en deux séries de plans parfaitement étanches, non concernées l'une par l'autre, et qui communiquent aussi peu que si Godard, pour les plans de fesses, avait fait appel aux services d'un prête-corps. Isabelle Huppert – est-il besoin de le dire ? – est parfaite dans cette indifférence sans affectation. À la fin du scénario, qu'il ne tournera jamais, de *The Story*, il y avait un début de prise de conscience quasi militante de cette capacité d'autorésistance des femmes : « *La mère et la fille vont et viennent dans l'appartement. Elles sont nues, ou juste avec un tee-shirt. Elles se sèchent mutuellement les cheveux. Diana se regarde dans la glace. On les voit de dos. Diana dit que si on ne veut pas trop se faire enculer par les mecs, il faut apprendre à serrer les fesses. Comme ça, dit Betty. Comme ça, répond Diana. Elles rient.* » Les détails précis : « ou juste avec un tee-shirt », « on les voit de dos », pointent dès l'écrit la touche godardienne en matière de filmage de nu.

dire/montrer

Dès son premier film, Godard a creusé l'écart entre ce que l'on peut dire et ce que l'on peut montrer dans un film. Tout s'est passé longtemps chez lui comme si l'image était le dépôt de la pureté et le son le réceptacle du trivial. Le dialogue peut être obscène pourvu qu'une image au-dessus de tout soupçon le rachète, car c'est toujours à l'image de racheter ce qui peut advenir d'indignité au film. Dans le même scénario de *The Story*[4], il avait imaginé un personnage de jeune fille aveugle qui lui permettait de s'interroger : « *Où est la pornographie quand on ne voit pas ?* » La seule véritable pornographie, pour Godard, ne peut résider que dans l'offense faite à l'image, dans l'ordre du visible. Le langage étant toujours-déjà, pour lui, le lieu de toutes les compromissions, de toutes les abjections, peut, sans déchoir, supporter aussi celle-là. Godard n'a jamais eu peur de la crudité des mots, il n'y a chez lui aucune pruderie du vocabulaire du corps ou de la sexualité : à tout prendre, le dialogue cru le plus brut, où on appelle un cul un cul, manifeste une sorte de loyauté, sans dissimulation ni hypocrisie, un premier degré, plutôt moral à ses yeux, du langage. L'immoralité pour

Godard, c'est quand le langage sert à ne pas dire ou à recouvrir hypocritement ce que l'on éprouve ou ce que l'on a à dire. C'est la bêtise et la putasserie comiquement obscènes de Jeremy Prokosch (Jack Palance), dans *Le Mépris*, qui s'échauffe tout seul sur son siège, en poussant de ridicules petits rires d'adolescent boutonneux, niaisement émoustillé par un plan de baigneuse nue dans les essais pour les sirènes de *L'Odyssée*, mais qui n'a même pas le courage de ses misérables émois et essaie de les anoblir sous le voile de je ne sais quel alibi artistique et quelle hypocrite morale du public : « *Fritz, pour vous et moi c'est merveilleux, mais pensez-vous que le public va comprendre cela ?* » Camille (Brigitte Bardot), elle, qui est du côté de Fritz Lang, ne tournait pas autour du pot pour appeler un chat un chat et demander à Paul dès l'ouverture du film : « *Tu vois mon derrière dans la glace ? Tu les trouves jolies mes fesses ?* »

Dans son rapport au filmage de la sexualité, le Godard des années soixante a sans aucun doute été impressionné par un autre cinéaste protestant, suédois celui-là, avec lequel, film après film, il tricote quelques échanges où se mêle un sentiment de reconnaissance (celui-là me ressemble, se pose les mêmes questions que moi, sur le fond d'une même morale) et un peu de jalousie (il va plus loin que moi, il ose ce que je n'arrive pas encore à oser), donc de l'agressivité.

Dans *Masculin-Féminin*, les quatre personnages vont au cinéma voir un film érotique parodié du *Silence*, pour lequel Godard va jusqu'à emprunter l'acteur du film original. Mais la parodie restera de glace alors que l'original comporte l'une de ses séquences érotiques les plus chaudes du cinéma bergmanien, celle où Anna regarde un couple faire l'amour, au cinéma, à deux fauteuils du sien. Par cette froideur et cette ironie crispée, c'est comme si Godard protestait à sa façon contre une trahison de Bergman à leur morale commune. Mais Jean-Pierre Léaud – qui est jaloux et qui souffre de ce que celle qu'il aime ne veut pas s'encombrer de son amour romantique et « collant » – préfère fermer les yeux devant cette séquence où les personnages régressent jusqu'aux grognements pré-humains et rêver, comme Godard, au film idéal et impossible sur l'amour dont celui qui est sur l'écran n'est à ses yeux que la décevante et grotesque parodie : « *Ce n'était pas le film total dont nous avions rêvé.* » Il restera longtemps dans les Godard-films la rage de ne pouvoir atteindre dans les scènes sexuelles, sans puritanisme ni malheur, cette pureté dont une phrase du même film nous prévenait qu'elle « *n'est pas de ce monde mais (que) tous les dix ans, il y a sa lueur, son éclair* ». Au début de *Week-end*, Godard, sous l'influence immédiate de *Persona*, filme une longue confession érotique chuchotée par Mireille Darc. Cette fois-ci il ne s'agit plus de parodier mais véritablement de se mesurer à Bergman et de faire sienne l'idée que seule la parole peut soutenir au cinéma une telle évocation : l'image, faut-il le dire, restera impassible, froide, la caméra s'approchant très lentement de l'actrice en soutien-gorge et en slip pendant qu'une musique enfle de temps à autre pour recouvrir les mots, très crus (du genre : il léchait mon cul), comme on ferme les yeux. La tenue de l'image rachète la crudité des mots.

l'abjection.

Cet éclair de pureté, Godard le cherchera encore longtemps, et plus rageusement que jamais en 1983 lorsqu'il s'acharnera sur le corps convulsif de Marie. Mais cette rage d'une certaine impuissance devant la résistance du cinéma à figurer l'infigurable n'ira jamais chez lui jusqu'à l'iconoclasme. Sa morale du cinéma sera toujours plus forte que sa détresse : le corps-image du film, chez Godard, doit rester impeccable, immaculé. Quoi qu'il arrive, ou que justement il n'arrive pas, c'est toujours ça de sauvé. Quand Godard dit qu'un plan doit avoir de la tenue, c'est aussi dans ce sens-là qu'il faut l'entendre : l'image peut échouer à montrer l'immontrable – par exemple la jouissance – mais n'a pas le droit de déchoir, de se rabaisser au commun de la représentation, c'est-à-dire de céder à la séduction (« chauffer » le spectateur) ou à la pornographie (« chauffer » les acteurs). Le comble de l'abjection, pour Godard, c'est la simulation. La véritable obscénité cinématographique, pour lui, c'est tout ce qui relève de cette simulation, aussi bien ce que l'on appelle communément la mise en scène (au sens où elle serait simulation naturaliste du réel) que l'interprétation (où l'acteur serait censé simuler un personnage). À Isabelle, qui mime vaguement la jouissance pour faire plaisir à son client, le Dutronc-Godard de *Sauve qui peut (la vie)* lance un catégorique : « *C'est pas la peine de faire semblant !* ». Le cinéma ne propose jamais des corps qu'une image reproduite, à deux dimensions, impossible à toucher, un leurre. À ce compte, pour Godard, ce serait prostituer le cinéma et tromper le spectateur que de l'exciter sexuellement avec une ombre, un mirage. Son cinéma a vocation d'être le dépositaire de la souffrance ou de la jouissance, pas un *medium* du désir ou du plaisir, il laisse cela aux petits-maîtres, aux médias, à la pornographie. Il y a des moments d'incontestable sensualité dans les films de Godard, mais toujours de sensualité cinématographique, jamais de moments qui seraient purement excitants sexuellement. Je ne vois comme exception à cette règle que certains plans de Maruschka Detmers dans *Prénom Carmen*, les seuls éventuellement « bandants », à ce jour, de son œuvre. On sait que le film a été commencé avec la plus star (au sens « froid » du terme) des actrices françaises, Isabelle Adjani, avant que le rôle ne soit repris à l'improviste par une quasi-inconnue (à l'époque) : Maruschka Detmers, de loin l'actrice godardienne aux attributs érotiques les plus flagrants, toutes époques confondues. Au cinéma, art de la préméditation, le désir a rarement l'occasion de se laisser surprendre. On peut s'amuser à imaginer que, dans les conditions imprévisibles de ce changement d'actrice, sa rapidité et son haut contraste, la surprise a pu prendre pour une fois de vitesse le vieux réflexe de refroidissement à toute épreuve de notre cinéaste. C'est en tout cas le seul film de Godard où une femme joue consciemment et narcissiquement de son *sex-appeal* pour séduire un homme, le pauvre Joseph, dont le prénom préfigure déjà les malheurs du futur fiancé de Marie dans le film suivant. En 1982, les hommes godardiens sont déjà faillis, et deux ans plus tard, dans *Détective*, Johnny Hallyday prononcera devant Nathalie Baye la phrase définitive du constat de la déréliction masculine : « *Vous ne me faites plus bander.* » Le rapport des forces est en train de changer. Ce n'est plus le fantasme de l'homme qui organise la scène : Carmen (celle qui programme : « *Et si je t'aime, prends garde à toi !* »), pas si lointaine réincarnation de *Ruby Gentry*, se sert de son *sex-appeal* et de sa nudité pour exaspérer et frustrer le désir de Joseph. Mais Godard – contrairement à King Vidor qui prenait cinématographiquement appui sur la très désirable Jennifer Jones, dans l'humiliation comme dans le triomphe – filme du point de vue du vaincu, c'est-à-dire du point de vue du désir de Joseph en tant qu'il est consubstantiel à sa souffrance et son exaspération. Comme s'il n'y avait de désir filmable, pour Godard, que compromis dans le doute et la souffrance.

le film impossible

Pourtant Godard a toujours rêvé de réussir, loin de toute pornographie, sans crime contre le cinéma « puisqu'il n'y a pas de prescription pour les crimes envers le cinéma » à faire ce film sur l'amour dont il parle en exergue, et dont il garde la nostalgie tout en le sachant de moins en moins possible.

Au cours des années soixante, avant l'apparition du X d'infamie, Godard, encore trop prude, trop jeune, peut-être pas assez maître de ses projets sinon de ses moyens, ne s'y est jamais véritablement essayé, alors que la chose aurait peut-être été plus facile, la grâce plus naturelle, l'encerclement par les « images de boucherie » étant moindre alors qu'aujourd'hui. « *Tu vois*, écrivait-il à Claude Jaget dans une lettre du 5 mars 1978[5], *la revue, on pourrait montrer des choses comme ça. Tu prends une photo de la guerre du Vietnam (celle des Américains) et une photo de la page centrale de* Play-Boy *et tu te demandes à quel moment les poils sont apparus dans* Play-Boy... *et tu découvres que le premier numéro de* Play-Boy *à montrer vraiment des filles à poils a paru à la même époque que la signature des accords de l'avenue Kléber. Comme s'il s'agissait simplement de changer de boucherie.* » La dernière phrase figure toute seule sur une double page où Godard a monté l'image d'un cadavre de soldat au Vietnam et un collage d'une centaine de playmates réduites au format d'un timbre-poste. La nudité, pour le Godard des années 60-70, n'est jamais loin de la boucherie, ou de l'évocation de la guerre et de ses charniers, des files devant les fours des camps, terrible prototype de masse de l'obscénité de toute nudité collective publique.

Au cours des années quatre-vingt, avec *Je vous salue Marie* et *Passion*, il essaiera malgré tout de s'approcher de cette scène d'amour infilmable, avec la conviction que « *l'on ne sait plus montrer le mouvement des corps se perdant dans l'éternité de la vie et de la mort (puisque nous avons accepté, nous tous, la loi de la pornographie, et que nous appelons X l'étoile de notre impuissance et de notre paresse)* »[6]. Lorsque Myriam Roussel apparaît pour la première fois dans son cinéma, dans *Passion*, celle qui sera sa Vierge est une jeune fille sourde-muette, et comme si Godard pressentait déjà que c'est avec elle qu'il allait essayer deux films plus tard de « *montrer le mouvement des corps se perdant dans l'éternité de la vie et de la*

138

mort », il demande à Jerzy, son frère en souffrance, son double dans la lucidité des limites, d'intimer l'ordre à cette jeune fille apeurée de « *faire l'étoile* », ce X dans l'eau, à la fois l'alpha et l'omega, le principe et la fin confondus dans le divin, la pesanteur et la grâce, jonction impossible qui va être l'horizon de ses deux prochains films, même s'il ne le sait pas encore.

À la fin de *Passion*, Godard met en œuvre un très gros dispositif, la difficile reconstitution en tableau vivant d'un Greco, pour tenter de figurer l'infigurable, cet acte immontrable, ce fameux rapport sexuel en tant qu'il n'existe vraiment pas, puisque c'est d'une Immaculée Conception qu'il s'agit (Godard, persuadé au moment du scénario que le tableau représente une Assomption de la Vierge, décide de le filmer et de le monter comme une Immaculée Conception, ce qu'en réalité il s'avère être, le titre habituel du tableau étant, semble-t-il, erroné). La séquence s'organise de la façon la plus simple : à trois reprises, un somptueux mouvement de caméra sur le tableau reconstitué avec des corps réels prendra en charge ce que Godard ne s'accorde pas de demander aux acteurs de sa fiction de figurer : le premier acte d'amour d'une vierge. Au moment de l'immontrable jouissance, lors de la deuxième apparition du tableau, Godard, par un étrange effet-de-rustine, remplace un ange anonyme du Greco – sans distinction particulière ni instrument de musique dans le tableau – par une jeune femme nue, à la chair de cire, tout à fait désignée par un mouvement d'aspiration de la caméra, sorte de Saint Sébastien féminin, double provisoire de la Vierge au moment de l'extase et de la souffrance mêlées, écho dans l'écho. Un étrange mouvement de caméra circulaire part alors de la Vierge impassible, protégée par son maquillage (il serait évidemment obscène de montrer directement son émoi) pour cadrer cet ange féminin, nu, les yeux au ciel, en extase, qui change alors de posture, porte son index devant ses lèvres comme pour faire « chut ! » et demander à l'ange violoncelliste de faire silence, de baisser un peu le volume : ce qui est en train de se passer – et qui est d'ailleurs déjà fini – est indicible et doit s'accomplir dans le secret et le silence. Ce « chut ! » de l'ange était déjà annoncé six ans auparavant dans *Numéro deux*, où la femme concluait une leçon de choses sexuelles à ses enfants en déclarant, geste à l'appui : « *Quand c'est fini, c'est la mort qui nous met un doigt sur les lèvres et qui nous dit de nous taire : chut !* » La petite mort renvoyait déjà à la grande, la conception à l'Assomption.

Dans le film suivant, *Je vous salue Marie*, qui en est aussi le prolongement logique, Godard s'identifie pendant la première partie au problème et à la souffrance de Joseph (son chemin de croix), qui est d'être capable de croire sans arrière-pensée à cette fameuse immaculée conception : que Marie dit vrai et qu'elle est enceinte sans avoir couché avec un autre homme. Puisqu'elle lui a interdit, dorénavant, de la toucher, il est obsédé par le désir de *voir Marie nue*, ne serait-ce qu'une fois. Pour mettre un terme à ses souffrances et à son exaspération, Marie finit par lui donner rendez-vous à date et à heure fixée pour se montrer nue devant lui. Le jour arrive, Joseph annonce à son chien : « *On a gagné, on va* voir *la patronne !* » L'enjeu de la séquence, l'une des plus tendues que Godard ait jamais filmée, est double : Joseph doit être capable – il y parviendra au terme d'une nouvelle série d'épreuves que Marie lui imposera – de regarder Marie nue, son ventre, son sexe, sans concupiscence, du même regard avec lequel il regarderait un champ, un paysage, un coquelicot. Godard, dans le même temps, doit être capable de produire cette image de Marie nue que le spectateur lui aussi doit pouvoir regarder avec l'innocence d'une première fois, comme si jamais personne, avant ou autour de ce plan, n'avait filmé un ventre et des fesses de jeune fille. Cette chose ultra-simple, qui devrait aller de soi, comme dans ces toiles que Godard aime tant, est déjà devenue des plus difficiles en 1983, où chaque image de nu est cernée de tous côtés par les images de magazines, la publicité et la pornographie. Mais Godard est têtu et refuse de s'avouer vaincu : il n'arrêtera ce long et difficile tournage que lorsqu'il aura le sentiment d'avoir été capable de filmer cette jeune femme nue, serait-ce au prix de la double souffrance de l'actrice et de la sienne propre. Après l'ultime épreuve, réussie, de Joseph, Godard l'évacue purement et simplement du film, s'enferme seul à seule avec son actrice dans la chambre des épousailles avec Dieu – Daney dit : de « Marie violée par Dieu ». Commence alors une séquence comme on n'en a rarement filmée au cinéma, où l'on voit littéralement un cinéaste aux prises avec une limite de la représentation, en train d'essayer rageusement des images de nu, de corps tordu, esquisses aussitôt déchirées, rayées, recouvertes, comme on peut voir Picasso, dans le film de Clouzot, voler de tableaux en tableaux pour livrer au final une seule toile. Avec la différence que chez Picasso l'expérience est joyeuse, alors qu'ici la souffrance règne et que le modèle lui-même est pris dans la tourmente où Godard est à la place de ce Dieu qui enrage de sa créature et exige d'elle un don et un abandon total sans même daigner lui donner la lettre de ce qu'il attend. Il ne demande pas à Marie-Myriem de lui donner ce qu'elle n'a pas – ce serait la définition de l'amour, il s'y emploiera dans *Nouvelle Vague* où chacun à tour de rôle donnera à l'autre ce qu'il n'a pas, et dont l'autre ne veut pas – mais ce dont elle n'a même pas idée, c'est pour cela qu'il l'a choisie, et qu'il voudrait qu'elle devine et déchiffre pour lui et à ses propres yeux.

Godard tentera-t-il un jour ce film impossible dont il rêvait en novembre 1966, alors qu'il était en pleine possession de ses moyens mais pas encore de son projet ? Aujourd'hui, où il est un des rares cinéastes à bien vieillir dans un cinéma qui vieillit plutôt mal, Godard a pris la pleine mesure de ce qui est le plus difficile au cinéma, la seule chose qui en vaille encore la peine pour un cinéaste qui a tout exploré : représenter l'irreprésentable, autour duquel tournent, chacun à sa façon, ses derniers essais filmés. Je ne serais pas autrement surpris qu'il revienne un jour à ce film à la fois « sur, de, et avec » l'amour, et réussisse à dépasser avec le sourire du vieux peintre ce que le jeune cinéaste affrontait par guerilla.

Ce texte a été publié dans Une encyclopédie du nu au cinéma, *éditions Yellow Now, Studio 43, MJC Terre Neuve Dunkerque, 1994.*

1. *Travail-amour-cinéma*, *Le Nouvel Observateur*, 20 octobre 1980, in *Godard par Godard*, tome 1.
2. *Cahiers du cinéma* n°300.
3. Serge Daney, *L'exercice a été profitable, Monsieur*, éditions P.O.L, 1993.
4. *Godard par Godard*, tome 1.
5. *Cahiers du cinéma* n°300.
6. *Passion, introduction à un scénario, Godard par Godard*, tome 1.

La rencontre avec la Vierge
(à propos d'un plan de *Passion*)

Quels sont les rapports de Godard au professionnalisme ? Il a toujours eu, on le sait, estime et respect pour le producteur, le seul partenaire réel qu'il se soit toujours reconnu dans l'acte de création. Godard aime le contrat, la commande et, contrairement à l'amateur, a besoin des rapports d'argent, y compris l'engagement de finir et livrer les films à date fixée, dont il est très respectueux. Même lorsqu'il a le sentiment que le film n'est pas abouti comme œuvre – dans l'ordre intime de son projet de création – il finit pourtant par le livrer, comme objet, à la date fixée. Il est dans la tradition de ces peintres qui ne se seraient jamais résignés à considérer une toile comme finie s'ils n'avaient eu la contrainte de la livrer à leur marchand. On se souvient de l'histoire, vraie, de Godard signant un contrat avec des producteurs sur une nappe de restaurant, à Cannes, pour un film adapté de Shakespeare et intitulé *King Lear* livrable au Festival suivant, jour pour jour. Un an plus tard, il finissait le mixage pendant la nuit qui précédait la projection annoncée à Cannes, et se voyait contraint de louer un avion privé pour arriver à temps, ses bobines sous le bras, comme prévu au contrat. Les producteurs ont estimé que le film livré ne correspondait pas à la commande. Mais même s'il est vrai que *King Lear* est une œuvre assez « trouée » (dont Godard n'est pas tout à fait mécontent qu'elle soit restée dans les tiroirs, comme son « film maudit »), à ses yeux elle était livrée, donc quand même « finie », en tout cas « arrêtée » et signée, comme Picasso pouvait le faire sans avoir forcément le sentiment que le tableau soit réellement abouti.

Godard a toujours été fier de vivre de son travail de cinéaste, ce qui n'a rien à voir avec la vanité sociale d'être un professionnel du cinéma : c'est plutôt une fierté d'artisan de gagner sa vie avec ce qu'il sait faire et en l'occurrence de plus en plus, en ce qui le concerne, avec ses mains.

Sur la question de la maîtrise technique, la position de Godard a toujours été très singulière. Il tente de se réapproprier cette maîtrise précisément là où tous les autres cinéastes y renoncent, notamment lors de ces phases du processus de création cinématographique qui sont réputées inaccessibles à cause de leur hyper-technicité. Je pense notamment au mixage et à l'étalonnage, qu'une langue de bois « professionnelle » recouvre souvent d'un nuage de fumée dissuasif. Godard a toujours refusé cette confiscation techniciste et a tenté de se réapproprier progressivement la plupart des moments de la chaîne, y compris l'éclairage, par exemple, qui est pourtant l'une des opérations les plus difficiles à maîtriser pour quelqu'un qui n'y a pas été formé. C'est souvent lui-même, depuis des années, qui éclaire ses propres plans. Il se refuse à déléguer le mixage – il se fait aider mais il mixe de ses propres mains, chez lui – et même à abandonner aux spécialistes la phase de l'étalonnage si difficile à contrôler pour un cinéaste . Il s'est réapproprié peu à peu tous les gestes concrets de la chaîne : monter l'image, le son, repiquer une musique, etc. Par contre, Godard a renoncé depuis longtemps à tout orgueil personnel sur des moments de la création cinématographique où d'autres revendiquent leur « autorité », comme – pour prendre un exemple massif – l'écriture des dialogues. On sait que pour Godard, aujourd'hui, écrire le texte d'un film c'est, à quatre-vingt-dix-neuf pour cent, sélectionner les citations qui entrent dans le dialogue.

Godard a opposé au concept de maîtrise un autre concept qui lui est plus personnel : celui de *tenue*. Il parle très souvent, et depuis longtemps, de la tenue du plan. La tenue, ce n'est pas l'autorité d'un maître, ni son poinçon dans le plan. C'est une qualité qui se tient du côté de la dignité de l'objet. De l'amateur, Roland Barthes disait : « *Sa pratique ne comporte aucun rubato, ce vol de l'ob-*

jet au profit de l'attribut. » Un plan qui a de la tenue, pour Godard, est un plan sans rubato, sans plus-value auteurale, mais qui tient sa dignité de ses qualités propres, comme un objet en soi, quel qu'il soit : un plan de nu, un plan d'usine ou un plan de paysage. Pour qu'un plan ait le droit d'exister dans le film, il doit impérativement répondre à cette exigence première de tenue en-soi. L'expression revient régulièrement dans les dialogues de Godard : « *Allons, un peu de tenue !* », comme lorsque les pauvres, dans *Nouvelle Vague*, apprennent à la fois leur métier de serviteurs et l'exigence morale personnelle d'avoir de la tenue. Se manifeste dans cette exigence la répulsion protestante instinctive de Godard à tout abandon, à l'expression trop visible d'une émotion ou à l'engluement dans l'affect. En un mot, la tenue, pour Godard, c'est le contraire du débraillé, de l'à peu près ou du « ça ira quand même » qui entérine toute médiocrité au cinéma. Même lorsqu'il lui est très difficile de faire tenir le film comme œuvre – et il prétend de plus en plus qu'il n'y arrive pas, qu'*Hélas pour moi* n'est constitué que des ruines du film qu'il aurait voulu faire – il reste intraitable sur l'exigence morale de faire tenir chaque plan en soi, ce qui est une façon de racheter la non-finitude de l'objet-film.

Le plan de *L'Entrée des Croisés à Constantinople,* dans *Passion*, a une histoire, pour moi, qui est celle de ma propre méprise sur le rapport de Godard à la maîtrise. Le jour où Godard a tourné ce plan, il a voulu avoir des témoins. Trois, très exactement, convoqués individuellement par téléphone : Serge Daney, Serge Toubiana et moi-même. Il nous avait appelés sur le ton de : « *Vous allez voir ce que vous allez voir !* », avec la fierté un peu enfantine de celui qui peut jouer pour une fois avec un très beau mécano. On arrive aux studios de Billancourt, et on découvre une machine de cinéma superprofessionnelle, énormément de gens qui s'agitent dans tous les sens. Sur le plateau, tout le monde ne parlait que de la complexité de ce plan particulièrement difficile à mettre en place. Il avait fallu faire venir des chevaux, s'occuper d'eux dans la cour, coordonner les mouvements de caméra et les déplacements des figurants, etc. Je n'avais jamais vu Godard entouré d'autant de personnel pour faire un plan, et c'est sans doute le plus gros décor qu'il ait jamais fait construire, sauf peut-être celui de l'usine en coupe de *Tout va bien*. Ce tableau vivant est au centre géométrique du film et du scénario, et Godard avait fait construire tout son décor sur le plus grand plateau de Billancourt (avec les colonnes, les escaliers, la ville blanche, le ciel en découverte) en fonction de cette reconstitution du tableau de Delacroix.

Le dispositif de tournage de ce plan était particulièrement complexe. Godard cadrait lui-même pendant que Raoul Coutard, debout derrière le travelling, rongeait son frein en craignant le pire. C'est sans doute lui qui avait installé les éclairages, mais Godard était seul sur la grue, au cadre, malgré l'incroyable démultiplication des gestes et des mouvements qu'il lui fallait coordonner pour aboutir à l'image cadrée dont il était le seul juge.

Il y avait d'abord le travelling latéral installé devant la « scène » du tableau vivant reconstitué, et il fallait que Godard donne des indications aux machinistes qui poussaient ce travelling parallèle à la rampe imaginaire du tableau.

Il y avait ensuite la grue elle-même, qui glissait sur ce travelling, et sur laquelle se trouvait Godard, assis sur le siège du cadreur. Cette grue permettait à la caméra de descendre et de monter, mais aussi d'évoluer en avant et en arrière par rapport à l'axe du travelling. Elle nécessitait donc deux machinistes : un qui réglait les mouvements en hauteur de la caméra, et un autre qui réglait les déplacements dans l'axe.

Il y avait enfin une dernière machine, un élévateur (comme on en trouve dans les usines pour manœuvrer les palettes), qui était là pour « livrer » les deux filles dans le plan. Il fallait donc diriger à distance un quatrième machiniste à qui incombait la responsabilité de déposer au bon moment les deux figurantes dans le plan par rapport au mouvement d'ensemble de la caméra.

Godard répétait ce plan techniquement très périlleux avec des écouteurs dans les oreilles : il écoutait sur un walkman la musique qui serait celle du plan, mais il était le seul à l'entendre. Il essayait d'orchestrer par gestes – adressés à tous ces machinistes qui intervenaient physiquement sur le cadre de ce plan – la coordination de tous ces mouvements simultanés. Je me suis demandé pourquoi il ne faisait pas écouter la musique à toute l'équipe, en la diffusant sur le plateau (ou par oreillettes individuelles s'il tenait au son synchrone) : l'harmonie du mouvement aurait été plus facile à trouver. Godard s'était donc mis en position d'un chef-d'orchestre qui dirigerait ses musiciens après leur avoir mis des boules Quies dans les oreilles, pour les empêcher de s'écouter les uns les autres. Bref, un très lourd dispositif de maîtrise par lequel Godard se créait un corps artificiel maladroit, dissocié, trop démultiplié et trop complexe pour être coordonné par un seul homme, occupé en plus à cadrer !

Le tournage de ce seul plan a duré toute une journée exténuante : les techniciens et les figurants étaient de plus en plus fatigués, les chevaux énervés. Mais Godard a continué à tourner – en tout vingt-trois prises successives longues et harassantes ! – jusqu'à épuisement complet de l'équipe. J'ai eu l'impression sur le moment – comme tout le monde je pense – qu'il cherchait le bon rythme et la bonne coordination de tous ces mouvements, pour arriver à l'exécution la plus maîtrisée et la plus harmonieuse de son programme de plan. Disons la plus professionnelle. Un petit détail, important, m'est revenu depuis. À la fin de la journée, devant la fatigue et la déprime générale, Godard justifiait chacune de ses prises nouvelles en disant à la cantonade , comme une mère qui fait manger la soupe à un enfant récalcitrant : « *Encore une pour Pierrot* (le machiniste), *encore une pour Jacquot* (celui qui déposait les filles), etc. » Il pointait ironiquement la cause du ratage de la prise précédente (en nommant le supposé responsable) et désignait en même temps quelque chose qui allait se révéler être l'enjeu même du plan, à savoir le désir de l'autre. Il attribuait en fait à un petit autre, désigné arbitrairement, avec une mauvaise foi flagrante, le désir ou le besoin de refaire une prise supplémentaire, alors qu'il n'y avait plus que lui, dans la fatigue générale, qui portait encore le désir de ce plan, avec un évident acharnement perçu par l'équipe comme une pure maniaquerie teintée de sadisme.

Le film fini, lorsque j'ai pu enfin voir ce plan, j'ai compris que je m'étais complètement trompé en pensant que Godard avait visé une certaine perfection professionnelle dans son exécution. En fait il est très probable qu'il y a eu dans la série des prises lisses et harmonieuses, impeccablement exécutées, de ce plan, mais Godard a finalement choisi de monter une prise manifestement « accidentée ». Pourtant, tout démarre bien, dans l'harmonie, le mouvement est lisse (on dirait que c'est un cadreur professionnel qui a filmé), et d'un seul coup il y a un trou : le mouvement s'arrête, il y a une espèce d'attente vide, comme une hésitation de la caméra, un temps mort légèrement cafouilleux, pour finir par un semi-ratage de l'entrée des deux jeunes femmes sur la palette. On assiste même

à *un repentir* à la caméra : Godard veut recadrer, s'emmêle un peu dans les manivelles[1] et au lieu d'aller recadrer les deux filles vers la droite, il part vers la gauche. Il s'aperçoit, dans le viseur, de son erreur, n'arrête pas la prise (comme l'aurait fait un cadreur professionnel) et repart dans l'autre sens pour finir par les cadrer de façon quelque peu brinquebalante par rapport à l'exécution impeccable que j'avais supposé qu'il recherchait. Tout à coup il y a dans ce plan de l'indécision, de l'amateurisme, du ratage, voire presque un manque de tenue, en termes strictement techniques.

Mais lorsque les deux jeunes filles sont enfin centrées, le plan ne dure pas une fraction de seconde de plus : on passe aussitôt au plan suivant, celui des phares de la voiture. Ce plan « morceau de bravoure » ne s'installera jamais, même dans le cadrage qui a été si difficile à obtenir.

Ce n'est que deux films plus tard, en 1985, que j'ai été en mesure de comprendre ce qui s'était joué dans ce plan : une rencontre décisive pour l'inspiration de Godard en ce début des années quatre-vingt, et qui aboutira à *Je vous salue Marie* : celle de l'actrice Myriem Roussel comme objet du désir de filmer. Dans ce plan de *Passion*, il s'agit à la fois de rencontrer et d'éluder ce désir : le rencontrer pour des films à venir, et l'éluder par rapport à ce film-ci. Godard entrevoit l'importance de cette rencontre et se sert littéralement Myriem Roussel « sur un plateau », celui de Billancourt et celui de l'élévateur. Succède à ce plan le clignotement un peu obscène du plan de la voiture, qui fonctionne très exactement comme un *warning* du désir par rapport à ce qui précède. Après ce plan, Myriem Roussel, qui était présente dans certaines des séquences précédentes, est congédiée définitivement de *Passion*. On ne la verra plus, elle est gardée en réserve pour un désir d'autres films.

Cette rencontre, qui affecte personnellement Godard à ce moment de son histoire de créateur, surgit dans un film très écrit, très professionnel. Elle menace le plan et met une fraction de seconde le film en danger. Godard joue très serré dans cette partie de *L'Entrée des Croisés à Constantinople*, parce qu'il est justement au croisement de deux enjeux : l'enjeu programmé (le scénario du film ; ce film lui-même comme œuvre plutôt monumentale et ambitieuse) et quelque chose qui arrive en cours de route, un dérèglement, un trouble qui vient affecter ce moment du film, un désir imprévu qui vient à être rencontré par Godard à cet endroit-là précisément.

La place de ce tableau est tout à fait légitimée, surdéterminée, presque sursignifiante dans le scénario du film. Il est au centre du projet de « filmer le monde et sa métaphore » : il est clairement désigné, avant le tournage, comme une double figuration du travail à l'usine (dans les rapports patron/ouvriers) et du travail du cinéma (dans les rapports réalisateur/figurants). Dans *Scénario du film Passion*, Godard parle de ces « *chevaliers arrogants et sûrs, comme le patronat, qui tourne en rond très souvent* ». Reconstituer et filmer quelques grands *tableaux d'histoire* était constitutif du projet même de *Passion*, mais la question de la création est plus particulièrement au cœur du filmage de ce tableau-là. Lorsqu'il arrive au Delacroix, Godard a le projet conscient de couler son filmage dans ce qu'il suppose avoir été le geste créateur du peintre. Il essaie de rendre compte, en filmant dans un parcours temporel ce tableau qui ne sera jamais cadré en entier, de la cause et de la dynamique du désir du peintre. Le cinéaste de 1981 identifie son geste de création à celui qu'il suppose avoir été celui du peintre en 1840. Godard écrit dans son scénario : « *Dans ce tableau de Delacroix, un ensemble de cris, de larmes, de bruits d'armures et de chevaux qui aboutit à ces deux femmes, à droite, en bas, pliant le dos sous le choc.* »[2] Pour que ces deux femmes, à la périphérie de la toile, deviennent visibles comme centre possible, ou comme origine possible, il faut faire subir au tableau une puissante anamorphose en le regardant depuis en bas à droite. Il suffit de regarder une reproduction du tableau pour que l'anamorphose opérée par Godard saute aux yeux : le tableau est beaucoup plus ramassé, plus carré, plus plein que sa reconstitution par Godard. Il est composé en X, sans élongation de type cinémascope. Godard disjoint les figures et les écarte pour créer un trou au centre de la toile, sur lequel la caméra va s'arrêter, et que va venir combler *in extremis* le motif des deux jeunes femmes. Godard met en scène le suspens de cette saisie du regard dans la direction du désir en retardant la dépose de cette double figure qui vient compléter le tableau dramatiquement suspendu, un bref instant, dans sa non-finitude.

Ce motif des deux jeunes prisonnières, recentré par Godard en fin de plan, est tout à fait à la périphérie du tableau de Delacroix, et en marge de la *storia*. Dans le film, jusqu'à ce plan, Myriem Roussel était à la fois présente et peu visible. Elle était relativement à l'écart des enjeux fictionnels principaux, où Jerzy est pris entre deux autres femmes, Isabelle et Hanna. Elle est apparue jusque-là comme une figure secondaire, joliment décorative, une figurante parmi d'autres, qui n'a pas de véritable histoire. Sa discrète définition est à peine perceptible dans la cacophonie de l'usine et du studio. Elle est muette, donc en-deçà de toute négociation – Laszlo dira même qu'elle est idiote –, sa seule capacité de réponse étant de fuir ou de dire non. C'est d'ailleurs elle qui, dans la séquence qui précède ce plan du Delacroix, essaie de s'échapper, refuse d'entrer dans le tournage et dans le tableau. Elle ne veut pas faire partie de ce film. Elle est aussi la nièce et la protégée de Michel Piccoli, le patron de l'usine, à qui sa mère l'a confiée. Ce plan, par rapport à l'émergence de Myriem Roussel comme actrice, est donc à la fois son assomption et sa disparition. C'est la première fois qu'elle parvient réellement à la surface du film, centrée comme une figure à part entière, mais cette émergence coïncide avec sa disparition définitive du film.

Dans cette scène il y a à la fois la hâte et le ralentissement, la convoitise et le refus, l'exaltation et la peur, c'est-à-dire tout ce qui caractérise le piétinement *in extremis* du désir au seuil de la rencontre surprise avec son objet.

Si l'on considère enfin la place de ce plan dans le film, il est contigu avec celui d'Hanna Schygulla jetant son bouquet de fleurs sur Piccoli dans sa voiture, image qui a été désignée ultérieurement par Godard, dans *Scénario du film Passion*, comme celle où s'origine le désir de faire *Passion* : « *C'est la première image qui m'est apparue.* » Il y a donc bien, en ce point précis du film, la constitution d'un double foyer du désir qui dit bien ce qui se joue là d'excentrement imprévu par rapport au scénario initial. Le plan des fleurs, préconçu par Godard comme le foyer du film, jouxte pratiquement le plan de la rencontre avec Myriem Roussel : un désir de film peut en cacher un autre. Le plan où s'origine le désir de ce film-ci suit de très près un plan où est survenu en cours de tournage quelque chose de non prémédité, et qui s'est trouvé porteur d'un désir tout neuf, que Godard a pris le plus grand soin de rater aussitôt qu'il l'a entr'aperçu. La peur qu'aboutisse le désir de filmer Myriem Roussel dans *ce* plan de *Passion* a été la condition qui a reconduit ce désir pour générer les deux autres films qui vont suivre : *Prénom Carmen* et *Je vous salue Marie*.

Dans ce dispositif maladroit, mal fonctionnant, du plan tel que je l'ai vu se tourner, quelque chose faisait penser à la scène où King Kong, tenant la jeune femme prisonnière dans sa main, la porte à hauteur de son regard pour souffler sous sa robe. Dans *King Kong*, il s'agit pour le grand gorille mélancolique d'assouvir de façon touchante et maladroite, dans la pulsion scopique, un désir imprévisible condamné d'emblée au ratage et à l'échec à cause de la disproportion d'échelle évidente entre les deux figures. Je me suis dit après coup que Godard, dans le tournage de ce plan, s'était mis en scène (devant témoins) comme une sorte de King Kong à prothèses. Pour atteindre et consacrer cette figurante parmi d'autres – je suppose que le fait que cette jeune fille allait engendrer d'autres désirs de films n'était pas programmé – il lui a fallu se constituer un grand corps disproportionné, maladroit, avec toutes sortes d'extensions machiniques désaccordées, inventer un dispositif qu'il n'était pas tout à fait en mesure de maîtriser. S'il avait voulu contrôler ce dispositif pour aboutir à un beau plan, il lui aurait suffi de confier la caméra à Raoul Coutard et tout se serait (trop ?) bien passé. Celui-ci, furieux mais digne et résigné, semblait persuadé que Godard n'arriverait pas à filmer un tel plan, déjà très difficile à cadrer pour un professionnel.

Ce qui était, dans *King Kong*, une assomption et une consécration reste, dans le film de Godard, une consécration (la jeune figurante sera la Vierge Marie, même si personne, et même pas Godard lui même, ne le sait à ce moment-là), mais cette consécration est en forme de déposition du désir immédiat. Même si Godard emploie un élévateur, Myriem Roussel va être déposée dans le cadre, et y rester en dépôt, en réserve. C'est d'ailleurs un plan où elle-même dépose les armes de sa résistance à être enrôlée dans cette histoire de tournage qui ne la concerne pas et à laquelle, sourde-muette, elle n'entend littéralement rien. On peut voir rétrospectivement toute la séquence qui précède comme une espèce de bataille entre elle et Godard, qui préfigure le rapport d'intersubjectivité peintre-modèle qui sera au centre du futur filmage de *Je vous salue Marie*. Tout est déjà en place : les dérobades, le ratage, le refus, le pari, le « *Je te demande de me donner ce que tu ne sais pas que je veux que tu me donnes* ». Cette espèce de piétinement bruyant et angoissant des figurantes qui s'échappent, qu'on rattrape, qu'on ramène de force, est à la fois l'indice et le symptôme que quelque chose d'essentiel va se jouer là pour le cinéaste qui renâcle au seuil de la rencontre avec l'imprévu(e) qui va relancer dans une autre direction son désir de filmer.

Ce film *Passion*, pour lequel la production lui a confié le bel outil qu'il était fier de nous montrer ce jour-là, Godard veut le finir sans le mettre en péril et il ne faut pas pour le moment que cette rencontre, dans le rang des figurantes, d'une jeune actrice qui fait signe à son désir de cinéaste, vienne trop perturber le tournage de ce film-ci. Il préfère retenir, à ce moment-là, une jouissance possible de la réussite du plan, de la toile, qui serait l'accomplissement esthétique de cette première séance de pose. Il prend un plaisir évident à suspendre, à distordre, à perturber ce moment de la première inspiration, c'est-à-dire à prendre en compte dans son geste même le ratage et le manque qui sont au cœur de la pulsion scopique : il négocie son véritable désir en se débrouillant pour rater soigneusement la rencontre avec son objet. Pour mieux la différer.

Ce texte est adapté d'une conférence, dans un cycle consacré au thème : Professionnels et amateurs, *où j'analysais une séquence d'Eric Rohmer (*Quatre aventures de Reinette et Mirabelle*) et ce plan de* Passion. *Le texte de la conférence, initialement intitulé « L'acte cinématographique » a été publié dans les* Conférences du Collège d'histoire de l'art cinématographique n°6, Professionnels et amateurs : la maîtrise, *Cinémathèque française, hiver 1994.*

---

1. Aux manivelles, le mouvement imprimé au cadre n'est pas direct, comme au manche : il faut traduire le mouvement que l'on veut obtenir en mouvements coordonnés des deux manivelles.

2. *Passion, introduction à un scénario, Godard par Godard*, tome 1.

L'Annonciation au poste à essence

Dans notre culture chrétienne, toute rencontre entre deux figures peut, à certaines conditions et dans certaines circonstances, devenir Annonciation, ou écho lointain de cette figure fondatrice de l'Annonciation. Pour peu que ce soit un cinéaste profondément religieux comme Hitchcock, Scorsese, Pasolini, Dreyer ou Rossellini qui ait à filmer une annonce faite à son personnage, annonce de son salut ou de sa perte, cette matrice figurative de l'annonciation vient marquer en creux, de son empreinte, le traitement de la séquence.

Le prédicateur franciscain Bernardin de Sienne a défini vers 1425, à propos du Mystère de l'Incarnation, l'aporie de cet événement dans son défi à la représentation : « *L'éternité vient dans le temps, l'immensité dans la mesure, le créateur dans la créature, l'infigurable dans la figure, l'ineffable dans la parole et l'incirconscriptible dans le lieu, l'invisible dans la vision, l'inaudible dans le son.* »[1]

Cette définition questionne très directement le cinéma dans sa capacité à figurer une telle scène. La séquence de l'Annonciation pose de façon très spécifique et cruciale la question du montage, des rapports du continu et du discontinu. Elle est scénarisée avec précision dans l'évangile selon saint Luc qui en établit le dialogue intégral. Elle se développe selon une continuité temporelle et logique, segmentée par les répliques des deux personnages. Au XVe siècle, le prédicateur Roberto Caracciole da Lecce découpait la scène du Colloque angélique en cinq phases correspondant aux cinq états de Marie au cours de l'avancée de ce dialogue : le trouble, la réflexion, l'interrogation, la soumission, le mérite[2]. La peinture renaissante a parfois tenté de rendre compte de cette dimension temporelle de l'événement Annonciation par le jeu des phylactères : la continuité temporelle du dialogue était figurée par la superposition des lignes de phylactères correspondant à la succession des répliques du dialogue.

Le travail des peintres du *Quattrocento*, en Toscane, s'est centré autour de la contradiction entre la figuration d'une *storia* qui est de l'ordre de la continuité temporelle et de la contiguïté spatiale, et le montage de deux figures hétérogènes, dont l'une, l'ange d'essence divine, appartenait au sacré, et l'autre, la Vierge Marie, relevait pour un ultime moment encore de l'humanité profane. Louis Marin a analysé[3] comment l'Annonciation du *Quattrocento* se construit au croisement de deux axes perpendiculaires, l'axe perspectif qui a pour fonction d'instituer un espace homogène (mais dont on verra que dans les Annonciations il est souvent contredit par un collage hétérogène, un montage de deux espaces nettement compartimentés), et l'axe horizontal qui va d'une figure à l'autre (de l'Ange à la Vierge), qui est l'axe de l'échange, du dialogue, de l'histoire. Ces deux axes, les cinéastes qui affrontent une scène d'Annonciation vont avoir à les retravailler en fonction de l'instrument de représentation qui est le leur.

L'espace des Annonciations est souvent un montage de deux espaces qui ont l'étrange caractéristique d'être à la fois *contigus* dans la continuité et l'homogénéité de l'espace perspectif, et en même temps *séparés*, comme si la perspective, dans ce cas-là, ne devait pas totalement suturer et homogénéiser les deux demi-espaces occupé par les deux figures. L'Ange et la Vierge cristallisent chacun autour de soi un espace qui émane de lui au moins autant qu'il s'y inscrit comme figure. L'équilibre entre le sentiment de la continuité et celui de la séparation évoluera avec l'histoire de la représentation picturale de cette scène du colloque angélique. Certaines Annonciations plus nordiques ou plus tardives que celles du *Quattrocento* toscan inscriront la Vierge et l'Ange de plain-pied dans un espace domestique homogène, et parfois même dans la profondeur d'un champ unique : la *storia* a pris le dessus, le sentiment du sacré comme irréductible altérité s'est amoindri[4].

Cette séparation des deux ordres, sacré et profane, cette collure entre les deux espaces, a pris en peinture plusieurs formes récurrentes. Tout d'abord, elle s'est inscrite dans la nature même des décors contenant les deux figures. Le plus souvent, la Vierge est représentée dans la moitié droite du tableau[5], où elle se tient dans sa petite maison, dans sa chambre ou dans une loggia. Elle est presque toujours inscrite dans une architecture protectrice, fermée, où la ligne de fuite est bloquée par un mur qui peut être le mur intérieur (dans le cas de la maison) ou extérieur (dans le cas de la loggia). L'Ange, par contre, est le plus souvent posté au seuil de la maison ou de la loggia, mais il déploie ses ailes sur un fond de nature où rien n'arrête l'enfoncement du regard, et le point de fuite de l'axe perspectif se perd souvent à l'infini, dans le paysage.

Pour marquer une deuxième fois cette différence de nature des deux espaces, il y a souvent matérialisation de cette séparation fondamentale entre l'espace occupé par l'Ange, qui est à la fois l'espace de la nature et du sacré, et l'espace domestique, humain, manufacturé, où se trouve la Vierge, occupé par de petits objets soigneusement codifiés : le livre, le lutrin, le vase de fleurs, la banquette, etc... Cette matérialisation de la séparation prend deux formes majeures. Quand l'Ange et la Vierge sont inscrits dans un espace homogène, (tous deux sous le même portique, ou dans le même intérieur, dans une position symétrique au sein de cet espace unitaire), cette homogénéité de l'architecture est percée, en plein milieu, entre les deux figures, par ce qu'on appellera plus tard au cinéma une « découverte », c'est-à-dire une fenêtre (une *veduta*), une ouverture, une allée centrale dans le paysage, une ligne de fuite qui vient creuser entre les deux figures une trouée dans la profondeur de champ.

Souvent, un objet sert de motif séparateur : un vase de fleurs, les lys que tient l'Ange, le lutrin du livre de Marie, mais aussi un pilier, un pilastre ou une colonne. La plus troublante des innombrables colonnes qui séparent les Vierges et les Anges dans les Annonciations est celle de Piero della Francesca, à Arezzo. Sa matière, son galbe, une mystérieuse vibration lumineuse contribuent à en faire à la fois la plus énigmatique et la plus évidente des représentations visibles du sacré dans l'art occidental. Cette colonne est un objet très concret, à la matérialité immédiatement sensible, une colonne très réelle (et non une figure symbolique comme la colombe du Saint Esprit), mais elle réussit mystérieusement à figurer de façon tout aussi évidente la transcendance même.

Les scénarios de cinéma pullulent de rencontres en forme d'annonce faite au personnage, mais peut-on faire vibrer le même mystère, sur un écran, à l'articulation de deux plans, de deux figures, de deux espaces ? À l'évidence oui, si l'on pense au travail de Jean-Marie Straub et Danièle Huillet, qui n'ont cessé dans leurs films de construire des colonnes à la Piero della Francesca à l'articulation de deux plans.

Dans un film, la collure peut être l'occasion de creuser le trou du sacré dans la représentation d'un espace pourtant ontologiquement homogène. Au cinéma, en effet, la perspective n'a pas à être nécessairement reconquise, elle est d'une certaine façon toujours-déjà donnée par la fabrication de la caméra et des objectifs. La continuité de l'espace représenté n'exige pas d'être reconstruite à chaque plan comme elle a dû l'être depuis la Renaissance à chaque tableau, puisque le monde filmé par la caméra est restitué d'emblée comme optiquement homogène. Il arrive pourtant que certains cinéastes éprouvent à l'occasion (l'irruption d'une forte altérité en est une majeure) le besoin de déconstruire cette homogénéité donnée et d'ériger eux aussi une infranchissable colonne entre deux plans, au lieu de la collure. De ne pas travailler leur coupe dans le sens de la suture, mais au contraire du hiatus, en remarquant la séparation des espaces entre deux plans comme nécessaire à l'irruption du sacré.

Les bords du cadre, au cinéma, peuvent servir à échafauder cette colonne invisible, lorsqu'ils creusent un trou dans la représentation entre deux plans contigus qui ne se recollent plus dans l'imaginaire du spectateur en un espace homogène et continu. Les deux espaces (du premier et du deuxième plan) se distribuent alors autour d'une colonne séparative imaginaire, un hiatus dans la représentation entre un bord du premier cadre (souvent le bord vertical droit) et le bord contigu du deuxième cadre (souvent le bord vertical gauche).

Dans *Je vous salue Marie*, le titre même l'indique, Godard s'attaque très directement à une adaptation personnelle et contemporaine de cette séquence de l'Annonciation. Son geste est dans le prolongement de celui d'un peintre du XVe ou du XVIe siècle entreprenant une nouvelle Annonciation à partir d'un scénario écrit, connu de tous, codifié et déjà très souvent « adapté » avant lui. Première innovation, d'inspiration rossellinienne (chez Rossellini il y a toujours un coup pour rien de la grâce, comme un appel de phare avant la rencontre et l'ébranlement décisifs) : Godard fait précéder la scène évangélique canonique d'une première annonce, plus discrète, où Marie, dans sa salle de bain, sent passer sur elle un premier souffle du sacré lorsque l'avion, qui transporte son ange double (l'agent double de la grâce), est censé passer au-dessus de sa maison juste avant d'atterrir.[6] Ce dédoublement de l'ange a été sans doute inspiré à Godard par le binôme de l'oncle et de la petite fille dans *Ordet*, dont la double croyance réciproque et cumulée est la condition du miracle final. Dans *Je vous salue Marie*, l'Ange Gabriel devient l'Oncle Gabriel, mal rasé et déjeté comme le personnage de Johannes dans le film de Dreyer, mais toujours accompagné de la petite fille aux yeux grands ouverts.

Peu après cette première annonce, Godard va mettre en scène son Annonciation, avec une très claire conscience des solutions que les peintres de la Renaissance ont trouvées bien avant l'existence du cinéma pour répondre au défi figuratif que cette scène leur posait. La seule dérogation (de taille !) que s'autorise Godard est la présence de Joseph, assis dans son taxi, entre l'Ange et Marie (qui est sa fiancée), lors du colloque angélique. Comme Godard, pendant la première moitié de son film, va s'intéresser à la souffrance de Joseph, il imagine en effet, contrairement au texte biblique, que celui-ci assiste à l'Annonciation et apprend de la bouche même de l'Ange, par un message qui ne lui est pas directement destiné et qui lui reste largement incompréhensible, que Marie lui est devenue interdite.

Il situe son Annonciation dans une station d'essence, ce qui est dans la logique godardienne du signifiant. L'auvent du poste à essence lui est sans doute apparu comme l'équivalent le plus courant, aujourd'hui, de la *loggia* des vierges « annoncées » : il y a un toit, c'est un espace couvert et en même temps ouvert sur l'un des côtés, où s'inscrit la ligne de fuite de la route. Il commence d'ailleurs sa séquence par des plans de la ligne blanche médiane de la route sur laquelle roule le taxi de Joseph dans lequel le petit Ange, qui connaît visiblement les Textes par cœur, est à l'affût de la petite maison de la Vierge.

Le choix du poste à essence comme décor d'une Annonciation contemporaine relève vraisemblablement, comme toujours chez lui, du croisement d'un faisceau de purs signifiants relevant du jeu de mots plus que de l'exégèse biblique. Cette scène figure indiscutablement la première *station* de la vie du Christ, puisque c'est là qu'est annoncée la nouvelle de sa naissance, et pour Godard l'Annonciation est une scène qui se joue entre les apparences (Marie inchangée comme femme aux yeux de Joseph) et les essences (Marie transfigurée par l'annonce).

Au début de la séquence, Marie se trouve dans un local séparé de l'espace extérieur des pompes à essence et de la petite boutique de la caisse où vont faire irruption, comme des agresseurs (la grâce, comme chez Rossellini, est une effraction) les deux anges. Elle est enfermée dans la petite maison qui leur sert d'abri, à elle et à son père, entre deux clients, lorsqu'elle entend avec étonnement et incrédulité, comme les Vierges du trouble et de la réflexion, son nom prononcé à haute voix par ceux qui la cherchent et interrogent son père, comme si cette voix franchissait miraculeusement les barrières acoustiques et résonnait clairement dans la pièce où elle se trouve seule.

Godard commence par filmer, dans l'axe qui fait face au taxi de Joseph, la totalité de l'espace où va avoir lieu l'Annonciation, sous l'auvent des pompes à essence. Dans ce premier plan très agité se croisent tous les personnages de la scène : Joseph, Marie et l'Ange double, chacun finissant par aller prendre sa place pour la scène décisive qui va suivre. À partir du plan suivant – au milieu duquel surgit sur la bande-son un vent de tempête aussi subit et imprévisible que celui qui se met à souffler avec violence, sans transition, dans la collure entre deux plans au tout début de *Johnny Guitar* – Godard va compartimenter de façon totalement arbitraire l'espace unitaire de l'auvent en deux espaces farouchement étanches. Sans que rien, dans l'espace réel, ne la justifie ni ne la matérialise, il va constituer, à la charnière de ces deux espaces, une cloison de verre infranchissable. Non seulement, pendant toute cette scène, l'Ange et Marie ne seront plus jamais dans le même cadre, mais les deux espaces semblent obéir à des logiques figuratives radicalement différentes. Alors que les deux anges, grand et petit, sont toujours filmés au niveau des yeux, Marie est attaquée à chaque plan sous des angles différents, comme si l'espace qui la contient, d'une densité différente, autorisait une bien plus grande labilité d'énonciation. La constitution et la différenciation de ces deux espaces compartimentés obéit à la seule nécessité, imposée par le sujet même de l'Annonciation, que Godard se donne d'ériger une colonne invisible entre l'espace des anges et celui de Marie.

La conversation angélique qui va suivre est à la limite de l'inaudible car le mystère, même s'il est révélé, doit rester obscur. On peut donner à voir le mystère, mais on est dans l'obligation de préserver une part d'opacité dans sa représentation. C'est une injonction que Godard avait déjà faite sienne dans *Passion*, au moment précis où apparaissait pour la première fois, en sourdine, le thème de la Vierge. Vers la fin du film, au moment de l'acte sexuel impossible entre la vierge (Isabelle) et Jerzy, il changeait plusieurs fois de lignes entre cette scène mettant en jeu les personnages réels du film et une reconstitution de *l'Assomption de la Vierge* du Greco, que Godard interprétait en Immaculée Conception, ce qui semble correspondre, aux dires de certains historiens d'art, au vrai sujet du tableau. Comme si le tableau reconstitué était à la fois la métaphore et le cache de la scène sexuelle. Dans ce tableau, Godard avait pris soin de remplacer une figure d'ange anonyme par un étrange personnage nu, une sorte de Saint Sébastien au féminin, sur lequel la caméra se focalisait au moment où il se mettait un doigt sur la bouche comme on le fait pour dire « *chut !* ». Cet ange anti-musicien, collé comme une rustine par Godard dans le tableau du Greco, venait, à la place de la représentation impossible de l'acte sexuel, nous signifier qu'il est des états où il ne faut pas tout dire, où il faut baisser le son. Le mystère peut être montré, mais en aucun cas sa représentation ne doit s'exténuer en communication. Dans cette séquence, sans doute pour la même raison, souvent Marie marmonne, comme si elle se parlait à elle-même dans un mauvais dictaphone, et on distingue très mal, sinon par bribes, ce qu'elle est en train de se dire, qui doit rester secret. Il importe au plus haut point, à ce moment-là de l'histoire de Marie, qu'il y ait de *l'inaudible dans le son*.

Au cours de cette Annonciation, Godard fige à plusieurs reprises le visage de Myriem Roussel dans des postures de type « tableau vivant » – qui correspondent à certains des états codifiés dans lesquels les peintres ont représenté la Vierge dans les

Annonciations de la Renaissance – même s'il ne les monte pas, au final, dans l'ordre orthodoxe du dialogue angélique. Il commence bien, comme il se doit, par l'état de *trouble* mais va ensuite intervertir l'état de *soumission* et l'état d'*interrogation* (chez lui – et cela lui ressemble – la Vierge semble d'abord soumise, puis se ressaisit et se fait interrogative), pour finir plus traditionnellement par l'état de *mérite*. Godard « brouille » donc légèrement l'ordre canonique des états successifs de la Vierge lors de ce colloque angélique, mais il s'applique à les figurer de façon très lisible, selon une inspiration picturale évidente, en passant à chaque fois d'une image en mouvement à un tableau vivant où Marie s'arrête et cite très nettement la posture requise.

Joseph, assis dans sa voiture, entre l'ange et Marie, assiste au colloque angélique, même s'il est très mal placé pour entendre (le son de l'extérieur est brouillé par les appels radio de sa compagnie de taxi) et encore plus mal pour comprendre les enjeux de cette scène qui le concerne mais dont il est exclu. Au moment où Gabriel s'adresse pour la première fois à Marie pour la préparer à l'annonce, Godard monte un plan absolument magnifique : feu rouge et croissant de lune sur fond de nuit profonde. Au moment où le plan commence le feu est orange, mais passe très vite au rouge. Dans le plan qui suit, Joseph, en gros plan, le visage barré par une ombre épaisse, baisse la tête avec tristesse. Ce qui lui est signifié par l'Annonciation – et dont il a visiblement l'intuition, sinon une claire compréhension – c'est le passage de Marie humaine, qui lui était promise (le feu orange) à Marie élue, qui lui devient interdite (le feu rouge), sur un fond d'infini, non humain, figuré par la lune. C'est « *l'éternité qui vient dans le temps* » et « *l'immensité dans la mesure* » dont parlait Bernardin de Sienne. Ce passage d'un feu à un autre scande un événement (ce qui est en train d'arriver à Marie et à Joseph) qui s'inscrit comme tel dans l'ordre du temps humain, sur fond d'infini et d'éternité dans laquelle l'Immaculée Conception de Marie vient de la faire entrer.

À la fin de la séquence, le taxi de Joseph qui emporte l'ange s'éloigne de l'auvent du poste à essence pour reprendre la route ; Marie peut alors entrer dans cet espace qui lui a été jusque-là interdit. En s'en allant, l'Oncle Gabriel profère sa dernière phrase : « *Ce qui entre sort, ce qui sort entre.* » C'est très exactement le moment de l'Incarnation. Marie reçoit le Verbe et s'accroupit au pied d'une pompe à essence. Elle a conçu. Et là, instantanément, sous nos yeux, dans le plan, Marie change de statut. Godard coupe le son direct pour le remplacer par quelques notes de violon. Lorsqu'elle revient vers nous, en sautillant, comme si elle venait d'acquérir par contagion une légèreté nouvelle, angélique, elle n'est déjà plus tout à fait tout à fait d'essence terrestre.

Une première version de ce texte a été publiée sous le titre Montage obligatoire *dans le numéro 5 (printemps 1993) des* Conférences du Collège d'Histoire de l'art cinématographique, *éd.* Cinémathèque française. *Dans cette conférence, j'analysais cinq autres « annonciations » de cinéma prélevées dans* Accattone *de Pier Paolo Pasolini,* Les Oiseaux *d'Alfred Hitchcock,* La Couleur *de l'argent de Martin Scorsese,* Ordet *de Carl Dreyer et* Europe 51 *de Roberto Rossellini.*

1. Cité par Louis Marin dans *Opacité de la peinture*, éd. Usher, 1989.

2. Michael Baxandall, *L'œil du Quattrocento*, coll. Bibliothèque illustrée des Histoires, éd. Gallimard, 1986.

3. Voir supra.

4. L'Annonciation qui échappe le plus radicalement à cette contradiction, et où l'Ange et la Vierge sont rigoureusement de plain-pied sur un fond totalement abstrait qui ne relève plus d'un espace perspectif réaliste, mais d'une transcendance purement lumineuse, c'est la petite Annonciation de L'Angelico, dans la cellule numéro 3 du couvent de San Marco, à Florence, où toute articulation d'espaces, où toute notion même d'espace et d'altérité ont disparu.

5. Dans les « annonciations » de cinéma, celui qui reçoit l'annonce, qu'il soit homme ou femme, se retrouve lui aussi presque toujours à droite dans l'espace de la scène, sans doute par imprégnation culturelle.

6. Voir photogrammes p.93.

3. La mémoire du cinéma

Godard a-t-il été petit ?

Au moment d'établir la biographie illustrée du *Godard par Godard*[1], alors que j'avais rassemblé pendant des mois des centaines de photographies de cet homme dont tout le monde connaît l'image – même des gens qui n'ont jamais vu aucun de ses films – j'ai cherché longtemps une photo de Godard enfant, adolescent, voire tout jeune homme. En vain. Les plus anciennes photos trouvables de Godard dataient du début des années cinquante, alors qu'à vingt ans passés il avait déjà quitté la Suisse et sa famille pour vivre à Paris où il avait rencontré aux *Cahiers du cinéma* le petit groupe de la future Nouvelle Vague. Je suppose que dans un milieu social comme le sien, on devait pratiquer la photo de famille et que ces photos existent quelque part, mais il semble bien que Godard, pour sa part, n'en possédait aucune. On ne regarde pas tous les jours les photos de famille où se trouve fixée l'image de ce corps étrange qui a été le nôtre dans l'enfance ou l'adolescence, mais on sait qu'elles existent, dans une boîte ou une armoire, terriblement objectives – on s'en aperçoit quand on tombe dessus par hasard –, préservant le témoignage de leur mémoire incorruptible indépendamment du leurre de nos souvenirs en permanente reconstruction. S'il disait vrai, Godard n'a pas eu la possiblité de ce recours. Un jour, il a posé cette question étrange, sans lui donner de réponse : « *Quand on voit une photo de soi, est-ce qu'on est fictif ou non ?* » Si la réponse est oui, la fiction-Godard commence avec le projet parisien de devenir cinéaste : avant il n'y aurait rien, pas de petit

Godard portant en germe le futur cinéaste. Si la réponse est non, l'enfant ou l'adolescent Godard n'appartient qu'à ses propres souvenirs, où il est soigneusement à l'abri (sans confrontation possible à son image photographique), hermétiquement protégé, contrairement au Godard-cinéaste qui n'a jamais eu peur de s'exposer, à l'image comme au son.

Quand Godard livre quelque souvenir au cours d'un entretien – ce qui est plutôt rare mais arrive quand même de temps en temps –, ce sont plutôt des souvenirs liés à son arrivée à Paris, ses problèmes d'argent, ses sorties cinéphiliques avec Truffaut : même silence, curieusement, sur ce qui a précédé le Godard-se-pensant-déjà-comme-cinéaste, c'est-à-dire avant les années cinquante, puisqu'il affirme volontiers que sa vocation de cinéaste, précisément, ne vient ni de l'enfance ni de l'adolescence mais de ces années-là. Dans un très beau texte de 1966, une sorte de journal intime commencé pour les *Cahiers* et qui ne connut jamais qu'une livraison, intitulée *Trois mille heures de cinéma*[2], Godard se laissait aller à évoquer justement un de ces souvenirs lié à son arrivée à Paris (une histoire de livres volés et revendus pour se payer le cinéma) mais se ressaisissait aussitôt par cette profession de foi réactive et rimbaldienne : « *Souvenirs. Ils ne sont intéressants que pour soi, jamais pour les autres [...] Tout scénario et toute mise en scène ont toujours été construits par ou sur des souvenirs. Il faut changer ça. Partir dans l'affection et les bruits neufs.* » La plupart des personnages godardiens des années soixante – et c'est une des différences qui opposent le plus radicalement son cinéma à celui de Truffaut – n'ont pas de passé, ou presque, en tout cas pas d'enfance, et semblent faire leur le mot d'ordre de Rimbaud, même si les *bruits neufs* s'accompagnent de plus en plus de *fureur* et de moins en moins d'*affection* au fur et à mesure que cette décennie approche de son terme prématuré : 1968. Quand Godard filme des enfants – il le fera ponctuellement au cours des années soixante et plus systématiquement dans le très beau et trop oublié *France Tour Détour Deux Enfants* – il est clair qu'il ne s'agit pas pour lui de retrouver dans ces enfants d'aujourd'hui quelque chose de l'enfant qu'il a été, de revenir en arrière vers son propre passé – comme a pu le faire Truffaut, à la suite de toute une tradition romanesque – mais au contraire de prendre de l'avance sur le présent en observant ces énigmatiques contemporains du futur proche.

Je me suis mis à repenser à cette histoire d'image absente, de tache aveugle sur l'enfant qu'il a été quand Godard, à Cannes, parlait de ce *Nouvelle Vague* que je n'avais pas encore vu : « *J'ai vécu mon enfance dans une famille extrêmement riche, comme celle qu'on filme là, au même endroit, dans ces chalets de l'autre côté du lac.* » En fait, ce n'était pas la première fois que Godard parlait en ces termes de ses origines – sa famille protestante, leur tolérance éducative, leur collaboration passive pendant la guerre –, il l'avait déjà fait au début des années quatre-vingt, lorsqu'il commençait à filmer ce coin de Suisse au bord du lac, celui de son enfance, où il était revenu vivre et travailler. À l'entendre, il me semblait qu'avec ce film-là un seuil allait être franchi, et que l'enfant Godard, si longtemps enfoui, refusé à son cinéma *comme s'il ne fallait surtout pas le mêler à cette activité de fabriquer des images*, allait montrer le bout de son nez, d'une façon ou d'une autre, dans cette histoire de résurrection, et dans cette maison si semblable à celle de l'enfance du cinéaste. Il n'en est rien : même si cette maison au bord du lac, avec ses grands arbres, a fait ressurgir chez Godard quelques souvenirs du petit garçon qu'il a été, tout se passe comme s'il avait verrouillé son film contre ce retour possible du passé *sous la forme du souvenir*. Qui a été l'enfant qui s'est promené dans ce grand parc, sous ces arbres qui ont à peine vieilli en cinquante ans, observant depuis l'extérieur, à travers les fenêtres, les agissements et les paroles étranges des adultes ? À quoi pouvait-il bien rêver en croisant un jardinier aux grommellements énigmatiques ? Nous n'en saurons pas plus à la fin du film qu'avant sur cet enfant *qui n'a pas droit à l'image* et n'y inscrira aucun souvenir, sinon aucune trace. Godard, qui semblait avoir accepté qu'un film s'approche au moins des lieux de son passé, a dû découvrir qu'il était resté dans le fond aussi réfractaire qu'en 1966 à l'idée qu'un film se construise « par ou sur des souvenirs ». Le seul droit qu'il se soit donné avec ce dernier film, mais qui est un grand bouleversement dans le rapport de son cinéma à son propre passé, c'est le droit à la réminiscence. Car la réminiscence échappe à la consistance qui caractérise le souvenir localisé, à l'assignation statique dont le cinéma de Godard a toujours eu horreur. La réminiscence est l'empreinte insécable d'une sensation passée dans une sensation présente : elle peut infléchir, filtrer la vision présente, mais jamais l'annuler pour s'y substituer. Il y a sans doute dans les plans et les rythmes de

Nouvelle Vague quelque chose qui a ressurgi, en ce lieu, des sensations de l'enfant-Godard, mais rigoureusement impossible à
démêler des sensations neuves du Godard d'aujourd'hui revisitant
la scène de son enfance. Libre au spectateur d'y retrouver pour son
compte le souvenir d'une récitation apprise dans un parc, ou celui
d'une soudaine émotion métaphysique devant l'immensité
rugueuse d'un arbre – ces souvenirs sont ceux de l'enfance, pas
ceux d'un enfant particulier, aussi impersonnels que les émotions
emportées par la dérive nocturne de la barque dans *La Nuit du
chasseur.*

Et si Godard n'avait *réellement* pas besoin de photos de son
enfance ? S'il n'aimait pas le mouvement du souvenir qui suspend
le présent pour nous ramener en arrière jusqu'à une image localisable de notre passé ? Lorsque Godard s'est mis à confronter le
cinéma à son propre passé – le temps d'un film ou d'un nouveau
cycle, on le saura plus tard – il a emprunté tout naturellement la
voie de la réminiscence, quasi ontologique à son cinéma, où seul le
présent visible a le droit et la charge de contenir entièrement le
passé, non pas sous la forme d'une image du passé mais à travers
le filtre de sa présence diffuse dans le regard porté aujourd'hui sur
ces lieux où il a été enfant, son empreinte. Godard a sans doute été
petit, mais cela seul importe à son cinéma, et pas de fixer dans une
image l'enfant qu'il a été.

Ce texte a été publié dans le numéro spécial Godard trente ans
depuis *des* Cahiers du cinéma, *en novembre 1990 (supplément au
numéro 437).*

1. Il s'agit du tome 1, paru en 1985.
2. *Godard par Godard,* tome 1.

Hélas pour moi,
ou
De légères corrections au présent

Il s'est passé quelque chose, un événement à la fois minuscule et de la plus haute importance. Entre un homme et une femme, entre Simon et sa femme Rachel. Jusque-là, il semble qu'ils ne se soient jamais quittés, ni disputés, qu'ils n'aient jamais douté l'un de l'autre, un peu comme les parents d'Anna Karina dans l'histoire qu'elle racontait sur le bateau de *Pierrot le fou* il y a trois décennies. Et selon toute vraisemblance, ce sera la seule chose qu'il y aura jamais à raconter sur la vie de Simon et Rachel. Simon est garagiste. Ils vivent dans un petit village, au bord du lac, où tout le monde se connaît : le libraire (qui est aussi professeur de dessin), le pasteur, le médecin, Benjamin – le jeune homme qui tient la boutique de vidéo –, deux jeunes filles : Aude, la brune (toute méditative) et Nelly, la blonde (toute extérieure). Le 23 juillet, Simon, pressé par son ami et homme d'affaires Paul, a annoncé à Rachel qu'il partait en voiture en Italie, pour quelques heures, visiter un hôtel en vente, une affaire à saisir. Il devait revenir le lendemain matin, à cinq heures. Plusieurs personnes ont assisté à ses adieux à Rachel, à leur première séparation. Simon a quitté Rachel. Un peu plus tard, dans la soirée, un homme ayant l'apparence de Simon est revenu, en avance. Il a retrouvé sa femme, mais elle a eu du mal à reconnaître en lui son mari. C'était à la fois lui et pas lui, ils ont fini par monter dans leur chambre où elle s'est évanouie. Pour la première fois cette nuit-là, elle a découvert que la chair pouvait être triste, comme elle le racontera plus tard au pasteur. Au réveil, le lendemain matin, ils ont parlé de ce qui leur était arrivé, la veille et cette nuit-là. Ils se sont parlé comme jamais sans doute ils ne s'étaient parlé jusque-là, lorsque entre eux tout allait de soi. Ils ont parlé de l'amour, de la fidélité, de cette soudaine étrangeté de l'autre, du corps de l'autre, des mots de l'autre, dans le doute. C'est cela, l'événement le plus ténu et de la plus haute importance : un homme et une femme ont communiqué, comme disait la voix de l'homme dans *Comment ça va ?* Mais sans le fossé que creusait le mépris de Camille pour Paul dans *Le Mépris*, sans la violence comme seule façon de s'atteindre l'un l'autre dans le couple de *Sauve qui peut (la vie)*, sans la nécessité de souffrance de Joseph dans *Prénom Carmen* et *Je vous salue Marie*, sans le terrible jeu de siphon de l'amour entre les deux partenaires des deux moitiés de *Nouvelle Vague* où, littéralement, ce qui remplissait l'un vidait l'autre. Pour la première fois depuis très longtemps, dans le cinéma de Godard, un homme et une femme ont réussi à communiquer sans violence, sans éclats, sans exaspération, sans brouillage (tout le texte de ce film est parfaitement audible et intelligible) : des choses simples, quotidiennes, très intimes, mais de ces choses qui ne se disent jamais entre un homme et une femme qui vivent ensemble, peut-être parce qu'elles sont indicibles, ou que les dire reviendrait à les tuer. Simon et Rachel se parlent à voix basse, calmement, et toujours aux limites de ce qui peut se dire, là où le geste et le regard doivent prendre un relai maladroit parce qu'on est arrivé au bout de ce qui peut s'exprimer par les mots. Et toujours en se parlant à eux-mêmes autant qu'à l'autre, ou en s'adressant au petit autre comme à un grand Autre, c'est-à-dire par la prière autant que par le dialogue. Il y a quelque chose de très humble et de sourdement douloureux, mais sans haine ni violence, dans ce film du bord du lac, une attention profonde aux affects les plus simples de la vie quotidienne, considérés avec gravité comme une chose précieuse, dans la relation d'amour la plus ordinaire.

Mais pour que nous retenions notre souffle devant une conversation au petit matin entre Simon et Rachel comme devant quelque chose de la plus haute importance, il fallait en faire un colloque sacré, une rencontre unique. Dans *La Déesse*, Satyajit Ray éloignait pour quelque temps le mari de sa femme : lorsqu'il revenait au village, c'était pour apprendre que sa femme n'était plus tout à fait la femme terrestre qu'il avait quittée mais la réincarnation d'une déesse. Et il la revoyait comme sa femme, familière, mais aussi comme on voit quelqu'un pour la première fois, dans le doute où l'on est de tout ce qui concerne l'avenir d'un sentiment et d'une relation pas encore nés. La même mésaventure était arrivée au chauffeur de taxi Joseph dans *Je vous salue Marie* : sa petite basketteuse de fiancée avait reçu l'annonce divine de son immaculée conception et il s'était retrouvé, un peu plus douloureusement que tout homme devant sa femme enceinte, devant une Marie intouchable, réfractaire, enclose sur son secret, énigmatique. Cette fois-ci, Godard inverse la situation : la femme restera humaine ; c'est l'homme qui va être habité, peut-être, le temps d'une nuit, par la divinité. Mais Rachel n'en sera jamais sûre. Est-ce son homme qui est devenu divin ou le dieu qui est devenu son homme ? Ce qui est sûr c'est que ce doute, ce décalage, cette secousse de la croyance ont suffi à faire surgir entre eux des regards, des gestes timides, de la parole, et que quelque chose de l'indicible de l'amour est remonté à la surface lisse de la vie quotidienne, le non-dit est devenu partiellement visible.

Pour que cet événement minuscule – une femme a vu ce qui la lie à son mari ; un homme a vu dans la souffrance quelque chose de ce qui fait la fière et irréductible altérité de sa femme – devienne du mythe, ou au moins du romanesque, il faut que quelqu'un le raconte et qu'un chœur en amplifie le récit. Ce narrateur, solitaire, arpenteur, grand témoin venu d'ailleurs d'un petit moment d'humanité ordinaire, c'est l'éditeur, Abraham Klimt, qui vient enquêter sur ce qui s'est passé ce jour-là entre cet homme et cette femme. À la fois mythologue, romancier et détective, il recueille les témoignages pour essayer d'approcher le mystère de ce qui a (peut-être) eu lieu. Le chœur, ce sera les habitants du village (il n'y a, dans ce petit film, pas moins de vingt-quatre personnages nettement dessinés !), qui ont senti passer ce jour et cette nuit-là le souffle du sacré dans leur petit coin de terre ordinaire où l'on joue aux cartes et au flipper, et qui en ont été eux aussi secoués, sans trop savoir pourquoi, comme par ricochets. Même si l'arrivée de deux anges annonciateurs (Max-Mercure, le premier assistant du dieu, et Sosie, la mauvaise doublure de polar) leur avait mis la puce

à l'oreille, surtout lorsque ces deux étrangers comparaient les derrières des jeunes femmes pour chercher la future amante du dieu. Le trouble sera contagieux.

Ce n'est pas la première fois que Godard a besoin de mettre en œuvre des dispositifs complexes, considérablement démultipliés, pour approcher des choses les plus ténues et les plus quotidiennes. Dans les années soixante, il lui fallait déjà Fritz Lang, la Méditerranée, une deuxième équipe censée tourner *L'Odyssée*, la villa Malaparte, pour enquêter sur la fraction de seconde où l'amour de Camille (une petite dactylo de 28 ans) pour Paul (un médiocre écrivain de polars) s'était peut-être transformé en mépris. Dans les années soixante-dix, il lui fallait « *un mouvement de 260 millions de centimes* » et une machine à décomposer le défilement des images pour voir les gestes quotidiens du petit garçon et de la petite fille ordinaires de *France Tour Détour*. Dans les années quatre-vingt, il lui fallait reconstituer *L'Entrée des Croisés à Constantinople* sur le grand plateau de Billancourt, une grue-travelling des plus sophistiquées, un gros élévateur de supermarché, pour élever-abaisser jusqu'à lui, tel un King-Kong à prothèses, une petite figurante, sans rôle réel dans son scénario, qui allait devenir deux films plus loin sa Vierge Marie. C'est que pour Godard, sans doute, plus c'est simple, ténu, plus c'est difficile à figurer. Plus

c'est humainement ordinaire, plus cela lui demande de déploie-
ment figuratif. Au moins depuis *Le Mépris*, il sait que l'essentiel, le
minuscule de ce qui se passe entre les êtres, ce qui dure une fraction de seconde, ne peut pas être saisi entre les mailles trop grosses
des scénarios qui se contentent de raconter une histoire en faisant
se succéder des scènes, c'est-à-dire des simulations de blocs de
présent.

« *À des moments*, disait-il en 1985, *j'ai beaucoup de mal à avoir la
conversation courante qui me semble très plaisante, j'ai toujours un
double discours. Je suis sûr que Wittgenstein se saoulait au café avec ses
élèves, mais qu'il se disait aussi : comment ça se fait qu'on prononce la
phrase "allons au café" ?* »[1] C'est aussi cela, *Hélas pour moi*, si on le
considère du point de vue du pauvre dieu qui voudrait bien
connaître une fois une émotion ordinaire d'un homme ordinaire :
la mise en scène de la souffrance qu'il y a chez le dieu dans ce désir
d'être pour une fois simplement humain. Avec la douleur physique
qui accompagne cette tentative lorsque Depardieu, jouant au
Docteur Jeckyll devenant Mister Hyde, écartèle sa bouche dans
tous les sens et titube comme s'il avait été sonné par cette descen-
te dans un corps d'homme ordinaire, un homme qui « *aime le lac
et ses trente-deux sortes de vents, un peu l'argent mais rien que de normal* ». Le dieu, même s'il réussit à usurper par ruse le rôle de
Simon, sera toujours double lorsqu'il sera à la place de Simon :
celui qui voudrait se saouler de l'ivresse humaine de passer une
nuit avec Rachel (une femme fidèle, moyennement jolie, qui aime
son mari) et celui qui continuera à s'interroger : comment est-ce
que ça se fait qu'on dit chez les humains : « J'ai fait trois pas sur la
véranda » et non « j'ai fait trois pas dans la véranda. » Car il est une
chose qu'un dieu ne pourra jamais comprendre, dans son immor-
talité, c'est le présent mortel tel qu'il est vécu par les humains ordinaires, celui qui fait que la nuit succède au jour, et l'efface irrémédiablement. « *Sur la terre* », est obligé d'expliquer Max Mercure à
son dieu-patron qui voudrait prolonger la nuit et qui met la lumière du jour en pleine nuit, « *la nuit appartient à tous, elle ne reçoit pas
d'ordre, c'est leur seule réussite démocratique* ». Il est une expérience
que, comme Wittgenstein-Godard, il ne pourra jamais faire, celle
d'un présent purement vécu comme sensation de l'instant, celui de
l'homme ordinaire qui va au café : pour lui le présent de l'événement sera toujours perçu, pour parler comme Merleau-Ponty,

dans une perception réfléchie, ou suspendue. Et même lorsqu'il dira : « *Comment ça va ?* », comme il se doit, en entrant dans le café, ce sera toujours avec le sentiment que le ton n'est pas juste.

Voilà exactement le point où en est le Godard d'aujourd'hui : comment représenter le temps d'un événement, d'un sentiment, d'une impression, qui n'ont jamais duré que le temps d'une fraction de seconde ? Pour y parvenir, Godard sait très bien qu'il n'est pas question de le scénariser ou de le rendre immédiatement visible. Ce serait l'écraser aussi sûrement que si l'on voulait prendre un œuf avec la mâchoire d'un bulldozer. Cette minuscule fraction de temps, il a l'intuition qu'il lui faudra même éviter de la représenter, il faudra la faire *revenir*. Pas à la façon des années soixante, par le montage, comme il le faisait pour le plan de la naissance du doute du *Mépris*, – celui de l'Alpha-Roméo de Jérémie Prokosch accélérant brutalement pour enlever Camille à ses réticences – mais en la recommençant à chaque fois autrement, comme si la seule façon d'en rendre compte c'était de la décliner, potentiellement à l'infini, sans qu'elle ne soit jamais du présent ni un retour pur et simple d'un passé identique à lui-même. L'instant, pour Godard, est devenu ce qui est inépuisable, ce qui reste toujours à regarder sous un autre angle, à la façon dont Mankiewicz dans *La Comtesse aux pieds nus*, faisait revenir, à la fois identique à elle-même mais sous un autre angle, la scène de la gifle au Casino. Plus que jamais, de cet instant humain, Godard se refuse à simuler la finitude, à l'épuiser dans son écoulement. Delacroix – que Godard, on le sait, utilise volontiers comme héros éponyme du peintre-cinéaste qu'il rêve parfois d'être – notait déjà dans ses Carnets : « *Le fait n'est comme rien puisqu'il passe. Il n'en reste que l'idée…* »[2] Le dispositif homme-Dieu d'*Hélas pour moi* permet à Godard de réaliser ce paradoxe : pour que le fait ne soit pas rien, pour qu'il ne passe pas, il ne faut jamais le filmer au présent, ni le confier à une matrice périssable de la représentation du temps. Pour le préserver de toute consumation, il ne faut jamais le faire arriver une première fois comme du temps présent, il faut le faire *toujours-déjà revenir*. Depuis quelque temps déjà, pour lui, la vocation du cinéma n'est plus de capter ou de reproduire du présent mais de faire revenir le temps sous une autre forme, ni temps vivant du direct ni présent simulé du différé.

Il est de plus en plus rare, au cinéma, qu'un cinéaste s'essaie à produire des images qui aient un nouveau statut, réellement inédit. C'est ce que Godard vient de réussir avec *Hélas pour moi*, au regard du temps du plan, dans l'incompréhension sinon dans l'indifférence générale, au terme d'une étrange évolution, sur trente ans de cinéma, de la figuration du présent dans ses films.

Au cours des années soixante, Godard se révèlera vite comme le cinéaste le plus doué de sa génération, avec Jacques Rozier, pour la captation de l'instant vivant, miraculeusement unique, le filmeur par excellence de la fragilité et du tremblement du présent du tournage. C'était le temps où il reprenait volontiers à son propre compte la formule de Cocteau sur la vocation du cinéma à filmer la mort au travail. À y regarder de plus près, pourtant, Godard se posait déjà le problème, dans *Pierrot le fou*, de faire tenir dans un même film ce temps de l'instant fugace, celui du plan comme empreinte bazinienne d'un morceau de présent, et le temps romanesque, porté par la voix *off* des deux personnages, depuis un point de nostalgie, situé dans le futur, au-delà de leur propre mort, d'où leurs voix désincarnées continuaient à revisiter avec lyrisme ce qui avait été leurs instants uniques, irrépétables, de bonheur et de malheur sur cette terre. Cette double perspective, plutôt sommaire : les images pour le présent, la voix *off* pour l'éternité – lui permettait de produire de façon un peu littéraire ce sentiment mêlé de fugitif et d'éternité dont il avait admiré, comme critique, l'impact émotionnel dans le cinéma de Bergman. « *Bergman*, écrivait-il dans Arts en 1958, *est le cinéaste de l'instant. Sa caméra cherche une seule chose : saisir la seconde présente dans ce qu'elle a de plus fugitif et l'approfondir pour lui donner valeur d'éternité. D'où l'importance primordiale du flash-back puisque le ressort dramatique de chaque film de Bergman n'est constitué que par une réflexion de ses héros sur le moment et sur leur état présent.* » [3]

Le passage par la vidéo, dans les années soixante-dix, lui permettra de faire une autre découverte : si l'on essaie d'observer le temps en ralentissant les images, en décomposant le mouvement, on voit autre chose et on crée d'autres sensations, d'autres émotions. Dans cette opération atomique de fission de l'instant, Godard restera longtemps hypnotisé par cette révélation que chaque instant filmé se révèle gros d'autres mondes que celui que l'on croyait avoir filmé. Il restera des traces de cette fascination un peu hébétée dans les films du début des années quatre-vingt, jusque dans *Sauve qui peut (la vie)* et *Passion*. Plus tard, renonçant à toute manipulation mécanique du défilement des images, il s'essaiera plus frontalement à produire une représentation du présent d'une autre nature, à la fois dans le scénario et par la mise en scène elle-même.

En 1982, lors de son retour au cinéma, Godard dira un jour : « *Le cinéma c'est ça, le présent n'y existe jamais, sauf dans les mauvais films ; de la même façon aucun roman ne s'écrit jamais sur une seule page.* »[4] La déclaration avait de quoi surprendre tous ceux, comme Jean Collet, qui avaient aimé avant tout en Godard le grand cinéaste de l'instant vivant, et d'aucuns vont l'abandonner dans ses nouvelles recherches annoncées par cette phrase où il programmait clairement son désir de travailler le présent du cinéma, le temps du plan, (celui de l'événement tel qu'un romancier peut le relater dans une page) en l'exposant à la lumière du temps romanesque, qui n'est évidemment pas, dans sa bouche, celui de la narration romanesque, mais un temps d'une autre nature, inscription d'un présent toujours-déjà irrémédiablement perdu au moment même où l'écriture s'efforce de le faire surgir.

Nouvelle Vague constituera une expérience radicale du refus de simuler le temps du plan comme temps présent. Godard y renonce à toute tentative de figurer le surgissement d'un événement quelconque, même celui de la noyade. Le temps des plans n'y a plus rien de natif : c'est véritablement un film sans présent, où tout ce qui apparaît à la surface de la représentation nous donne l'impression d'y revenir, d'y remonter, même pas comme répétition, reprise, d'un temps qui aurait été du présent, mais comme réminiscence un peu exténuée, hébétée, d'un présent vidé de toute sa vitalité première. Souvenirs de couverture d'une enfance au bord de ce même lac, impossible à faire surgir sous la forme d'une figure directe de l'enfant qui hantait ces parcs – au moment de la guerre, au moment des choix et des horreurs dont il ne pouvait avoir alors aucun soupçon – figure inaccessible, trop enfouie, trop bien verrouillée, de ce moment où il a peut-être éprouvé pour la première fois cette difficulté ontologique à partager dans l'innocence les mots et les gestes de cette humanité ordinaire, à laquelle pourtant il revendique d'appartenir, ne serait-ce que par les sensations. Les figures elles-mêmes, dans les plans de *Nouvelle Vague*, ressurgissent

comme des ombres, les corps traversent le film comme des fantômes exsangues, vampirisés jusqu'à leur dernière goutte de présent lors d'une vie lointaine qui se serait déroulée dans ces mêmes décors qu'ils reviennent hanter, comme hébétés. Godard ne demande même plus à Delon de jouer un nouveau personnage, qui s'ajouterait à la liste déjà longue de ses rôles passés. Il convoque *a minima* le corps de Delon comme mémoire inconsciente, quasiment comme *medium*, pour y filmer en palimpseste toutes les figures, les gestuelles, les états du cinéma qu'il a traversés, et rien de plus, sans lui demander d'être jamais véritablement présent à lui-même ni à ses gestes dans ce film. Même le présent d'une parole jaillissante lui sera refusé, Godard le condamnant à la récitation. « *Tout cela*, dit la voix de Lennox dans ce film, *ils avaient l'impression de l'avoir déjà vécu. Et leurs paroles semblaient s'immobiliser dans les traces d'autres paroles d'autrefois. Ils ne faisaient pas attention à ce qu'ils faisaient, mais bien à la différence qui voulait que leurs actes de maintenant fussent du présent, et que leurs actes analogues eussent été du passé.* »

Dans ses *Histoire(s) du cinéma*, Godard s'applique à faire revenir des plans de tout le passé du cinéma. Chaque plan est une petite empreinte d'un instant passé, plus ou moins lointain, que le cinéma, le défilement, est censé faire revivre dans la conscience du spectateur comme un présent miraculeusement conservé, d'autant plus émouvant que l'on mesure la quantité de désirs et de hasards qu'il a fallu pour qu'il nous parvienne aujourd'hui dans sa précarité. Godard se refuse systématiquement à reproduire le présent des plans qu'il nous montre. Il reprend ces plans du passé et s'il essaie de les ressusciter, c'est en les faisant revenir autrement, déconnectés du scénario dans lesquels ils étaient pris. S'il y a sentiment de résurrection, c'est que nous voyons bien que ce sont les mêmes que ceux que nous nous souvenons avoir vu défiler dans les films, mais qu'ils n'ont en même temps plus rien à voir avec ces plans vivant leur vie de plans au présent d'une histoire. Ce sont les mêmes et pas tout à fait les mêmes, au point que nous avons du mal à en reconnaître certains, pourtant prélevés dans des films familiers. Ils sont devenus méconnaissables, comme s'ils portaient la conscience d'avoir été du présent et de n'être plus que des traces, des preuves de ce présent perdu dont il ne resterait plus que la trame. Ils sont aussi devenus des preuves dans l'enquête où Godard (*alter ego* d'Abraham Klimt) essaie de traquer ce moment où a eu lieu le crime majeur du cinéma, celui précisément d'avoir failli à son rôle de capter le présent, au moment de l'horreur nazie. Pour Godard, le présent que nous montraient les plans de ce moment-là du cinéma est un présent coupable puisqu'il a servi à dissimuler celui des camps. Si le cinéma a raté ce seul présent qu'il importait alors de montrer, comme disait Serge Daney, Godard s'est condamné lui-même avec acharnement à chercher plan par plan le point exact où a eu lieu l'erreur de trame, le moment où le cinéma s'est laissé déconnecter du présent, désynchroniser. C'est dans cette suspicion quant au faux présent simulé par tous ces plans qu'il faut sans doute chercher la quête, dans ses derniers films, d'une image d'une nouvelle nature, qui serait à la fois résurrection et rédemption : et si, en tant que résurrections, ces plans d'aujourd'hui rachetaient petit à petit une faute passée du cinéma, même commise par d'autres ? Il y faudrait une condition : c'est que le temps ne soit pas linéaire, mais que tout instant présent communique avec un instant passé dont il serait à la fois la reprise un peu somnambulique et une version *légèrement corrigée*.

C'est très exactement ce qui se passe dans *Hélas pour moi*. Le moment où Simon a quitté Rachel, nous n'en verrons que des plans « essayés », à stricte égalité de probabilité et d'improbabilité :

la réalité de ce qui s'est passé, attaquée sous plusieurs angles, Godard n'essaiera jamais d'en simuler une reproduction garantie comme ayant été le vrai présent de cette scène. Chaque résurrection de cet instant atteste d'une infime correction, d'un minuscule déplacement. Ce présent-là était gros de plusieurs présents, ni tout à fait identiques, ni tout à fait différents. Là où Alain Resnais, dans *Smoking No smoking*, nous expose un peu lourdement, entre jeu et pédagogie, ce qui aurait pu être si ce qui a été n'avait pas été, Godard nous murmure gravement que ce qui a été *a été aussi* ce qui n'a pas été, ou plutôt que ce qui a été *a été aussi* un peu autre chose que ce qui a été : cet homme est parti *et* n'est pas parti. Simon est revenu *et* n'est pas revenu. Pour Rachel il a été son mari et pas son mari, son mari et aussi son amant, son homme et aussi le dieu.

On a fini par croire Godard sur parole depuis qu'il nous répète qu'il n'a plus besoin d'inventer, pas plus l'eau du lac, le bleu du ciel, que les phrases de son dialogue. On n'a pas assez vu que depuis quelque temps il a une façon bien à lui de faire revenir les phrases des autres dans son discours ou dans ses films. Elle consiste à citer « à peu près » la phrase originelle, non par défaut de mémoire ou par manque de précision, mais parce que c'est dans ce « peu » près, grâce à cette minuscule différence, que la phrase peut réellement *re-venir*. Ni comme invention ni comme citation. Non comme quelque chose qui surgirait tout neuf du présent (on la reconnaît malgré tout pour l'avoir déjà entendue) ni comme quelque chose qui ne serait que la pure reproduction d'un fragment de texte passé dans le présent. La fameuse phrase de Saint-Paul sur l'image et la résurrection est depuis quelques années une de ces phrases-programmes dont Godard a besoin pour entamer un nouveau cycle de travail. Au début des années quatre-vingt, c'était la phrase de Rilke sur la terreur et la beauté que nous sommes capables de supporter. Mais chaque fois que Godard, dans un entretien ou dans un film, fait revenir une de ces phrases mi-oraculaires mi-mots d'ordre, ce n'est jamais tout à fait sous la même forme, qu'elle soit de Bresson, de Rilke, d'Elie Faure ou de Saint-Paul : un mot change, déplaçant très légèrement la proposition, sans pour autant la détourner véritablement de son sens premier. Juste une retouche. Comme si, à chaque fois, il hésitait entre plusieurs traductions, entre plusieurs interprétations qui ne présenteraient entre elles que de minuscules différences. Ou plutôt comme s'il occupait, à lui tout seul, la place des traducteurs successifs de la même phrase décisive, à la façon dont ceux de Freud n'ont cessé de reformuler en français la fameuse phrase : *wo es war, soll ich werden*. Dans *Hélas pour moi*, ce n'est plus au temps de la résurrection mais au temps de la rédemption que Saint-Paul – via Godard – prophétise une fois de plus la venue de l'image. Comme si la rédemption était devenue depuis peu, pour Godard, le nom de substitution de la résurrection.

Ce texte a été publié dans Cinémathèque n°5, *printemps 1994.*

1. Propos recueillis par Antoine Dulaure et Claire Parnet, *L'Autre Journal* n°2, janvier 1985, in *Godard par Godard*, tome 1.

2. *Les plus belles pages de Delacroix*, éd. Mercure de France, 1963.

3. « Monika », *Arts* n° 680, 30 juillet 1958, in *Godard par Godard*, tome 1.

4. Propos recueillis par Hervé Guibert, in *Le Monde*, 27 mai 1982.

La réminiscence
ou
Pierrot avec Monika

Je vais tenter d'approcher – avec la conviction que c'est une bonne piste pour comprendre le processus de création chez Godard – le fonctionnement de la mémoire du cinéma dans ses films, plus particulièrement dans *Pierrot le fou*. C'est l'une des œuvres les plus accueillantes de la première période du cinéaste : un film ouvert aux quatre vents, où passent en vrac beaucoup de plans-souvenirs du cinéma antérieur. Lorsqu'il sort en 1965, il est déjà perçu, par son auteur et par les critiques, comme un film-bilan et comme une double traversée du cinéma : du sien propre – on y trouve beaucoup d'auto-références à ses films antérieurs – mais aussi de tout le passé du cinéma.

Godard disait à l'époque : « *C'est un film complètement inconscient. Deux jours avant de commencer, je n'avais jamais été aussi inquiet. Je n'avais rien, rien du tout. Enfin, j'avais le bouquin. Et un certain nombre de décors. Je savais que ça se passerait au bord de la mer. Tout a été tourné, disons, comme au temps de Mack Sennett.* »[1] Il y a une part d'exagération, mais c'est sans doute un peu vrai : quand on n'a rien, on vit sur ses réserves. Dans *Pierrot le fou*, Godard a largement recouru à ses réserves de cinéphile et à sa mémoire du cinéma. Il a puisé, et sans doute souvent de façon consciente, dans un stock d'images en réserve. Mais déjà – et c'est pourquoi le film m'intéresse par rapport au Godard d'aujourd'hui – quelque chose commence à travailler la création godardienne, qui est d'un ordre autre que celui la citation, et que j'ai baptisé ici la « réminiscence », dont relèvent les traces d'un film qui est à la fois un peu partout et nulle part dans *Pierrot le fou* : *Monika*. Il faut noter au passage que *Monika* tenait déjà, aux yeux de son auteur Ingmar Bergman, de la « reprise » d'un film de deux ans antérieur, *Jeux d'été* (*Sommarlek*). Ma thèse initiale sera que *Monika* est l'un des films qui a le plus impressionné, dans les deux sens du terme, le jeune Godard des années cinquante, et qu'il a laissé chez lui des traces exceptionnellement durables (on en trouve encore dans *JLG/JLG*.) Certaines images du film de Bergman ont mis trente ans à se révéler dans les films de Godard, suivant un processus qui n'est pas tout à fait celui de la citation, et que je vais essayer d'analyser.

Pourquoi *ce* film, parmi tant d'autres que le jeune Godard cinéphile a vus à l'époque ? Pour des raisons profondes. *Monika* mettait en jeu, en 1953, tout ce qui allait hanter par la suite la recherche godardienne, notamment la question du présent et de la réminiscence, et mettait en scène une situation qui allait devenir obsédante dans son œuvre à venir : l'insularité, le couple isolé, encerclé, que ce soit dans un appartement ou sur une île ; la tentation d'un petit moment-limite où le récit s'arrête, où le temps change de régime, où le film est en vol plané.

Je vais distinguer quatre plateaux dans la pensée de Godard sur la question de la mémoire du cinéma dans la création cinématographique :

1) *Le cinéma comme présent.* La formule pourrait en être : « Il n'y a rien à inventer au cinéma, tout est donné. » Le mode de ce premier plateau, c'est le tableau ou le collage. Son registre, c'est le plaisir de la création offerte.

2) *Le cinéma comme roman, comme mythe.* La formule pourrait en être : « Le présent n'existe jamais seul dans un film. » Le mode en serait plutôt la musique ou le roman, et le registre la nostalgie.

3) *Le cinéma comme réminiscence.* Sa définition pourrait être : « Ce qui revient sous une autre forme après être passé par l'oubli. » Le mode en est le surgissement ou l'apparition, et le registre la mélancolie.

4) Le quatrième plateau est très proche du troisième. Godard en est là aujourd'hui : *le cinéma comme résurrection ou comme rédemption*, puisque Godard a glissé depuis quelque temps (entre *Nouvelle Vague* et *Hélas pour moi*) du premier terme au second. La formule

pourrait en être : « Le passé revient au présent après être passé par la souffrance. » Le mode, ici, ce sont les images « essayées », dont j'ai eu pour la première fois le sentiment dans *Je vous salue Marie*, lorsque Godard filmait la Vierge dans sa petite chambre : comment faire revenir, dans un corps contemporain, quelque chose de Marie ? Images essayées donc, images reprises, en souffrance, au purgatoire. Le registre, ici, c'est clairement la souffrance.

Du plaisir à la souffrance, en passant par la nostalgie et la mélancolie, il a fallu que Godard traverse une à une toutes ces couches. Mais cette traversée a été longue et progressive. *Pierrot le fou*, par exemple, ne relève jamais du quatrième plateau, auquel Godard n'accèdera qu'au milieu des années quatre-vingt. Quand il passe d'un plateau à un autre, Godard ne renonce pas pour autant aux précédents, disons plutôt que ces plateaux s'empilent au fil des ans et des périodes et entrent dans une dialectique de plus en plus riche et complexe.

Premier plateau : « Il n'y a rien à inventer au cinéma. »

On pourrait l'appeler aussi « le bleu du ciel », car chaque fois que Godard parle de cet état du cinéma, il évoque le bleu du ciel. « *Je n'ai jamais rien inventé, j'ai toujours cité. Ce qui est formidable au cinéma, c'est qu'il n'y a absolument rien besoin d'inventer. C'est proche de la peinture dans ce sens-là. On n'invente rien en peinture, on corrige, on pose, on regarde et on assemble.* » En 1993 il déclarait : « *J'ai toujours fait des espèces de collages. C'est une manière de recevoir, de laisser venir les choses, comme la caméra reçoit la lumière. Tout dans un film est citation, et pas seulement les phrases. Quand vous filmez un arbre, une voiture, vous les citez dans l'image.* »[2] « *Ce n'est pas moi qui ai inventé l'eau du lac, le bleu du ciel. On peut seulement mettre les choses les unes en rapport avec les autres, les orienter dans une certaine direction.* »[3]

Cette idée était déjà présente, juste au moment de *Pierrot le fou*, dans un très bel entretien avec Le Clézio, dont on s'aperçoit seulement aujourd'hui combien il était absolument capital : on y trouve annoncé l'essentiel des préoccupations du Godard des années 80-90.

Godard : – C'est bien pour ça que je ne peux pas écrire. C'est pour ça que je suis toujours touché par Flaubert, par la peine

inouïe qu'il éprouvait à écrire. Il pensait : « Le ciel est bleu », il écrivait ça et pendant trois jours il était malade. Il se disait : « Est-ce que je n'aurais pas dû écrire : " Le ciel est gris " ? Est-ce qu'au lieu de " ciel " je n'aurais pas dû dire : " La mer est grise " ? Et est-ce qu'au lieu de " est " je n'aurais pas dû mettre " était " ? » Et puis finalement il a écrit...

Le Clézio : – « Le ciel est bleu ».

Godard : – Oui, mais quelle souffrance.

Le Clézio : – Mais ce n'est pas le même problème pour un cinéaste ?

Godard : – Non, au cinéma le ciel est là. Je ne dirai jamais « Le ciel est bleu » le jour où il est gris.[4]

Pour le Godard des années soixante, le cinéma ne relevait pas encore de la souffrance, mais du plaisir d'une création « offerte ». Même aujourd'hui, il reste pour lui quelque chose de ce plaisir : « *Le plaisir, au cinéma*, déclarait-il l'année dernière dans un entretien avec *Studio, c'est que le monde vous est offert. Vous n'avez qu'à trouver la juste place. Le plaisir, c'est qu'à la condition d'être doué ou d'avoir une certaine moralité, la création vous est offerte.* »[5] C'est évidemment à entendre à double sens : le cinéma est un présent ; l'acte de création et le monde créé vous sont offerts, donc il n'y a rien à inventer. Jerzy ne disait pas autre chose dans *Passion* : « *Je ne fais rien du tout, ma Sophie. J'observe, je transforme, je transfère, je rabote ce qui dépasse, et c'est tout.* » La nature de la création cinéma, sur ce premier plateau, serait juste de mettre en rapport une chose avec une autre. Dans cet état-là, le cinéma ne saurait faire de progrès, et l'œuvre de Godard non plus. Dans des notes pour ses *Histoire(s) du cinéma* on trouve la phrase suivante : « *De ses débuts enfantins aux derniers films muets, le cinéma semblait avoir conquis des domaines immenses. Depuis, qu'a-t-il gagné ? Il a perfectionné son éclairage et son récit, sa technique, mais dans l'ordre de l'art ? J'appelle art, ici, l'expression de rapports inconnus et soudain convaincants entre les êtres, ou entre les êtres et les choses.* »

Cet état-là du cinéma – le cinéma comme présent –, je pense que Godard l'a rencontré sous une de ses formes les plus pures, dans un film de fiction, avec *Monika*, en 1958. Car Godard, comme tout le monde, a raté *Monika* lors de sa première sortie : c'est un film qui a mis cinq ans à devenir visible, même pour les jeunes critiques des *Cahiers du cinéma* qui l'ont vu un premier coup pour rien, à blanc, en 1953. Godard écrit en 1958, lorsqu'il peut enfin mesurer l'importance que ce film va avoir pour les cinéastes de la Nouvelle Vague débutante : « *Mais où avions-nous la tête en 1953 ?* »

J'imagine que c'est un moment précis qui a dû toucher le jeune critique Godard assistant à la projection de *Monika*, celui où le film atteint une limite du cinéma, où Bergman bascule en une minute de la création laborieuse à la création offerte. Jusque-là, au cours de la première demi-heure du film, celle qui se passe en ville, on était dans un cinéma volontariste, scénographique-théâtral, tourné en studio, un cinéma de la maîtrise classique. Puis les deux personnages prennent le bateau, traversent Stockholm, le port, et arrivent sur l'île. Là, tout à coup, Bergman risque quelque chose de totalement inattendu, change littéralement de cinéma, oublie son scénario, renonce à la maîtrise ordinaire, se jette dans le vide, l'ouvert : le cinéma et le monde comme purs présents. Pendant quelques minutes, le film va être somptueusement abandonné à ce que Godard appelle le « présent du cinéma ».

> Monika se réveille dans le bateau, sort, prépare le café, va se cacher derrière un arbre pour faire pipi à l'abri du regard de la caméra, va faire trempette puis finit par réveiller Harry. Ils s'embrassent en fumant. Un orage passe. Le soleil revient, avec un arc-en-ciel. Elle se déshabille sur les rochers et se baigne nue sous le regard de Harry. Il se rase, elle se fait des tresses, ils chantent. Ils partent en bateau vers un bal sur un ponton. Elle l'initie à la danse.

Pendant toute cette séquence, il n'y a plus rien à inventer. Même pas les mots puisque c'est à peu près muet. Même pas le scénario : il s'arrête. C'est le moment d'insularité, où le temps de l'histoire est suspendu, où il n'y a plus à l'écran que du pur présent. Quand on regarde ces plans aujourd'hui, on voit passer en filigrane un grand nombre de plans des films du Godard d'aujourd'hui : *Je vous salue Marie*, *Nouvelle Vague*, *Hélas pour moi*,

JLG/JLG. On mesure le creuset, la réserve d'images que ce film a été pour lui !

Mais cet état de grâce ne peut durer que quelques minutes. Soudain, sur le ponton où ils sont allés danser, on va assister au retour inattendu de la fiction comme retour du malheur. Le garçon regarde vers le hors-champ quelqu'un que l'on ne verra pas. On comprend qu'il croit reconnaître un ancien rival. Le langage revient pour essayer de colmater une béance, de réparer quelque chose. « *Ce n'est pas ton copain Lelle ?* » demande-t-il à Monika. En vain. Jusque-là, sur l'île, on était dans un espace plein, homogène, sans hors-champ possible, et d'un seul coup il y a un trou dans cette plénitude : ce qu'a vu Harry, ce qu'a regardé Monika, et que Bergman nous désigne et ne nous montre pas. Le mal est dans l'île sous la forme du mensonge, de la dissimulation, d'une faille dans le pur présent de ce moment privilégié du film. À partir de ce trou dans le plein de la représentation, le film va se précipiter vers la sortie de l'insularité et vers le malheur.

Le corollaire de l'assertion qui fonde le premier plateau (« Au cinéma il n'y a rien à inventer ») serait, pour Godard : « Tout est bon pour faire un film. » Par exemple, si Isabelle Adjani quitte le tournage de *Prénom Carmen* au bout de quelques jours, à ses yeux ce n'est pas grave, il engage une actrice qui est presque son opposée : Maruschka Detmers. S'il pleut il tourne sous la pluie, s'il fait soleil il tourne au soleil. S'il ne peut pas faire une scène de restaurant, parce que celui-ci n'est pas libre, il fait une scène de danse dans un café. Godard affirme volontiers, à l'époque de *Pierrot le fou*, que l'important c'est la « sensation finale », qui sera la même quel que soit le matériau. Puisque de toute façon on n'invente rien au cinéma, autant le faire avec ce que l'on a sous la main. Peu importe le matériau. Matisse avait fait en 1935 la même constatation en peinture : « *Un tableau est la coordination de rythmes colorés, et c'est ainsi que l'on peut transformer une surface qui apparaît rouge-vert-bleu-noir en une autre qui apparaît blanc-bleu-rouge-vert ; c'est le même tableau, la même sensation présentée différemment, mais les rythmes ont changé.* »[6]

Si l'on s'en tient au niveau de ce premier plateau, la mémoire du cinéma fonctionne à la citation, au sens ordinaire du mot, c'est-à-dire consciente et localisée. Chez le Godard de *Pierrot le fou*, la citation est volontiers joyeuse, relève d'un gai savoir : c'est une reprise assez désinvolte, brève, de deux plans d'un film, d'un raccord, d'un objet, d'un rapport d'images. On pourrait faire un montage de deux heures qui recenserait les références de toutes ces citations conscientes. Pour balayer le champ de ces citations « première manière », j'ai choisi huit exemples.

1. *Un roi à New York* (*A King in New York*, 1957) de Charlie Chaplin : au cours d'un repas mondain, la voisine de table de Chaplin lui vante les mérites d'un désodorisant. Il est ahuri par son comportement car il ignore qu'elle parle pour une caméra de télévision dissimulée.
Pierrot le fou : la soirée monochrome chez M. et Mme Expresso, où tous les convives dialoguent en déclamant des publicités.

2. *Les Amants de la nuit* (*They Live by Night*, 1949) de Nicholas Ray : les braqueurs de la banque mettent le feu à la voiture qui a servi au hold-up et montent dans une autre voiture. Raccord sur cette autre voiture qui débouche sur la grand route, filmée depuis un hélicoptère.
Pierrot le fou : Marianne met le feu à la voiture où Pierrot a laissé volontairement la valise pleine de dollars. Panoramique sur le couple s'enfonçant en plein champ, sous les grands pylones électriques.

3. *La Furie du désir* (*Ruby Gentry*, 1952) de King Vidor : Au cours d'une virée nocturne le long d'une plage avec Jennifer Jones, Charlton Heston précipite la voiture à la mer. Pendant qu'elle s'enfonce dans l'eau, le couple en sort pour rejoindre le rivage.
Pierrot le fou : Longeant une plage varoise, Pierrot précipite à la mer la voiture américaine qu'il avait volée pour s'enfuir avec Marianne. Pendant qu'elle s'enfonce dans l'eau, le couple en sort pour rejoindre le rivage.

4. *La Renarde* (*Gone to Earth*, 1950) de Michael Powell : Jennifer Jones parle à son petit renardeau qui a fait une fugue : « Il ne faut pas t'échapper comme ça.

Je serais perdue sans toi. »

Pierrot le fou : Fin de repas sur l'île. Marianne lit quelques phrases à son petit fennec qui gratte dans son assiette, pendant que Pierrot, associé lui au perroquet, lui demande : «Tu ne me quitteras jamais ? »

5. *Comme un torrent* (*Some Came Running*, 1958) de Vincente Minnelli : Au début du film, à l'arrivée de l'autocar, Shirley Mac Laine se refait une beauté en se regardant dans le petit miroir dissimulé sous l'oreille de son petit sac à main en forme de chien en peluche.

Pierrot le fou : Sur le canot à moteur, Marianne se remet du rouge à lèvres en tenant à la main son petit sac à main en forme de chien en peluche.

6. *Le Crime était presque parfait* (*Dial M for Murder*, 1954) d'Alfred Hitchcock : Grace Kelly plante une paire de ciseaux dans le dos de son agresseur qui tombe au sol et se l'enfonce jusqu'à la garde.

Pierrot le fou : Marianne, prisonnière du nain dans l'appartement, passe une paire de ciseaux devant l'objectif (un très grand angle) de la caméra. Pierrot fait irruption un moment plus tard et trouve le nain allongé dans une flaque de sang, les ciseaux plantés dans le cou.

7. *Comme un torrent* (*Some Came Running*, 1958) de Vincente Minnelli : Au milieu de la fête foraine, Shirley Mac Laine meurt d'une balle dans le dos et s'effondre sur Frank Sinatra qui la tient contre lui serrée.

Pierrot le fou : Marianne meurt d'une balle dans le

ventre. Pierrot la rattrape au vol dans sa chute et la tient contre lui pour la transporter vers la maison.

8. *La Peur* (*Angst/La paura*, 1954) de Roberto Rossellini : Ingrid Bergman, qui a l'intention de se suicider, demande à l'opérateur le numéro de sa maison, rédige une lettre d'adieu. Le téléphone sonne : elle demande à la gouvernante des nouvelles de ses enfants, et la prie de les embrasser pour elle à leur réveil et de leur dire que leur maman les aime.
Pierrot le fou : Pierrot demande à l'opérateur un numéro à Paris. Il prépare les rouleaux de dynamite pour son suicide. Le téléphone sonne : tout en se peignant le visage en bleu, il demande à la *baby sitter* si les enfants vont bien et raccroche.

Première constatation : beaucoup de ces citations proviennent de films des années cinquante qui sont les années où Godard est le plus réceptif aux films qu'il voit, où il « stocke » l'essentiel de ses impressions de cinéma, dont certaines mettront plusieurs décennies avant de se développer dans sa mémoire involontaire et de ressurgir dans ses propres films. Je vais analyser rapidement quelques modes de fonctionnement, facilement repérables dans ces citations, dont je suis convaincu que la plupart sont conscientes au moment où Godard tourne *Pierrot le fou*.

Beaucoup de citations passent par Anna Karina comme corps conducteur de la mémoire du cinéma. Son visage sert de médium au souvenir de Jennifer Jones, qui amène dans le film au moins deux éléments : l'improbable fennec de l'île (via *La Renarde*) et la séquence de la voiture à la mer (via *Ruby Gentry*). Anna Karina sert aussi de corps conducteur au souvenir de Shirley Mac Laine, lequel amène dans le film un objet fétiche : le sac à main en forme de chien en peluche, mais aussi le style de certaines robes d'Anna Karina, et très vraisemblablement le rythme et les postures du moment de la mort de Marianne. Jean-Paul Belmondo, lui, n'est pas un corps conducteur de mémoire du cinéma (comme le sera bien plus tard Alain Delon dans *Nouvelle Vague*) : Godard, au contraire, l'a choisi et le filme comme un corps « nouveau », d'un modèle qui ne serait pas encore passé par le cinéma antérieur :

« *Belmondo,* disait-il à propos d'À bout de souffle, *je l'ai vu comme une espèce de bloc qu'il fallait filmer pour savoir ce qu'il y avait derrière. Seberg, au contraire, était une actrice à qui j'avais envie de faire faire beaucoup de petites choses qui me plaisaient ; cela venait de ce côté cinéphile que je n'ai plus maintenant.* »[7] Dans les années quatre-vingt, avec Myriem Roussel, ce sera différent. Elle n'amènera plus la mémoire des actrices du passé du cinéma, mais celle des précédentes actrices de Godard : dans certains plans de *Je vous salue Marie,* son visage devient un véritable palimpseste des visages des femmes godardiennes antérieures.

D'autres citations, enfin, passent plus classiquement par des bouts de scénario, des scènes localisées d'un film du passé. Le meurtre aux ciseaux, par exemple, du *Crime était presque parfait* que Godard a peut-être vu en relief lors de sa sortie. Il retrouve un équivalent à l'effet de relief en employant un très grand angulaire, de type *fish-eye,* qui déforme violemment l'espace lorsque Anna Karina passe la paire de ciseaux devant l'objectif. Quant au feu à la voiture des *Amants de la nuit* (film qui est par ailleurs, à l'évidence, un des modèles scénariques de *Pierrot le fou*), il se souvient de ce raccord inoubliable, chez Nicholas Ray, entre les plans, à hauteur d'homme, de la voiture en feu et le plan de fuite, filmé en hélicoptère, démarrant en mouvement, légèrement tremblé, de la seconde voiture empruntant la grand route sur les chapeaux de roue. Godard cherche une sorte d'équivalent rythmique à ce raccord. Il passe d'un plan rapproché sur Pierrot et Marianne en train de regarder brûler la voiture à un plan très large du même couple, minuscule à l'écran, qui s'éloigne à travers champs pendant que la caméra panoramique lentement sur les immenses pylônes. C'est la même recherche d'une émotion liée à une rupture d'échelle, à ceci près que Godard ne filme pas depuis un hélicoptère et qu'il traduit ce changement d'échelle et de rythme visuel par une prise de distance soudaine de la caméra à ses personnages lors du panoramique. Godard ne se contente pas de citer le scénario excitant de la voiture que l'on brûle avant de prendre le large : il cherche à retrouver le même basculement lyrique entre les deux plans, à sa manière, avec les moyens dont il dispose.

Ce que nous apprennent aussi toutes ces citations, c'est que Godard est un moderne qui sait – comme Picasso s'attaquant aux

Ménines, ou Fernand Léger à *La Joconde* – ce qui n'est plus possible. Ce savoir, chez lui, n'est jamais inhibant ni triste. Quand il cite, c'est toujours avec dérision, distance, désinvolture. Ceci est très visible lorsqu'il reprend à son compte le coup de téléphone final et pathétique de *La Peur* de Rossellini : structurellement c'est la même chose, le même rythme, mais Godard décape la scène jouée par Belmondo de tout le pathos qu'y mettait Ingrid Bergman, visiblement trop heureuse d'avoir enfin une grande scène à jouer dans ce cinéma rossellinien où elle se sentait bridée dans ses talents de comédienne. Pierrot se peint le visage avec nonchalance pendant cet ultime coup de téléphone que Godard abrège et allège. L'émotion est la même, mais les moyens de l'émotion ne peuvent plus être les mêmes une décennie plus tard.

En revisionnant les films cités par Godard, j'ai trouvé quelque chose que je ne cherchais pas. Et dans un domaine, la musique, qui n'était pas directement dans mon champ d'investigation. Au beau milieu des *Amants de la nuit*, j'ai été stupéfait d'entendre, et ce sera la seule fois dans le film, une série de sept notes très proche d'un thème lancinant de *Pierrot le fou*. Cette coïncidence est assez mystérieuse car Antoine Duhamel n'a jamais fait aucune allusion à cette référence. Il a pourtant raconté en détails la « commande » godardienne, et comment la couleur musicale de *Pierrot le fou* venait plutôt de Schumann. Mais pas un mot sur cette quasi-citation musicale des *Amants de la nuit*. S'agit-il d'un pur hasard, ou alors Antoine Duhamel et Leigh Harline, le compositeur de la musique des *Amants de la nuit*, se seraient-ils tous deux inspirés d'un même morceau de Schumann ? C'est possible, mais cette ressemblance est d'autant plus troublante que le film de Nicholas Ray est clairement, pour Godard, une des références conscientes de *Pierrot le fou*.

Les Amants de la nuit : après le hold-up qui a mal tourné, Keechie montre à Bowie le journal qui annonce qu'on a retrouvé un colt dans l'auto, avec ses empreintes, et que le policier est grièvement blessé.
Pierrot le fou : Pierrot court du dancing de la Marquise vers l'immeuble où Marianne, prisonnière, passe une paire de ciseaux devant l'objectif de la caméra.

Deuxième plateau : le cinéma comme roman.

Godard critique a écrit deux de ses plus longs articles sur Bergman, dont l'un précisément sur *Monika*. Comme il était paresseux, il a quasiment recopié pour *Arts* ce qu'il avait écrit dans les *Cahiers*. Ou vice-versa. Deux choses le frappent à l'époque dans *Monika*. La première est bien sûr le regard-caméra de Harriet Andersson, sur lequel il écrit deux ou trois phrases inspirées, décisives et parfaitement justes : « *Il faut avoir vu Monika rien que pour ces extraordinaires minutes où Harriet Andersson, avant de recoucher avec le type qu'elle avait plaqué, regarde fixement la caméra, ses yeux rieurs embués de désarroi, prenant le spectateur à témoin du mépris qu'elle a d'elle-même d'opter involontairement pour l'enfer contre le ciel. C'est le plan le plus terrible de l'histoire du cinéma.* »[8] Le regard-caméra, on le sait, va hanter par la suite toute son œuvre. La seconde est une interrogation sur l'instant et sur la double temporalité : « *Bergman est le cinéaste de l'instant. Sa caméra cherche une seule chose : saisir la seconde présente dans ce qu'elle a de plus fugitif, et l'approfondir pour lui donner valeur d'éternité.* » La force de Bergman, pour le jeune Godard qui se prépare à passer à la réalisation, c'est de filmer du pur présent, mais qui serait aussi le temps non linéaire de l'éternité ou de la mort. Godard revient en 1982, au début de sa deuxième période de cinéma, à cette interrogation sur le présent. Le (bon) cinéma ne saurait s'inscrire dans une seule temporalité : pour constituer un (bon) film, il faut un autre temps que le présent où se consument les plans, il faut de la mémoire, comme en musique ou dans le roman. Il déclarait au *Monde* en 1982 « *Le cinéma c'est ça :* le présent n'y existe jamais, sauf dans les mauvais films. *De la même façon, aucun roman ne s'écrit sur une seule page.* »[9] C'est moi qui souligne cette idée apparemment contradictoire avec celle qui fondait le premier plateau : le cinéma, c'est l'instant donné. Serge Daney, dans *Persévérance*, lui donne une autre forme, où Godard a dû se retrouver : « *Le cinéma n'existe que pour faire revenir ce qui a déjà été vu une fois.* »

Que signifie pour Godard cette assertion selon laquelle le présent n'existe jamais seul au cinéma ? La réponse est déjà dans les derniers plans de *Monika* : Harry a tout perdu, il s'est fait chasser de l'appartement de son père par les huissiers, Monika est partie, il se retrouve seul avec son bébé dans (et sur) les bras et se regarde dans un miroir, dans la cour où sont entassées ses affaires. Et il revoit trois plans de sa vie passée, de son fameux été avec Monika qui donne son titre original au film. Mais ces plans ne reviennent pas *tout à fait* comme on les avait vus la première fois. Ce qui surgissait en son temps comme présent du film revient comme passé dans le présent actuel du film, générant un doute qui contamine l'ensemble du film : ce que l'on a pris pour du présent n'était-il pas déjà du passé filtré par la conscience de Harry. Et si le temps était *aussi* en boucle ? Ce que confirmerait le plan du miroir qui était déjà celui qui ouvrait le film. Le temps se boucle sur lui-même dans ce miroir trop théâtral pour être honnête.

Pierrot le fou retravaille à sa façon cette double temporalité suggérée par la fin de *Monika*. Godard va trouver un système assez simple, plutôt littéraire, encore très loin de la révolution du traitement du temps dans un film comme *Hélas pour moi*. Il y a dans ce film un point de fuite hors du temps d'où Pierrot et Marianne parlent en voix « invocante », désincarnée, indépendante du présent de l'image. Ils vivent au présent dans les plans mais leurs voix, lorsqu'elles sont détachées de leurs corps, parlent depuis un point déjà situé au-delà de leur propre mort. À la toute fin du film, lorsque Marianne est morte et Pierrot explosé, leurs deux voix se mêlent sur le texte de Rimbaud, comme les voix et les rires du couple impérial s'entrelaçaient au delà de la mort à la fin de *L'Impératrice Yang Kwei Fei*, de Kenji Mizoguchi, que Godard a vu en 1955.

Godard se livre dans le même film à une autre tentative, plus localisée, de jouer avec le temps de l'énonciation en donnant le sentiment au spectateur que certaines séquences ne se déroulent pas linéairement au présent, mais que le film les a déjà constituées en souvenirs. Je pense à la célèbre scène, un rien rhétorique, de la fuite de l'appartement parisien, montée dans un ordre tel (en cassant la successivité linéaire des plans) que le spectateur peut la percevoir comme un événement déjà réélaboré par la mémoire en souvenir. De la même façon les plans d'autoroute, tournés en studio, visent à produire l'impression d'une sensation déjà condensée et transformée par la mémoire : « *J'ai voulu*, disait Godard à la sortie du film, *reconstituer une sensation à partir des éléments qui la composent.* »

Dans son avant-propos au *Bleu du ciel*, Georges Bataille écrit : « *Nous devons donc chercher passionnément ce que peuvent être des récits – comment orienter l'effort par lequel le roman se renouvelle ou, mieux, se perpétue. Le souci de techniques différentes, qui remédient à la satiété des formes connues, occupe en effet les esprits. Mais je m'explique mal – si nous voulons savoir ce qu'un roman peut être – qu'un fondement ne soit pas d'abord aperçu et bien marqué.* » Lorsque Godard se pose la même question par rapport à son art, il appelle le cinéma « roman » et la question du temps est à ses yeux le fondement exigé par Bataille. Comment le cinéma peut-il se renouveler en se perpétuant, c'est-à-dire en regardant vers une temporalité d'une autre nature, tout en se fondant sur un présent qui lui serait ontologique ? C'est une question qu'il va recommencer à travailler au moment de *Je vous salue Marie*, où il déclare à *Art Press* : « *L'art, c'est ce qui vous permet de vous retourner en arrière et de voir Sodome et Gomorrhe sans en mourir.* »[10] Voir l'horreur sans en mourir, c'est un peu la fin de *Monika* pour Harry.

Une autre façon, pour Godard, de générer cette double temporalité est de suggérer par la répétition de certains segments une circularité potentielle du temps. Je pense à ces phrases incantatoires : « *Je la tins contre moi et je me mis à pleurer* », « *C'était le premier, c'était le seul rêve* », qui vont revenir régulièrement dans le film, l'immobilisant au passage dans un sur-place mythique. Le temps qu'il construit est donc à la fois linéaire (comme présent), immobile (vu depuis un point fixe d'après la mort) et cyclique (comme s'il tournait sur lui-même).

Il y a du mythe, déjà, dans *Pierrot le fou*, comme il y en avait dans *Le Mépris*, deux ans auparavant. Godard déclarait récemment : « *La vie du meilleur cinéma, depuis presque toujours, consiste à ruser avec le mythe.* » Dans les années quatre-vingt et quatre-vingt-dix, Godard n'aura plus à retrouver le mythe « derrière » son scénario, qui partira *directement* du mythe (la Vierge, Carmen, etc.). Dans *Pierrot le fou*, le présent du cinéma s'inscrit dans la nostalgie d'une époque mythique du cinéma, celle des genres. « *Au moment où l'on peut faire du cinéma*, dit Godard, – c'est-à-dire le cinéma comme présent – *on ne peut plus faire le cinéma qui vous a donné envie d'en faire.* » Dans *Pierrot le fou*, le présent du film est toujours contaminé par la nostalgie d'un état du cinéma (le cinéma de genre) que Godard, en moderne instinctif, sait qu'il ne peut plus pratiquer. Il est assez serein avec cette impossibilité et n'essaie pas de re-faire, de façon dénégatrice ou dans le malheur, le cinéma qui lui a donné envie d'en faire. On va donc voir passer dans *Pierrot* la nostalgie de

tout le cinéma de genre comme mythe du cinéma : le burlesque, la comédie musicale, le film noir. Là, Godard ne se réfère pas vraiment à tel ou tel film précis, ses citations des genres prennent la forme d'une sémiographie, parfois même d'une pure et simple signalétique. Un gros plan déconnecté de revolver, par exemple, renvoie au film noir. Il suffit d'une affiche au mur, ou d'un simple titre de journal, pour connoter un scénario politique dont il ne prend plus la peine de gérer les informations. Il procède par brutale condensation : au lieu de faire une citation précise de telle séquence de Laurel et Hardy, il invente une sorte de « gag standard » qui est moins fait pour fonctionner en tant que tel, à l'unité si j'ose dire, qu'à renvoyer à une sorte de « gaguité » générale du cinéma burlesque. Cette sémiographie est l'un des aspects les plus visibles de la façon dont Godard pratique à l'époque l'un de ses slogans : « *Voir l'histoire plutôt que la raconter.* »

Par ailleurs, *Pierrot le fou* retrouve le chemin d'anciens récits de cinéma que Godard a aimés, déjà mythiques pour lui, notamment ceux qui parlaient de façon lyrique des amants en fuite. Godard, même s'il part réellement (surtout au début du récit) d'une Série Noire de Lionel White (*Le Démon d'onze heures*)[11], se remet vite dans les traces des *Amants de la nuit* de Nicholas Ray et de *J'ai le droit de vivre* de Fritz Lang, deux films dans lesquels on retrouve, bien marqué, le fameux moment d'insularité, où le couple se réfugie dans un lieu isolé, essaie d'arrêter la pression, de maintenir à l'extérieur l'histoire pleine de bruit et de fureur dans laquelle il a été pris pour son malheur. Mais en vain : celle-ci finit toujours par les retrouver et les dénicher de leur refuge. Dans *Les Amants de la nuit*, Chickamaw vient rechercher Bowie pour l'obliger à participer à un hold-up, celui qui va mal tourner. (Notons au passage que dans le film de Nicholas Ray, Keechee, comme Monika, va se découvrir enceinte). Dans *J'ai le droit de vivre*, un truand vient rechercher Eddie Taylor dans l'appartement qu'il a loué à crédit pour y installer Joan. Dans *Monika*, cette structure est totalement dénudée, pratiquement non scénarisée, quasi mythique : le mal est dans l'île sans qu'on puisse savoir comment il y est venu. Lelle surgit littéralement du paysage, du milieu de l'île, il est déjà là alors que le couple semblait parfaitement isolé du social, que personne ne pouvait connaître sa destination. *Pierrot le fou* se remet parfois, moins explicitement, dans les traces de *Tabou*, notamment dans les passages d'une île à une autre. La localisation exacte des personnages – sur l'île ou sur la côte – est parfois indécidable dans *Pierrot le fou* : au passage d'une scène à l'autre, on croit savoir où l'on est mais on se retrouve plus d'une fois pris à revers dans le développement de la scène.

Il y a dans *Pierrot le fou* une autre spirale sans fin qui fait que chaque séquence renvoie à un autre film qui renvoie lui-même à un autre film, cette chaîne renvoyant à une sorte d'origine mythique des récits d'amants en fuite et de moments d'insularité. Déjà – comme dans *Johnny Guitar* – la rencontre de Pierrot et de Marianne est une *re-rencontre* : leur histoire d'amour est la reprise d'une première histoire qui a été la leur il y a cinq ans. Lorsqu'ils sont sur l'île, le film se remet dans les traces de l'histoire déjà racontée par Bergman dans *Monika*, qui était elle-même une reprise de celle de *Jeux d'été*. Les scénarios singuliers, pris en charge par chacun de ces films, constituent une chaîne qui remonte de récit en récit à un mythe qui les condense et les englobe tous, du côté d'Adam et Eve chassés du Paradis...

Troisième plateau : la réminiscence.

Voici la fin de *Monika* :

> Harry tient son bébé au bras et se regarde dans le miroir. Il esquisse un sourire. Apparaît dans le miroir le miroitement du soleil sur la mer, puis deux plans de la scène où Monika allait se baigner nue sous son regard et un plan où il l'emportait au large, couchée à l'avant du canot à moteur.

Notons au passage que Godard, dans *Pierrot*, reprend à peu près tel quel, dans sa très longue durée, le plan du bateau qui s'éloigne du rivage et de la caméra, jusqu'à son évanouissement optique à l'écran.

J'ai déjà parlé de la petite différence entre les deux versions de la scène où Monika, nue, sur les rochers, s'éloigne du garçon pour aller se baigner dans un trou d'eau. Dans la séquence initiale, le plan où elle s'éloigne était coupé assez vite par un plan sur Harry la regardant. Lorsqu'on revenait sur elle, elle était déjà très loin de la caméra : Bergman, d'une certaine façon, intervenait à un certain moment au découpage pour nous empêcher de voir, nous exclure comme voyeur en trop, indésirable. Lorsque ce plan revient, dans le souvenir de Harry, c'est dans son intégralité, non coupé. Le souvenir, loin de raccourcir, restaure. « *Le souvenir*, dit Éléna dans *Nouvelle Vague*, *est le seul paradis dont nous ne pouvons être chassés.* » Harry a réélaboré dans le souvenir, de façon plus heureuse, cette scène où son plaisir de voir Monika nue n'est plus empêché ni interrompu, où il n'est plus chassé par le montage de son propre regard. Toujours dans la même scène de *Nouvelle Vague*, Lennox répond à Éléna : « *Il ne suffit pas même d'avoir des souvenirs, il faut savoir les oublier quand ils sont nombreux, et il faut avoir la patience d'attendre qu'ils reviennent. Car les souvenirs ne sont pas encore cela. Ce n'est que lorsqu'ils deviennent en nous, sang, regard, geste, lorsqu'ils n'ont plus de nom et ne se distinguent plus de nous... ce n'est qu'alors qu'il peut arriver qu'en une heure très rare, du milieu d'eux...* » La phrase s'arrête sur les points de suspension et du silence. Elle définit la réminiscence selon Godard : lorsqu'il y a eu souvenir et que celui-ci a été oublié, ou assimilé, à ce point qu'il « *ne se distingue plus de nous* ». Il peut arriver, mais cela peut prendre vingt ou trente ans, que d'un seul coup cette image-souvenir, « *en une heure très rare* », au moment où il est en train de tourner au bord de l'eau, par exemple, revienne sous une autre forme. C'est très exactement cela, le processus du retour de *Monika* dans ses films d'aujourd'hui : les images vues, enregistrées, puis oubliées, reviennent autrement. À ne considérer que les films de la dernière période, disons depuis *Nouvelle Vague*, il y aurait largement de quoi faire un montage conséquent et convaincant sur les réminiscences du seul moment de l'île de *Monika*.

Au début de *Pierrot le fou*, Belmondo lit à sa fille, dans la baignoire, un très beau texte d'Elie Faure sur Velazquez « peintre des soirs ». Le texte continue ainsi, après le passage retenu dans le film : « *Quand l'apparition a disparu, nous ne cessons pas de chercher dans nos cœurs ces belles ombres fugitives. Ce sont des sœurs évanouies, que nous avions vues avant de les voir, et que nous reverrons sans chercher à les revoir.* » Cette fin de phrase définit – de façon à la fois lyrique et platonicienne – la réminiscence au cinéma : des images passées par l'oubli, qui vont revenir hanter le cinéaste, et ressurgir dans des formes nouvelles, prises dans des constellations différentes, rendues méconnaissables par des raccords imprévus. Cet auto-aveuglement sincère se révèle parfois dangereux pour les cinéastes : il peut leur arriver de tourner une scène dans le bonheur et la chaleur de l'inspiration, persuadés qu'elle vient d'eux, et de s'apercevoir, deux ans après, en revoyant par hasard un film à la télévision, que ces images faisaient retour, à leur insu provisoire, d'un film qu'ils connaissaient en fait intimement. Je pense que c'est assez souvent le cas chez Godard : ce n'est plus vraiment de citations qu'il s'agit, mais d'images qui reviennent d'un peu en dessous du niveau de la conscience, mais à peine, disons du préconscient. Ces images enfouies pendant des années – ou si familières qu'elles donnaient l'illusion de « faire partie de nous » – ont travaillé souterrainement, elles se sont déplacées, associées sans contrôle à d'autres images elles aussi erratiques, et ressurgissent un jour, à l'improviste, déformées, travesties à nos propres yeux, déconnectées de leurs liens originels, rendues à une nouvelle fraîcheur native par des déplacements d'intensité psychique inattendus, un peu à la façon des éléments du matériel diurne retravaillés par le rêve.

À ce propos, et ce n'est pas tout à fait une digression, j'ai été très frappé le jour où j'ai vu pour la première fois l'affiche de *JLG/JLG*, supposée reproduire une photo (hyper contrastée, en purs noir et blanc) de Godard enfant. Au moment où j'éditais le tome 1 de *Godard par Godard*, j'avais beaucoup cherché des photos de Godard enfant. En vain. Il prétendait ne pas en avoir, et c'était peut-être vrai à l'époque. Quelques années plus tard, à l'occasion du numéro spécial des *Cahiers* : *Godard 30 ans depuis*, j'étais revenu sur cette absence d'image de Godard enfant dans un court texte intitulé : *Godard a-t-il été petit ?*[12] Car entre temps, il avait réalisé *Nouvelle Vague* où j'avais été troublé par ce retour de Godard dans les parcs du bord du lac de son enfance, à ces sensations venues de l'enfance, mais qui revenaient *sans figure d'enfant*. Le cinéma comme réminiscence de l'enfance (mais fondé sur l'occultation de l'enfant qui avait enregistré ces images du bord du lac) et comme retour des sensations fondées sur cet oubli. Si cette photo de l'enfant Godard a pu revenir, est redevenue en tout cas possible, pensable, c'est parce que Godard y ressemble au petit garçon à la casquette de la photo emblématique du ghetto de Varsovie. Elle a ressurgi parce qu'il a pu l'associer à une autre image d'enfant, dans la souffrance de savoir que pendant que lui vivait dans son parc paisible et bourgeois au bord du lac de Genève, à l'abri et dans l'inconscience provisoire de l'histoire, il y avait un autre enfant de son âge qui, lui, était pris dans la tourmente de cette histoire à son corps défendant. Si cette photo a pu revenir, c'est parce qu'à un certain moment, comme une réminiscence, elle s'est révélée au contact de la photo du petit garçon de Varsovie. Une phrase de *JLG/JLG* dit : « *Ah, combien sont émouvants les cheminements de l'inconscient* »

Contrairement à ce qui se passe pour la citation, il n'est jamais facile d'affirmer qu'entre deux éléments prélevés dans deux films séparés par une décennie, il y a eu réellement un lien de réminiscence. Je reste pourtant persuadé que *Monika* revient de tous les côtés dans *Pierrot le fou*, même si l'engendrement par réminiscence ne saurait, par définition, se prouver. J'ai donc pris le risque d'en repérer quelques-unes.

1. *Monika* : Monika invective Harry après la tentative de vol de nourriture où elle s'est fait prendre avant de s'échapper avec le rôti : « Je vais avoir un bébé et je n'ai rien à me mettre ! »
Pierrot le fou : devant leur maison sur l'île, Marianne invective Pierrot : elle en a « marre de tout, de toujours porter la même robe ».

2. *Monika* : dans le bar au juke-box, où elle s'est très volontairement rendue pour vivre sa vie et se laisser draguer par un inconnu, le fameux plan regard-caméra de Monika.
Pierrot le fou : Derrière le dancing, Marianne, que Pierrot vient de laisser, s'adresse directement à la caméra pour la prendre à témoin de ses différends avec Pierrot : « Ce que je veux, moi, c'est vivre. »

3. *Monika* : Après le vol du rôti, Marianne s'enfuit dans un champ de hautes herbes ondulant au vent et reprend son souffle, cadrée en gros plan derrière des roseaux.

Pierrot le fou : sur l'île, Pierrot, cadré derrière des roseaux, parle à la caméra : « Peut-être que je rêve debout. »

4. *Monika* : Monika et Harry, en canot à moteur, traversent Stockholm pour rejoindre leur île. Ils passent sous les ponts de la ville.

Pierrot le fou : Marianne, sur le canot à moteur, raconte à Pierrot un sujet de roman au moment où ils passent sous un pont.

5. *Monika* : Harry et Monika, adossés à un rocher de l'île, se parlent de leurs parents.

Pierrot le fou : Marianne, à l'arrière du bateau qui les éloigne de l'île, raconte à Pierrot l'histoire de ses parents inséparables.

6. *Monika* : Au bord d'un trou d'eau, Monika apprend à danser à Harry sur la musique d'un improbable tourne-disque posé à même le sol. Pendant ce temps, Lelle saccage leurs affaires et met le feu à leur canot.

Pierrot le fou : Sur une plage, Marianne danse avec son faux frère qui entraîne sa troupe de danseurs aux sons d'un improbable tourne-disque posé au bord de l'eau qui vient le submerger.

7. *Monika* : traversée retour île-ville pour Monika et Harry. Ils sont tendus, la mer est agitée.

Pierrot le fou : dernière traversée vers l'île pour Pierrot trahi par Marianne : la mer, d'abord calme, devient très agitée.

L'exemple 6 (les scènes de danse au bord de l'eau) me paraît très significatif. Dans le film de Bergman, Monika apprend à danser à Harry sur une musique diffusée par un tourne-disque. Il est très peu vraisemblable, par rapport aux conditions improvisées de leur départ et à leur vie sauvage sur cette île, qu'ils aient songé à emporter un tel objet. Pendant que Monika initie Harry à la danse, l'appareil est posé de façon précaire au bord d'un trou d'eau et Bergman nous donne à voir, en montage parallèle, Lelle en train de

mettre à sac leur canot à moteur, avant d'y mettre le feu. Il jette les valises à la mer par-dessus bord, ces valises que l'on retrouvera associées à la surface de l'eau dans *Pierrot le fou* au moment où Pierrot précipite la voiture à la mer. Le Godard des années cinquante enregistre toutes ces connections (danse, tourne-disque, valise, eau, trahison, etc) en voyant et revoyant le film, même si à l'époque ce n'est pas une des séquences qui le frappent le plus et sur lesquelles il écrit. Quelques années plus tard, au moment où il tourne *Pierrot le fou*, il se retrouve dans une configuration scénarique à peu près identique. Pierrot et Marianne vivent sur l'île comme des Robinson, Marianne commence à s'ennuyer, la trahison avec le faux frère (qui est exactement à la place de Lelle dans *Monika*) ne va pas tarder. La première image qui va attester pour le spectateur de cette trahison, est le gros plan d'un tourne-disque absurdement posé au bord des vagues qui viennent le lécher, l'une d'elles menaçant même d'emporter le disque qui est en train de tourner. Marianne gigote avec son faux frère, au milieu d'une troupe de danseurs qui lui sert de couverture pour du trafic d'armes – ce qui est une idée scénarique pour le moins bizarre, sauf à la raccorder justement à la leçon de danse de *Monika*. C'est typiquement le genre d'idée et de plan dont je pense qu'ils viennent inconsciemment de *Monika*. Aussi improbable chez Godard que chez Bergman, le tourne-disque se trouve arbitrairement associé dans les deux films à l'idée de trahison (il le sera une deuxième fois dans le même film avec le juke-box du bar où Monika a choisi de lâcher son petit mari et de vivre sa vie). Dans *Pierrot*, cet objet revient au premier plan, en ouverture de séquence, dans un tout autre contexte mais clairement associé au bord de l'eau et au surgissement du mal (la trahison) dans l'isolement insulaire, si j'ose le pléonasme. Marianne, lors de leur première dispute, déclarait à la caméra : « *Il y a un dancing, là derrière, moi je veux aller danser et lui il ne veut pas.* » On se souvient que Harry, prétextant qu'il ne savait pas danser, résistait quelque peu au désir de Monika d'aller danser sur le ponton.

La logique de la réminiscence est évidemment une logique du signifiant : elle fonctionne de bric et de broc, attrape au vol deux ou trois signifiants, les déconnecte du reste du film, les remonte autrement, les articule de façon nouvelle. On pourrait s'amuser à recenser tous les éléments qui passent dans le plus grand désordre de *Monika* à *Pierrot*. Ils ne sont jamais vectorisés par la logique secondaire du scénario. Leur transfert procède plutôt par attraction d'un signe par un autre, par cristallisation d'un souvenir sur un autre. Je ne pense pas, dans les exemples erratiques dont je viens de parler, que Godard ait eu une conscience suffisamment claire de ces translations trop déformantes pour qu'il ait été en mesure d'en maîtriser le processus.

Depuis toujours – ce serait un autre sujet, tout à fait passionnant mais encore plus risqué – le matériel de la réminiscence chez Godard vient autant de la vie (une phrase entendue il y a quinze ans dans un café et enregistrée dans la mémoire isolément de son contexte), de la culture (une phrase lue dans une librairie sur une quatrième de couverture) que du cinéma lui-même (des plans déconnectés des films tels qu'ils reviennent parfois dans les *Histoire(s) du cinéma*). Quand Jerzy, dans *Passion*, dit qu'« *il faut vivre les histoires avant de les inventer* », c'est aussi de cela dont il parle, de ces éléments qui doivent passer de la vie à la mémoire, puis par l'oubli avant que l'on puisse les « réinventer », c'est-à-dire les *redispatcher*, les faire entrer dans de nouveaux rapports, des configurations inédites.

Quatrième plateau : le cinéma comme résurrection.

De ce quatrième plateau, si important pour le Godard d'aujourd'hui, je parlerai peu, car *Pierrot le fou* n'en relevait pas encore : c'est un plateau qu'il commence seulement à aborder à la fin des années quatre-vingt, celui du cinéma comme résurrection, puis comme rédemption. Le passage par l'oubli – qui fondait la réminiscence – devient un passage, beaucoup plus douloureux, par la souffrance et par la mort. C'est un cran de plus par rapport à la réminiscence. Godard définissait en 1985 (période où il commence à citer Saint Paul) le cinéma « *comme dépositaire de la souffrance* », et il ajoutait cette phrase : « *L'image elle-même doit être encore la seule possibilité de garder la souffrance. Et notre possibilité de fabriquer ce qu'on appelle des images – mentalement ou à l'aide de supports visuels – doit être quelque chose où le support visuel n'est lui-même qu'une image de notre possibilité d'en fabriquer.* » Je ne suis pas sûr que l'on ait vraiment mesuré à ce jour la révolution que cette idée a engendrée dans l'œuvre de Godard quant à la nature même du plan cinématographique. Dans le cinéma auquel il travaille aujourd'hui, l'image ne doit plus attester d'aucun présent, de ce fameux présent que l'on croyait ontologique à tout plan de film en train de se dérouler. On est très loin de la sage coexistence littéraire (presque rhétorique) de deux temporalités de l'époque de *Pierrot le fou*. C'est à la matière-temps *dans le plan* que Godard s'attaque aujourd'hui. Il s'agit de faire surgir l'image comme quelque chose qui n'est plus du présent ni du passé. « *Peu à peu*, inscrit Godard dans *Hélas pour moi*, *le passé revient au présent* » : le présent des plans n'y est plus dialectiquement articulé au passé, dans une conception encore linéaire du temps, mais il est ontologiquement constitué d'un passé qui reviendrait *entièrement* comme présent intemporel, présent blanc (comme la voix de récitation d'Alain Delon dans *Nouvelle Vague* ou la voix détimbrée de Gérard Depardieu dans le rôle du dieu d'*Hélas pour moi*), exsangue, aplati. Pour cela, il importe que le plan ne soit plus l'empreinte ni l'attestation de ce qui aurait pu être un présent vécu, linéaire. Godard doit donc en fabriquer plusieurs, à égalité, comme autant de possibilités d'espaces-temps dont le passé aurait été gros mais dont aucune ne se serait hypostasiée en espace-temps réel, à l'exclusion des autres. Si l'image revient comme résurrection, il faut qu'elle revienne sous forme d'*images essayées, non uniques*. Godard continue sa phrase : « *Le passé revient au présent à travers la mise en scène imaginaire d'une expérience visuelle qui toujours sollicite plusieurs regards* ». Tout plan unique attesterait inévitablement, par sa présence exclusive dans la continuité linéaire du temps, de son propre présent. L'image ne peut donc revenir que sous forme multiple, comme inscrite dans un temps feuilleté. Feuilleté et non virtuel. Dans *Hélas pour moi*, le temps du moment du départ du mari, au bord du lac, qui est menacé de trahison, se feuillète en points de vue simultanés et non exclusifs. On est bien loin des recherches de *Pierrot le fou* et du *Mépris*, où les images mentales fonctionnaient classiquement comme souvenirs, actualisés par le film, d'images réelles du passé ayant sagement occupé en leur temps de présent leur place exclusive dans la chaîne linéaire du temps.

De *Monika*, c'est essentiellement la séquence de l'île qui va faire retour pendant trente ans, sous des formes différentes, avec des statuts différents, dans l'œuvre de Godard. Je vois au moins trois retours clairement localisés de ce moment d'insularité dans

l'œuvre de Godard : l'île de *Pierrot le fou*, la séquence du couple littéralement cerné au montage par les plans de mer dans l'appartement de *Prénom Carmen*, et la séquence de la chambre de la Vierge,
dans *Je vous salue Marie*, au moment où Godard congédie Joseph
pour filmer Marie se tordant sur son lit, en parallèle avec un orage
sur un champ de blé. La chambre de Marie est comme une île
dans la tempête. Monika, après la tentative de vol de nourriture
dans la maison bourgeoise, s'enfuyait dans les herbes qui bou-
geaient sous le vent, puis elle s'arrêtait, aux aguets, son gros plan
cerné, comme les plans de Marie dans sa chambre, par des plans
d'animaux et des plans de nature nocturnes.

Ce qui fait retour insistant, dans toutes ces scènes d'insularité,
c'est une constellation : un couple est encerclé, essaie de résister au
mal, au social, à la trahison, à la rupture. Si la Vierge est apparemment seule dans sa chambre, c'est quand même un rapport de
couple que filme Godard. Le couple de l'actrice et de son cinéaste
tortionnaire. Le couple Marie-Dieu. Serge Daney avait trouvé la
formule juste : « *Marie violée par Dieu.* » Dans ces trois scènes d'insularité, ce qui isole protège, mais ce qui protège du mal contient
en germe le mal. Il va toujours revenir par le milieu de l'île, dans
Monika comme dans *À bout de souffle*, déjà, où Patricia trahissait
Michel Poiccard alors que leur couple s'était enfin insularisé dans
la chambre d'hôtel de la rue Campagne Première. Le mal surgit de
l'intérieur même de l'île sous la forme de l'annonce de l'enfant, de
la trahison, du mensonge, de la première dispute. Ce moment d'insularité correspond toujours à une tentative d'arrêter le temps,
l'histoire, la narration, les réacteurs de la fiction. Dans ce vol plané,
le scénario renonce à son rôle moteur et abandonne le film à la présence du monde, au cinéma comme présent. À ce moment-là de
Monika, de *Pierrot le fou*, de *Prénom Carmen* et de *Je vous salue
Marie*, le film s'abandonne provisoirement et passivement à un pur
déroulement météorologique : il pleut, il fait du vent, il fait orage,
il refait beau. Puis revient la terreur : un trou, un siphon, dans
lequel on va être aspiré pour sortir de l'île. Dans l'appartement de
Trouville de *Prénom Carmen*, c'est très directement le sexe de
Carmen. Dans *Je vous salue Marie*, où Godard ressasse la problématique du trou de bouche et du trou de cul d'Artaud, c'est l'orage qui va vider la scène comme un siphon. On ne peut sortir de l'île,
et de la tentation d'arrêter le temps, que siphonné par la terreur.

Ce texte, issu d'une conférence prononcée au Collège d'histoire de l'art cinématographique, a été publié dans le livre Pour un cinéma comparé (influences et répétitions), *éd. Cinémathèque française, 1996.*

1. *Parlons de Pierrot*, *Cahiers du cinéma* n°171, octobre 1965. Repris dans *Godard par Godard*, tome 1.

2. *Le Figaro*, 30 août 1993.

3. Télérama 2278, 8 septembre 1993.

4. Godard-Le Clézio face à face, *Godard par Godard, tome 1.*

5. *Studio* n°156, mars 1995. Repris dans *Godard par Godard, tome 2.*

6. In Henri Matisse, *Ecrits et propos sur l'art*, éd. Hermann, 1991.

7. *Cahiers du cinéma* n°138, Spécial, décembre 1962.

8. *Arts* n°680, 30 juillet 1958. Repris dans *Godard par Godard*, tome 1.

9. *Le Monde*, 27 mai 1982.

10. *Art Press* : Hors série n°4, Spécial Godard, février 1985.

11. Lionel White, *Le Démon d'onze heures*, coll. Série Noire n° 803, éd. NRF Gallimard, 1963.

12. Voir p.167

Le choix de Godard

Qu'est-ce qui rend si émouvantes les photos des morts dont on ne possède plus que cinq ou six images de ce qui fut leur vie ? C'est l'incroyable arbitraire qui a fait que dans la multitude de vêtements, de postures, de gestes, de décors qui se sont accumulées tout au long de la vie de cet homme, telle photo a retenu précisément ce geste, ce costume, ce regard, abandonnant au néant des milliers d'autres. Il y a une émotion propre, liée à l'infime probabilité que ce soit cet instant-là, minuscule et contingent, dont il nous reste une image qui a été élue par le hasard plus que réellement choisie par le photographe. C'est la fragilité même de cette élection qui fait que l'on peut être touché, dans un cimetière, par la photo d'une morte anonyme, dont l'existence entière tient pour le passant que nous sommes à cette robe à fleurs d'un autre âge, mais terriblement réelle dans la précision de ses motifs, à ces cheveux rattachés par un fichu qu'elle n'a peut-être utilisé à cette fin que ce jour-là où la photo a été prise. Instant ordinaire miraculeusement conservé dont l'aléatoire-même nous émeut. La charge sensible d'humanité de cette image tient précisément à son total arbitraire, à l'opposé de l'aura qui cristallise sur l'image d'une star par l'empilement même des clichés.

Ce sentiment, on l'éprouve parfois, en voyage, lorsque le train s'arrête pour quelque obscure raison technique « en pleine voie » et que la fenêtre cadre pour nous, avec une étrange insistance – celle d'une désignation sans sujet à laquelle il est difficile de se dérober, indépendante de notre volonté comme de celle du conducteur du train – un morceau arbitraire de talus, quelques herbes folles, les pierres taillées et noircies du ballast. Tout se passe pour nous à ce moment-là comme dans un travelling qui n'arriverait pas à son terme prévu et figerait par hasard, dans un cadrage aléatoire, une image du réel qui aurait dû rester fugitive et transitoire. Ce petit morceau de paysage, anonyme, que personne n'aurait jamais pris le temps de voir, soudain immobilisé et surcadré par la fenêtre du train, est offert par le plus grand arbitraire d'un hasard mécanique à notre attention non prévenue. Ce morceau tout à fait insignifiant de réalité a été en quelque sorte consacré par ce cadrage aléatoire qui nous a remis, à nous et à nous seul (le voisin n'a pas tout à fait hérité du même cadrage), la décision de nous dérober à son insistante assignation ou d'en accepter la responsabilité.

Quiconque est sensible à la poignante charge émotionnelle des *Histoire(s) du cinéma* sent bien qu'il se joue quelque chose du même ordre dans le choix des plans du passé du cinéma qui y refont surface, même si de cela Godard parle peu. Quelques plans, infiniment dérisoires en nombre par rapport à la somme des plans tournés depuis la caméra des frères Lumière, dont certains pourtant reviennent. Dans les premières livraisons, Godard a beaucoup filmé la pellicule en train de défiler sur la table de montage. Dans ces plans, on voit le train des images filer à toute allure, en avant, en arrière, dans un grondement de moteur et de poulies métalliques et s'arrêter tout à coup, dans un silence un peu hébété. Un photogramme, alors, devient visible, humble rectangle de 35 millimètres parmi des milliers, élu apparemment par le seul hasard qui a fait que les roues métalliques se sont arrêtées sur lui et pas sur son voisin de droite ou de gauche.

Lorsqu'on l'interroge sur le choix des plans qui composent ses *Histoire(s) du cinéma*, Godard répond invariablement en terme de montage, et met en avant cette fameuse « troisième image » née de la rencontre de deux autres, laissant entendre que l'émotion poétique ne tiendrait qu'à leur écart et à leur rapprochement inattendu.

Le moment du choix, dans l'acte de création cinématographique, met en jeu une double postulation, qui en fait la belle impureté, entre « choisir » et « élire ». Choisir c'est obéir à une logique déductive où la décision du cinéaste est fondée sur l'exclusion de ce qu'il ne choisit pas, selon une démarche paradigmatique : ceci au lieu de cela ! Mais choisir, tous les cinéastes le savent, c'est aussi élire – Pasolini disait « consacrer » – un morceau de réel (un paysage, un visage, un geste) pour des raisons plus intimes qui ne doivent rien à la « pesée » comparative des possibles, mais à une injonction venue du motif lui-même qui s'impose au cinéaste, comme au passant la photo sur la tombe anonyme ou au passager le paysage cadré par la vitre du train.

Le propre du geste godardien de faire un plan, depuis quarante ans, a été de ne jamais céder à cette faiblesse qui fait que tous les cinéastes, un jour ou l'autre, finissent par tourner des plans dont les décisions, en terme de choix, obéissent à la seule logique déductive et paradigmatique. Des plans dont l'unique raison d'advenir est que le scénario, la séquence, le film en ont besoin, et qui ne répondent à aucun sentiment d'élection. Chaque plan qui gagne le droit d'exister dans un film de Godard, sans exception – c'est ce qui en fait un cinéaste réellement unique – témoigne du besoin impérieux, de sa part, de se trouver une nécessité première de le filmer, plus absolue que celle qui fait de ce plan une pièce nécessaire à la chaîne du futur film : le sentiment que la chose à filmer l'a aussi choisi, lui, en se mettant en quelque sorte sous sa protection. L'acte cinématographique engagerait ainsi une étrange responsabilité, que Godard partage avec les Straub, envers les êtres, les objets, les morceaux du monde qui sont devant leur caméra comme autant de choses en souffrance qui attendraient leur secours de cette élection.

De ce point de vue-là, je ne vois aucune différence entre les plans réellement filmés par Godard, dans ses autres films, et ceux qu'il emprunte ici au cinéma du passé. L'acte de choix y répond rigoureusement à la même double exigence intraitable. À tel point que plus plus rien ne distingue fondamentalement au sein de ces *Histoire(s)* les plans choisis par Godard dans les films des autres de ceux prélevés dans ses propres films.

Même si ces plans du passé semblent se distribuer entre plans anonymes (plans d'actualités ou plans oubliés, habités de corps ordinaires) et plans célèbres, emblématiques (porteurs de corps prestigieux), la distinction entre eux se résorbe très vite. Godard fait subir aux plus mythiques de ces plans – au regard de l'Histoire du cinéma – la même opération que Rembrandt aux figures bibliques qu'il prend pour sujet. L'admiration de Picasso allait précisément à ce moment de renversement d'intention où Rembrandt ne peut s'empêcher de privilégier, dans l'acte-même de peindre, la consécration du corps de sa servante et maîtresse, dans son humble humanité, au choix scénarique (le bain de Bethsabée) qui a présidé à la mise en chantier du tableau. Même lorsque Godard choisit des plans apparemment emblématiques ou des plans d'acteurs célèbres, ce qu'il finit par célébrer dans ces plans c'est le contraire même de ce pour quoi il les a convoqués, et ils deviennent bientôt à ses yeux aussi fragiles, aléatoires et précaires que la photo de la morte anonyme sur sa tombe, emportant la même émotion.

Tout se passe comme si Godard, dans ses déclarations à propos de ces *Histoire(s)*, en programmait implicitement une lecture légitime, quelque peu intimidante, où nous aurions, spectateur, vocation à déplier tous les liens logiques dont il a soigneusement tissé et compressé le réseau à notre intention. Il y a une autre façon de regarder ces *Histoire(s)*, en état d'attention plus flottante, moins crispé sur les intentions de montage mais plus sensible à la façon dont ces plans élus par Godard font remonter à la surface du visible, en les proposant à notre compassion, ces corps et ces gestes (célèbres ou inconnus) emprisonnés dans l'émulsion d'un siècle de pellicule. On y sera touché par la composante la plus intime du geste godardien de choisir : celle qui relève de la réponse à une demande muette d'attention et de « secours » – au sens où le bon Samaritain, selon l'évangéliste Luc, a su « voir », se laisser toucher par la pitié et prendre soin de l'homme anonyme, dépouillé, à demi-mort au bord du chemin. Godard nous donne souvent l'impression de n'avoir pas choisi certaines des ombres qui habitent ces plans, auxquelles il n'a pu se dérober, pas plus qu'il n'a choisi cette assignation à « *défendre les morts contre les vivants, à protéger les ossements vides et pulvérisés, la poussière inoffensive et sans défense, contre l'angoisse et la douleur, et l'inhumanité de la race humaine* » dont parle la phrase de Faulkner qu'il se récite depuis quinze ans.

Le plus émouvant, dans les *Histoire(s) du cinéma*, est peut-être de voir surgir à l'improviste des eaux de l'oubli les visages et les corps qu'elles cachaient, engourdis par une longue attente dans les ténèbres, et qui reviennent à la vie et au mouvement – un mouvement encore titubant et saccadé – nimbés d'un halo qui est comme la cristallisation visible du temps qu'ils ont passé à macérer dans le noir. Ces corps-là, qui nous reviennent comme hébétés de revoir la lumière du jour, on a souvent le sentiment que ce n'est pas eux qu'il allait chercher, mais qu'ils ont aperçu cette lumière dans les ténèbres (combien de photophores traversent les *Histoire(s)*!) et qu'il s'est trouvé en charge, sans les avoir vraiment choisis, de leurs âmes qui erraient dans l'attente d'un improbable secours, en état d'extrême précarité et de total dénuement, menacés, du fait de leur anonymat et de leur multitude, d'un oubli définitif.

À se laisser porter par les courants souterrains qui font remonter ces plans à la surface des *Histoire(s)*, le spectateur-auditeur sera sans doute plus sensible au « montage à distance » à l'œuvre dans ces quatre heures de film, montage musical, de l'ordre du préconscient, qui ignore le découpage en livraisons. Il y verra apparaître de nouvelles figures, empreintes d'un fort potentiel émotif « en soi », figures qui doivent moins à la troisième image (née de la collure, du clignotement ou de la surimpression) qu'au retour obsédant de quelques matrices de plans qui hantent ces huit épisodes, et nous confortent dans l'intuition que ces images ont élu Godard autant qu'il les a choisies. Je pense à tous ces plans où quelqu'un porte dans ses bras un être en détresse ou en souffrance, à ces plans où un homme et une femme réduisent péniblement l'intervalle qui les sépare, à tous ces plans qui se tiennent à la lisière de la terre et de l'eau, qui est aujourd'hui pour Godard le lieu du sacré par excellence, le seul où peut avoir lieu la rédemption des âmes et des corps en souffrance, qui errent dans les limbes subaquatiques, à la condition que quelqu'un prenne en charge de les ramener des profondeurs jusqu'à cette rive. Je pense à tous ces corps qui tombent ou qui se relèvent. Je pense à ces gestes et à ces postures – que Godard affranchit de leur enrôlement fictionnel – où toutes les façons d'« habiter » le rectangle du plan deviennent visibles comme un précieux et émouvant témoignage sur l'espèce humaine au temps du cinéma.

Devant le fantasme d'un stockage généralisé de toutes les images et de toutes les informations qui tiendrait lieu de mémoire, le choix de Godard a été d'élire arbitrairement quelques pauvres plans, parmi les milliards qui constituent le passé du cinéma, pour leur précarité même, vidés de leurs prestiges anciens, comme on sauve chez soi un chat de gouttière, avec la croyance qui anime ceux qui partent sauver les derniers éléphants. Peut-être ce choix de Godard est-il une façon d'affirmer que c'est la mémoire elle-même, comme condition d'une culture vivante, qui est en voie de disparition dans l'entropie de l'archivage. Tout cet amour et ce travail déployés pour élire quelques plans fragiles et hasardeux est un des gestes les plus exemplaires qui peuvent être entrepris aujourd'hui. Une fois ramassée cette brassée de plans, lors d'un arrêt du train qui lui a pris dix ans, Godard peut conclure avec humilité, en nous les donnant à voir : « J'étais cet homme. »

Ce texte a été publié dans supplément du numéro 537 des Cahiers du cinéma *(juillet-août 1999) consacré aux* Histoire(s) du cinéma *et coédité par* Canal +.

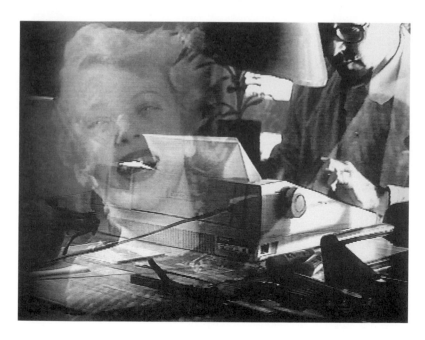

4. L'Histoire et le sacré

L'Ange de l'Histoire

Voici les quatre dernières images de l'épisode 1b des *Histoire(s) du cinéma*[1]. La première c'est un ange de Paul Klee. La deuxième c'est un plan de *Soigne ta droite* où Godard sort d'un avion avec un livre (*L'Idiot*) à la main. La troisième est un carton où est inscrite une phrase biblique qui tourne depuis longtemps dans le cinéma de Godard et qui a fini par devenir le titre d'un film d'Anne-Marie Miéville : « *Ne te fais pas de mal, nous sommes tous encore ici.* »[2] La quatrième, enfin, est un plan célèbre de *Vertigo*, celui où James Stewart sauve Kim Novak de la noyade.

la sommation faite à Godard

Le texte le plus nodal pour aborder l'entreprise godardienne depuis deux décennies est le dernier écrit de Walter Benjamin, ses *Thèses sur l'Histoire* rédigées au printemps 1940. Il y choisit un (autre) tableau de Klee, une aquarelle dénommée *Angelus Novus*, comme la meilleure allégorie, à ses yeux, de l'Ange de l'Histoire. « *On y voit*, écrit-il, *un ange qui a l'air de s'éloigner de quelque chose à quoi son regard semble rester rivé. Ses yeux sont écarquillés, sa bouche est ouverte et ses ailes sont déployées. Tel devra être l'aspect que présente l'Ange de l'Histoire. Son visage est tourné vers le passé. Là où à notre regard à nous semble s'échelonner une suite d'événements, il n'y [en] a qu'un seul qui s'offre à ses regards à lui : une catastrophe sans modula-*

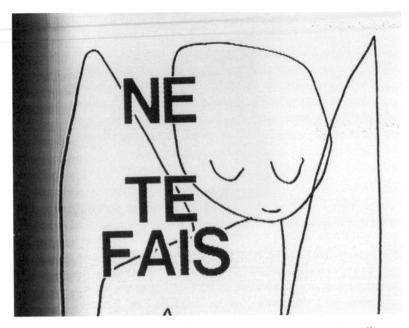

tion ni trêve, amoncelant les décombres et les projetant éternellement devant ses pieds. L'Ange voudrait bien se pencher sur ce désastre, panser les blessures et ressusciter les morts. Mais une tempête s'est levée, venant du Paradis ; elle a gonflé les ailes déployées de l'Ange et il n'arrive plus à les replier. Cette tempête l'emporte vers l'avenir auquel l'Ange ne cesse de tourner le dos tandis que les décombres, en face de lui, montent au ciel. Nous donnons nom de Progrès à cette tempête.»[3] Godard fréquente assidûment ces Thèses sur l'Histoire de Benjamin : il n'est qu'à voir les nombreuses phrases qu'il en a convoquées depuis dix ans dans ses films. Le clignotement qui surimpressionne l'Ange de Klee et l'image de Godard (ses bobines de film à la main, juste avant sa chute) ne laisse pas de doute : le cinéaste se représente en cette fin de siècle comme l'Ange de l'Histoire selon Benjamin. Dans la thèse 2, Benjamin définit la tache messianique de Rédemption du passé, à laquelle Godard s'est attelé, à sa façon, depuis dix ans : « Il y a un rendez-vous mystérieux entre les générations défuntes et celle dont nous faisons partie nous-mêmes. Nous avons été attendus sur terre. Car il nous est dévolu à nous comme à chaque équipe humaine qui nous précéda, une parcelle du pouvoir messianique. Le passé la réclame, a droit sur elle. Pas moyen d'éluder sa sommation. »

C'est dans ce sens, celle d'une injonction à soi-même, qu'il faut entendre la phrase de Paul : « *Ne te fais pas de mal, nous sommes tous encore ici.* » Dans le sens d'une sommation imaginaire faite à Godard par ceux qui attendent de lui d'être sauvés des limbes du Purgatoire où ils sont des corps en souffrance ou des âmes errantes : *nous sommes tous encore ici, à attendre de toi la Rédemption.* Et Godard a la conviction qu'ils l'attendent de lui seul puisqu'il est celui qui a bien voulu se charger de cette mission. Aujourd'hui, il semble être arrivé, avec la fin des *Histoire(s) du cinéma*, au terme de cette mission qui a incontestablement marqué un (long) cycle dans son œuvre.

La quatrième image, qui clôt cette livraison 1b des *Histoire(s) du cinéma*, est aussi liée à la problématique du secours. C'est celle de James Stewart sauvant Kim Novak de la noyade. Ce personnage, au nom peut-être ironiquement proustien de Madeleine, est en fait une fiction dans la fiction puisqu'elle est une créature inventée et mise en scène par un autre personnage, le mari de la véritable Madeleine, celle que l'on ne verra jamais. Lucy (alias Madeleine) se présente à Scottie comme une amnésique qui serait investie d'un pouvoir de médium. Elle donne toutes les apparences d'être habitée par l'âme d'une morte, Carlotta Valdes. Mais même si tout est fiction, et même fiction de fiction, Lucy va quand même donner vie et corps à ce personnage imaginaire au point que Scottie va réellement en tomber amoureux, un peu à la façon dont Norbert Harnold dans *Gradiva*, le roman de Jensen analysé par Freud, tombait amoureux d'une femme ayant vécu il y a deux mille ans – dont un bas-relief a conservé l'image, au caractère d'instantané – sous la forme d'une femme vivante qui lui apparaît à Pompéi. Dans la deuxième moitié de *Vertigo*, Lucy, par amour véritable pour Scottie, va donner une deuxième fois sang et vie à Madeleine, qui elle-même réincarnait d'une certaine façon Carlotta Valdes. James Stewart sauvant Lucy de la noyade est l'allégorie la plus juste de l'anamnèse selon Godard : faire remonter à la surface une image, en l'occurrence celle de Madeleine, menacée de disparition définitive, et lui réinsuffler une vie après sa mort à travers un jeune corps vivant.

Ces trois images articulent l'essentiel de ce qui se joue depuis vingt ans dans le cinéma de Godard, et qui passe par l'élaboration d'une forme-essai qui vient de trouver son aboutissement dans les *Histoire(s) du cinéma*. Pourtant on pourrait dire, à faire un retour sur le parcours de Godard depuis quarante ans : « Quel chemin il lui a fallu parcourir pour en arriver là ! » Ce chemin, qui va de l'amnésie volontaire à l'anamnèse, il aura été le seul à le parcourir, dans la fratrie de la Nouvelle Vague.

les deux Histoires qui nous accompagnent

Les cinéastes de la Nouvelle Vague ont fondé leur arrivée dans le cinéma sur une amnésie nécessaire. Il leur a fallu tourner résolument le dos au passé, c'est-à-dire à la guerre, pour pouvoir être les représentants de la première génération de l'« après-après guerre », synchrone avec une jeunesse qui regardait vers les *sixties* pour se démarquer de leurs parents. Ce que l'on éprouve immédiatement, à voir *À bout de souffle* pour la première ou la trentième fois, c'est à quel point Michel Poiccard-Belmondo tourne le dos, à chaque seconde, à son passé le plus immédiat, et traverse le film à la pointe d'un présent qui le porte comme une vague, leurre de sa liberté. Le film brûle un présent sans romanesque sur lequel ni le scénario, ni le personnage, ni le cinéaste, ne semblent avoir la moindre avance ni le moindre retard. Quarante ans plus tard, Godard se filme comme l'Ange de l'Histoire, le regard tourné vers le Passé, cet étrange regard vide qu'il a parfois, qui est comme un regard aveugle à ce qui l'entoure au présent, un regard de médium, qu'on lui voit assez souvent dans ces autoportraits que sont aussi ses films-essais. Ce regard est celui du véritable historien selon Benjamin : « *Ce regard de voyant, qui lui rend sa propre époque plus nettement présente qu'elle ne l'est pour ses contemporains, qui eux marchent du même pas qu'elle.* »

Godard a fait sienne, depuis quelque temps, la théorie des « deux Histoires qui nous accompagnent » qu'il a empruntée à Fernand Braudel : l'Histoire qui s'approche de nous à pas précipités, la proche, et celle qui nous accompagne à pas lents. « *Les pas précipités, c'est terminé,* dit aujourd'hui Godard, *je suis entré dans l'Histoire à pas lents.* » Dans les années soixante il a pourtant été par excellence celui qui a marché du même *pas précipité* que son époque. Serge Daney remarquait, dans une conférence, qu'il a été le premier à filmer dans une fiction le journal du jour du tournage. On ne pouvait pas être plus synchrone avec l'Histoire la plus proche qu'en filmant le personnage de sa fiction, Michel Poiccard, comme le contemporain attesté d'un événement historique du jour du tournage, en l'occurrence la visite d'Eisenhower à Paris dans *À bout de souffle.*

Le Godard du *Petit Soldat* affirmait : « *Le cinéma c'est la vérité vingt-quatre fois par seconde* », et chaque vingt-quatrième de seconde y effaçait la vérité du vingt-quatrième de seconde précédent. Aujourd'hui il parle de la tyrannie du présent, de ce présent qui avance en effaçant le passé. « *Il n'y a que les ogres qui vont en avant, et les tanks* » écrit-il dans un scénario récent. Celui qui a été dans les années soixante l'Ogre du présent se sent aujourd'hui plus proche, selon ses propres termes, du Petit Poucet, pour qui la vérité c'est de retourner sur ses pas. Pour faire ce chemin à rebours, il lui fallait inventer une forme qui échappe à la fois au présent dévorateur du cinéma tel qu'il le pratiquait dans les années soixante, et au *présent-passé* du romanesque. C'est dans l'essai qu'il l'a trouvée, où il peut être dans le présent de sa conscience de sujet tout en retournant sur ses pas vers son propre passé et celui de la grande Histoire. Au terme d'un parcours parallèle, Serge Daney notait dans *Persévérance*[4] : « *Le cinéma n'existe que pour faire revenir ce qui* a *déjà été vu une fois* » comme en écho à une phrase de Godard au moment de *Je vous salue Marie* : « *L'art c'est ce qui vous permet de vous retourner en arrière et de voir Sodome et Gomorrhe sans en mourir* », autant dire de se tenir à la place de l'Ange de l'Histoire.

Tout essai implique la fiction d'un sujet aux prises avec une cause, et s'écrit à l'adresse d'un destinataire imaginaire. Tout essai est aussi surface de réparation de quelque chose qui cloche, et s'adresse à un public limité, supposé concerné par la fameuse cause. La cause, pour Godard, a d'abord été politique. Ce que l'on peut considérer comme son premier essai filmé, *Loin du Vietnam*, est déjà une tentative de faire face à quelque chose qui cloche : alors qu'il veut intervenir de façon militante, en cinéaste, pour soutenir leur cause, les Vietnamiens lui refusent un visa, parce qu'à leurs yeux il n'a sans doute à l'époque aucune légitimité politique pour aller filmer leur pays. Il réagit à ce blocage en choisissant de ne pas renoncer et de faire *ici* un film sur *là-bas*. Le film-essai qui en résulte *par la force des choses* s'efforcera de réparer ce manque à filmer. Dans ce film, Godard convoquait déjà la plupart des matériaux qui entrent dans la composition de ses essais d'aujourd'hui : des images d'archives, des plans filmés par d'autres cinéastes, des plans de ses propres films, comme ces plans de *La Chinoise* qui n'était pas encore sorti au moment où il les intègre dans ce premier essai filmé.

Pendant la décennie soixante-dix, l'essai godardien a été essentiellement politique, dans la continuité logique de son rapport à l'histoire des années soixante, qui le concernait en tant qu'histoire proche, immédiate, marchant du même pas que lui et ses contemporains. C'est-à-dire l'Algérie du *Petit soldat*, le maoïsme de *La Chinoise* en 1967 et les luttes politiques d'extrême-gauche en Europe des années soixante-dix. Il s'adressait alors à un public immédiat, à convaincre, à pédagogiser et terroriser tout à la fois. Ce qui a beaucoup vieilli, dans ces films militants des années soixante-dix, c'est moins la forme, qui est parfois très inventive, que l'adresse : on sent bien que ceux à qui ils s'adressaient (au présent immédiat) n'existent plus, si tant est qu'ils aient jamais existé, dans la réalité. Ces films ont été peu vus, même à l'époque, par leurs destinataires imaginaires postulés comme stricts contemporains de l'actualité historique du tournage lui-même.

Aujourd'hui la cause et l'adresse ont radicalement changé. La cause est celle d'une Histoire plus lointaine, celle du siècle en tant qu'il a été celui des camps de concentration et de la Shoah. Depuis une dizaine d'années, j'ai le sentiment que Godard, au lieu de s'adresser à ses contemporains, s'adresse imaginairement aux morts. En témoigne cette phrase de Faulkner sur laquelle il construit un film entier, *Grandeur et décadence d'un petit commerce de cinéma*, et qui va revenir dans d'autres films, où il ne s'agit plus d'être aux côtés des vivants, et de les accompagner dans leur histoire proche, de les défendre contre les morts, mais plutôt de défendre « *les morts contre les vivants, protégeant au contraire les ossements vides et pulvérisés, la poussière inoffensive et sans défense contre l'angoisse et la douleur et l'inhumanité de la race humaine* ». Je finis par croire Godard lorsqu'il affirme avec conviction que ses *Histoire(s) du cinéma* n'ont pas été entreprises dans un souci de transmission, en tout cas à court terme. Dans la chaîne des générations, il se considère encore, à soixante-cinq ans passés, comme le dernier des fils. Godard a par ailleurs un commerce très étrange avec les morts. Il pense qu'il ne faut surtout pas les laisser en paix, mais qu'il faut en découdre avec eux, pour que la relation continue à être vivante et à évoluer. C'est ce qu'il a mis en pratique avec François Truffaut, Roger Leenhardt, Serge Daney et d'autres. Godard se fâche volontiers avec les vivants pour continuer à discuter avec eux après leur mort, si l'on peut dire, et dialogue plus facilement avec les morts qu'avec les vivants, qui lui servent plutôt à monologuer. C'est peut-être le sens de cette phrase énigmatique qu'il avait rajoutée de façon manuscrite à sa préface de la *Correspondance* de Truffaut : « *François est peut-être mort, je suis peut-être vivant, il n'y a pas de différence, n'est-ce pas.* »[5] Avec Truffaut, précisément, dont la mort est intervenue alors qu'ils étaient fâchés, il est passé par toutes les phases d'une réconciliation qui lui a pris des années de dialogue posthume, avec des hauts et des bas, comme dans une vraie relation sans concessions. Une chose est sûre, c'est que le Godard des dix dernières années manifeste beaucoup plus de solidarité avec les frères morts (dont Truffaut est devenu la figure emblématique puisque c'est le seul frère *réellement mort* de la Nouvelle Vague) qu'avec les générations à venir. Aux jeunes générations actuelles, Godard ne se sent pas en posture de léguer quoi que ce soit, selon son principe : « Que les jeunes se libèrent eux-mêmes ». Dans l'épisode 3b des *Histoire(s) du cinéma* (*Une vague nouvelle*), où il se représente en gardien de musée de la Nouvelle Vague, il dit simplement à un couple de jeunes visiteurs, à la fin de l'épisode : « *Oui, c'était mes amis* », et il fait défiler à l'écran les photos de quelques compagnons de route qui sont morts depuis.

Dans les années quatre-vingt, Godard a maintenu une ligne de séparation très nette entre ses films-films et ses essais-vidéo. La ligne de démarcation absolue, c'est son intraitable exigence sur la « tenue » formelle de chaque plan de film. Les films-films, dans les années quatre-vingt, sont ceux qui sont soumis à la loi inflexible de la Forme, de la tenue du plan. Même lorsque Godard pense et affirme que tel ou tel de ses films est raté – ou, comme disait Marguerite Duras, qu'il n'est que la ruine du film qu'il aurait voulu faire – il n'en reste pas moins que tout plan admis à rester dans le film « livré » doit être d'une tenue irréprochable, impeccable. Au cours de cette décennie quatre-vingt la vidéo, inversement, participe des limbes de la création et n'est pas soumise à la même intransigeante exigence. J'emploie « limbes » ici au sens de l'astronomie où ce mot désigne le bord extérieur (flou) du disque d'un astre. C'est une bonne définition de ses productions vidéo des années quatre-vingt : des essais qui gravitent autour des films comme des disques au bord un peu flou autour d'un diamant dur. On trouve dans ces essais (*Changer d'image, Lettre à Freddy Buache, Petites notes à propos de Je vous salue Marie, Soft and hard*) des zooms hésitants, des panoramiques saccadés et « chercheurs » (découvrant de façon un peu hasardeuse ce qu'on y voit, au fur et à mesure qu'on le voit), je dirais des plans approximatifs, presque amateurs, qui n'auraient aucune chance de rester dans un film. Tout se passe comme si les essais qui gravitent autour des films, les annoncent, en commentent le surgissement ou la genèse, devaient rester dans les limbes de la création, et n'avaient pas vocation à accéder pleinement à la forme finie pour que les films, eux, puissent être irréprochables. Godard réserve son orgueil de la forme – qui est immense – aux plans de ses films-films, qu'il veut d'une pureté de diamant, même lorsqu'il est prêt à reconnaître d'autres faiblesses au film : de conception, de construction, de jeu d'acteurs, etc. Au cours de la décennie quatre-vingt, il a volontiers pratiqué l'essai comme *prospectus*, forme par excellence de la modernité pour Roland Barthes : « *L'œuvre n'est jamais que le métalivre d'une œuvre à venir qui ne se faisant pas devient cette œuvre-ci.* » Cette définition conviendrait parfaitement aux *Appunti* de Pasolini qui sont souvent des films-repérage ayant fini par prendre la place du film à venir qui, du fait même de l'existence de ce pré-film, n'a plus à se faire. Godard renverse à sa façon, plus vindicative, le schéma pasolinien, et met volontiers en scène l'échec du film entrepris (son infaisabilité, ou la résistance du commanditaire), pour transformer ce film incréé en essai réussi. Le destinataire imaginaire, à qui il s'adresse directement dans la bande-son, est un compère et un complice devant qui il plaide avec mauvaise foi la cause de sa bonne foi face au supposé refus du « donateur ». Dans la *Lettre à Freddy Buache*, le plaidoyer devient le film-essai d'un film de commande soi-disant refusé. Dans *Le Rapport Darty*, où Godard commence par dire : « *Voila le film dont ils n'ont pas voulu* », on ne saura jamais très bien, dans ce qu'on voit à l'écran, ce qui est le film, ce qui est la défense du film, et ce qui relève des pièces à conviction.

Dans ces limbes de la création, l'essai n'accède pas à la plénitude de la forme qui le rendrait autonome des conditions qui l'ont produit. Il reste englué dans le geste même de sa production, dans les circonstances de son énonciation. L'ombilic de la créature n'est pas coupé, et le Godard qui parle dans ces essais, à l'époque, est encore compromis avec le Godard qui est en train de faire l'essai.

un nouveau cycle

Le Dernier mot, que Godard tourne en 1988, dans une période où il a de nombreux essais en chantier, est un objet étrange, à part, qui flotte dans les limbes entre scénario écrit et film formé. Ce n'est ni tout à fait un scénario ni tout à fait un film. L'exigence des plans n'y est pas assez grande pour que ce soit un film, mais les cadres sont quand même plus proches du cadre-cinéma que du cadre-essai. Il est à un degré de formation intermédiaire entre le projet de film et le film fini, comme une formation de compromis. C'est sans aucun doute, et pour plusieurs raisons, un film-charnière, au statut unique, le premier à faire revenir un segment du passé de son auteur au bord du lac.

Depuis 1988, et ce *Dernier mot*, tous les termes de la relation entre films-films et films-essais ont radicalement changé. Godard franchit une frontière décisive avec ce petit film qui inaugure (mais peut-être n'en a-t-il pas conscience à l'époque, sinon sous forme de malaise), un nouveau cycle qui vient de se terminer aujourd'hui, dix ans plus tard. Au cours de cette décennie, son œuvre a cessé de se distribuer entre les films-astres (sur pellicules) et les films-limbes (les essais en vidéo). *JLG/JLG*, par exemple, est un pur essai tourné en cinéma. Les *Histoire(s) du cinéma* sont soumises à la même exigence de rigueur absolue que les films-films de la période précédente. À tel point qu'après avoir bouclé la série avec les livraisons 4a et 4b, il a remis en chantier les épisodes 1a et 1b, pourtant déjà diffusés une première fois à la télévision, pour assurer à l'ensemble une plus grande homogénéité formelle. Il est clair qu'à ses yeux, ces *Histoire(s)*, même tournées et travaillées en vidéo, doivent être un diamant sans faille, de la plus haute densité possible, d'une pureté égale à celle des films-cinéma qu'il continue de livrer de temps à autre. Avec cette entreprise, de très longue haleine, prend fin la satellisation des films-essais autour des films-films.

Quelle est la cause de ce changement ? Elle est grave et profonde. La production godardienne de la dernière décennie s'articule toute entière autour d'un mouvement très ample et très lent vers le passé. Et le passé sous trois formes : le passé de l'Histoire, c'est-à-dire le passé du siècle (c'est Godard Ange de l'Histoire) ; le passé du cinéma (c'est Godard historien du cinéma) ; son propre passé (avec un lent cheminement vers l'enfant qu'il a été au bord du lac). Ce mouvement d'anamnèse – qui est en même temps une sorte d'auto-analyse entreprise dans la soixantaine – mobilise toute son énergie créatrice et investit tout ce qu'il tourne, aussi bien les films-films que les films-essais, les pubs, et les films de commande. Même le clip *Plus Ho !*, tourné à la demande de France Gall, se trouve pris dans ce mouvement vers le passé, contre l'oubli, hors duquel plus rien de ce qu'il entreprend, même la plus futile des commandes, ne parvient à se placer en position de réelle extériorité. Le travail d'anamnèse fait feu de tout bois, de tout plan, de tout nouveau projet.

Ce triple mouvement tressé s'articule dans le temps autour d'un projet majeur, le plus durable que Godard ait jamais eu, auquel il vient de consacrer plus de dix ans de travail tenace : les huit épisodes des *Histoire(s) du cinéma*. Les deux premiers étaient terminés en 1988, mais je me souviens avoir vu trois ans auparavant, déjà, des épisodes montés, finis, très différents dans leur conception de ceux d'aujourd'hui, et qui n'ont jamais été montrés. Comme si cette première forme, pourtant aboutie, n'était pas encore la juste forme pour cette œuvre.

Le renversement vient de ce que c'est une œuvre appartenant à la catégorie essai (les *Histoire(s) du cinéma*), qui permet de tresser toutes les productions de la même décennie dans une torsade continue, où il devient de plus en plus difficile de démêler l'origine première de tel ou tel fil, puisque les mêmes fils traversent toutes les œuvres. Certains plans de films ne cessent de revenir, de même que ces musiques, ces phrases et ces sons qui hantent depuis dix ans toutes ses productions. Je pense en particulier à ces lancinants cris d'oiseaux qui déchirent la bande-son de tous ses films depuis *Prénom Carmen*. Godard avoue être lui-même dans l'incapacité de localiser les différents retours de ces éléments obsédants, à tel point que c'est seulement après avoir fini les *Histoire(s) du cinéma* qu'il s'est aperçu que certains plans revenaient deux ou trois fois à son insu, comme si le travail de la mémoire inconsciente avait fini par avoir le dernier mot sur son souci de contrôler rigoureusement le « droit à l'antenne » de chaque cinéaste convoqué dans la série.

Dans ce triple mouvement de retourner sur ses pas, de devenir l'Ange de l'Histoire et le rédempteur du cinéma, les films-essais lui servent plutôt, depuis dix ans, à articuler le passé historique et le passé du cinéma. Dans le même temps, il a assigné à ses fictions (qui ne sont plus indépendantes et souveraines comme par le passé), une double fonction qui les a en quelque sorte *adossées* au projet majeur des *Histoire(s)*. La première, c'est de lui servir de vecteur et d'alibi pour l'autoriser à remonter dans le temps (invisible, cadré dans les feuillages) à la recherche de son enfance au bord du lac. La seconde, c'est de scénariser – pour leur donner « la réalité de la fiction » – les points les plus sensibles qui se présentent à lui (à la fois comme "prises" possibles et comme pierres d'achoppement) dans cette remontée du temps : la résurrection, la réincarnation. Les fictions récentes s'originent très directement dans les questions de méthode et de métaphysique qu'il se pose pour mener à bien son grand projet en forme d'essai. En même temps qu'il médite dans ses essais la possibilité de mettre en œuvre une rédemption du passé par la résurrection des corps en suspension dans la pellicule cinématographique, Godard fait de la résurrection le scénario même de *Nouvelle Vague,* et de l'incarnation d'un Dieu dans le corps d'un pauvre garagiste anonyme et mortel le scénario d'*Hélas pour moi.*

Toutes les œuvres entreprises depuis 1988, quels que soient leur statut et leur origine, sont autant de prises, de pitons, dans cette remontée du temps à contre courant, comme dans l'intermonde du film de Cocteau où Orphée s'agrippe aux anfractuosités des murs en ruines. Tout lui est bon (commandes, fictions, vidéos) pour s'accrocher et pour s'assurer mètre après mètre de chaque bout du chemin accompli dans ce travail épuisant et sans répit de l'anamnèse.

le petit Poucet et le bord du lac

Je vais tirer un seul fil dans la tresse de cet ample mouvement torsadé : celui de Godard remontant lentement, à reculons, pas à pas, vers l'enfant qu'il a été. Ce fil passe par un lieu qui est le bord du lac, le lieu biographique de l'enfance, mais qui va devenir très vite autre chose, la lisière mythique entre l'oubli et la mémoire. Et sans aucun doute, aujourd'hui, le lieu du sacré.

Tout commence par un premier mouvement, biographique : Godard revient habiter à Rolle dès la fin des années soixante-dix, très près de ses maisons d'enfance. Il y est maintenant depuis vingt ans. Les maisons d'enfance, ce sont celle du père, de ce côté-ci du lac (puisque Rolle est à deux pas de l'ancienne clinique paternelle), et celle de la mère, en face, sur l'autre rive. L'enfance, chez lui, a toujours à voir avec l'*en face*, c'est-à-dire la France, qu'on peut voir depuis Rolle quand il fait très clair. C'est dans *Le Dernier mot* qu'apparaît pour la première fois, comme unique décor du film, la fameuse maison au bord du lac. C'est le lieu, d'abord, qui revient. Côté français, en Haute Savoie. Le film est rugueux, presque bâclé, ses plans sont encore très loin de la splendeur visuelle à laquelle le cinéaste atteindra avec *Nouvelle Vague* dans ce même décor. Il se présente comme une imitation, à la truelle, de *La Jetée* de Chris Marker. Tout se passe comme si cette première exploration de son passé d'enfant était une entreprise trop intimidante pour être attaquée frontalement, et qu'il lui faille en esquiver la gravité pressentie par le recours à un film tuteur, l'alibi d'une parodie triviale de *La Jetée*.

Dans ce film, pourtant, il établit déjà un premier lien entre le présent et le passé, les images d'aujourd'hui et celles de la Libération, mais pour le moment c'est par un montage parallèle linéaire et plutôt raide, sans harmoniques. Godard s'arrête très vite, sèchement, dans ce premier élan qui l'a mis en mouvement vers son enfance. C'est encore trop tôt, le chemin à parcourir est beaucoup trop long et angoissant pour qu'il puisse s'y engager du premier coup. Il prend peur et préfère opérer un repli dans la dénégation : il est dit clairement dans le film que les scènes du passé, l'enfant ne les a pas vécues puisqu'il n'était pas encore né. Autant dire que Godard esquisse et efface d'un même trait l'enfant de quinze ans qu'il a réellement été dans un lieu identique à la Libération.

On voit passer dans ce film une figure qui hante de façon discrète, comme une figure secondaire purement décorative, les films de Godard depuis *Sauve qui peut (la vie)* : une jeune femme élégante, en talons hauts, marche à grandes enjambées dans la nature avec une fourrure, une sorte de renard, autour du cou. Cette figure composite et trouble, dont l'apparition a quelque chose du souvenir d'enfance, semble cristalliser et fusionner deux images dont l'une, idéalisée, lumineuse, pourrait être d'origine maternelle et l'autre, formée à l'âge adulte, d'inspiration plus trivialement érotique.

Après ce premier engagement sur le chemin de son propre passé, où il avance d'un pas pour reculer aussitôt de quinze ans, Godard entreprend *Nouvelle Vague*. C'est le même lieu – une somptueuse maison au bord du lac – mais côté suisse. Dans le scénario, où se croisent de nombreux personnages, aucune figure d'enfant. Pourtant, certains plans, dans le grand parc, à la lisière des arbres et de l'eau, où le lac est entr'aperçu à travers les branchages par une caméra postée dans les fourrés, ou d'autres encore sur le jardinier magnifique vu comme une sorte d'oracle, de figure mythologique incompréhensible et fascinante, résonnent dans le film de façon tout à fait singulière, sur une longueur d'onde qui est celle des sensations et des émotions venues de l'enfance. Mais ces souvenirs d'enfance sont encore en creux dans le film, comme si ces lieux étaient habités par le fantôme d'un enfant que le scénario résisterait farouchement à prendre en compte et qui ferait retour, erratiquement, au tournage, sous la forme d'impressions d'enfance venant hanter certains plans.

C'est dans *JLG/JLG* qu'une image de l'enfant Godard va apparaître pour la première fois, dans un film-essai et non dans une fiction. Après un premier travail d'approche du lieu à travers des sensations de l'enfance, apparaît une image fixe, en pur noir et blanc, du petit Godard, triste et méditatif, image solitaire et orpheline du retour et du deuil de l'enfance. Cette image arrive seule, mais Godard gravissant en même temps que ce retour vers son enfance le chemin parallèle de l'anamnèse de la grande Histoire, elle a immédiatement suscité chez moi, le surgissement d'une autre image, absente du film, celle de la célèbre photo du petit garçon du ghetto de Varsovie.[6] La culpabilité – si c'est elle qui a lancé le mouvement d'anamnèse et investi Godard de sa mission rédemptrice – a peut-être trouvé à se cristalliser dans l'écart entre les deux enfants figurant sur ces deux photos, que le même air triste a permis de rapprocher : le fils de riche que le petit Jean-Luc a été dans son grand parc protégé de l'Histoire, et un autre petit garçon malmené, lui, par la même Histoire. Cette culpabilité, faut-il le dire, est celle d'une faute historique qui n'est pas la sienne, ni comme homme – sinon par héritage – ni comme cinéaste, et qu'il a endossée à un moment de sa carrière où plus personne, à part quelques vieux combattants fossiles, ne lui faisait plus grief de l'amnésie de la Nouvelle Vague débutante.

Dans *For Ever Mozart* – où l'on peut entendre sans peine *For Ever Mother* – Godard trouve la force psychique d'aller de l'autre côté du lac, retrouver les ruines réelles du lieu de son origine, et filme la guerre de Yougoslavie dans ce qui reste de la maison d'enfance de sa mère. Un personnage de sa fiction retrouve sur un montant de porte des marques qui ont servi à mesurer la progression de la taille des enfants de la maison, et lit un prénom, « Odile ». L'auto-analyse avance bien puisque Godard est maintenant capable de filmer le vrai lieu où sa propre mère a été une petite fille dont on mesurait la croissance, et d'en faire une expérience transmissible et universelle. En effet, quand je lui ai demandé pourquoi rien, dans son film, ne permettait de savoir que ces traces le concernaient très personnellement, de façon directement autobiographique, il m'a répondu que tout le monde a une maison d'enfance. Ce qui a résonné à mes oreilles de façon étrangement pavésienne, venant d'un homme qui m'avait toujours semblé être aux antipodes de l'écrivain italien.

Dans la dernière des *Histoire(s) du cinéma*, la boucle est bouclée : arrive à la surface de l'écran la photo du petit garçon du ghetto de Varsovie qui a fini par rejoindre son double, le petit Godard apparu dans *JLG/JLG*. Les fils de l'anamnèse personnelle et de l'anamnèse historique se sont rejoints. Le temps a été « remonté », dans les deux sens du terme. Ce travail a pris dix ans, et dans ce somptueux épisode 4b (*Les Signes parmi nous*) tous les fils de l'écheveau peuvent enfin se rejoindre, et Godard conclure avec la belle sérénité de celui qui est arrivé au bout d'un cycle : « *J'étais cet homme.* »

Tout ce cheminement s'inscrit avec obstination au bord du lac, avec ses cris d'oiseaux, ses tempêtes et les montagnes lointaines sur l'autre rive. Godard ne cesse de revenir à ce bord du lac dont les eaux sont pour lui comme le gouffre sombre où sont enfouis les souvenirs, où il faut s'immerger pour faire ressurgir quelques mots, quelques bribes, ou quelques images. Toute possibilité de renaissance y passe par la mort, le séjour subaquatique, la macération des images dans les eaux noires. Il n'y a pas d'anamnèse sans amnésie, c'est-à-dire sans l'expérience des gouffres et du noir de l'oubli. « *Qui veut se souvenir*, est-il dit à la toute fin de l'épisode 4a, *doit se confier à l'oubli, à ce risque qu'est l'oubli absolu et à ce beau hasard que devient alors le souvenir.* »

Dans *Le Mépris*, déjà, la dernière vision que Paul avait de Camille avant leur séparation par la mort, était celle de Camille s'éloignant à la nage de la rive où il s'endormait, la livrant par cette inattention à la disparition, puisqu'à son réveil il ne trouvait plus que la trace de ses mots sur une lettre, au moment où elle était en train de mourir ailleurs, sans qu'il le sache.

L'épisode 1a des *Histoire(s) du cinéma* (*Une histoire seule*) se terminait déjà par un plan de Max Linder au bord du lac de Genève, aux prises avec une nuée d'oiseaux silencieux de cinéma muet, dont les cris sans images font retour, depuis *Prénom Carmen*, dans les autres films de Godard. Contredisant tous les dictionnaires de cinéma qui font mourir Max Linder à Paris, il affirme à Michel Piccoli dans *Deux fois cinquante ans de cinéma français* que c'est là, au bord du lac, qu'il aurait prononcé ses dernières paroles : *au secours !* L'épisode 1b, on l'a vu, se termine quant à lui sur James Stewart sauvant Kim Novak de la noyade.

Nouvelle Vague est un film coupé en deux, au milieu, comme *Vertigo*, par une mort et une résurrection. La mort, ici, n'est pas comme chez Hitchcock une chute dans l'espace, mais une disparition dans les eaux. Un homme coule dans les eaux du lac, y séjourne au pays des morts, et on assiste au début de la deuxième partie du film à sa résurrection au bord d'un trou d'eau, une petite mare. Mais l'homme qui réapparaît – qui lui ressemble comme un double ou un clone – a oublié au fond de l'eau l'homme qu'il était, pour devenir un homme nouveau, entraînant dans cette transformation, qui est presque une transfiguration, une transformation inverse de la femme qui est sa compagne.

Le plan où l'on assiste au « retour » d'Alain Delon après sa noyade présente une étrangeté visuelle : l'image est traversée de points blancs, vraisemblablement des chatons cotonneux qui tombent des arbres, dans un effet « chute de neige ». Les *Histoires du cinéma* donneront plus tard la clé d'une possible réminiscence dont ce plan serait la cristallisation. Dans l'épisode 3b (*Une vague nouvelle*), en effet, Godard fait revenir un plan de *La Femme au corbeau*, où l'homme s'approche à la nage de la femme tentatrice assise sur la rive. Le film, on s'en souvient, se termine par une véritable résurrection. L'homme meurt dans une tempête de neige et la femme le ramènera à la vie en lui infusant la chaleur de son (beau) corps en se couchant, nue, sur lui. Du film lacunaire de Borzage, le plan du retour d'Alain Delon dans *Nouvelle Vague* condense le motif de la lisière de la terre et de l'eau comme lien mythico-magique, les taches blanches de la chute de neige, et le retour à une seconde vie : amour, mort et résurrection.

Dans *Hélas pour moi* la scène, à la fois très banale et cruciale, qui est au centre du film, est celle où une jeune femme, Rachel, va se baigner dans le lac. Quand elle ressort de l'eau, tout a basculé pour elle dans le doute et l'intranquillité. Son mari, qui ne l'a jamais quittée, l'abandonne pour la première fois et s'en va passer la nuit de l'autre côté du lac. Lorsqu'il revient, un peu trop tôt, elle n'arrive plus à distinguer si c'est réellement son mari, un sosie de son mari, ou encore un Dieu imposteur qui aurait pris son apparence. C'est son séjour dans l'eau qui a fait vaciller, comme dans un ictus amnésique, toutes ses certitudes sur l'identité de l'homme de chair qui se trouve là avec elle, dans leur chambre, et dont elle refait soudainement l'expérience de l'altérité irréductible. Elle a laissé sa mémoire ordinaire – celle qui assure la continuité de ses certitudes dans la vie quotidienne où il allait de soi que cet homme là était bien son mari – se dissoudre dans l'eau du fameux lac au bord duquel Abraham Klimt, qui ne s'y est pas trompé, enquête précisément sur *le* moment crucial où elle est ressortie de l'eau, transformée et troublée, comme Marie de la scène de l'annonciation.

Dans *JLG/JLG*, l'anamnèse s'opère poétiquement à la lisière de l'eau où Godard, seul sur une de ces petites langues de sable qui s'avancent dans le lac, entend des voix. Il devient le médium de quelques phrases de films du passé qui l'ont particulièrement touché, et qui ne peuvent surgir que là, entre terre et eau.

Dans *For Ever Mozart*, c'est sur un même petit bout de chemin, au bord du lac, que Godard opère une improbable jonction entre un charnier, là-bas, en Yougoslavie, et la résurrection de deux corps par le cinéma, ici, au bord du lac. Ce sont les deux seuls plans du film qui sont cadrés exactement à l'identique pour que le spectateur n'ait aucun doute sur le fait qu'il s'agit bien du même lieu réel, obscène interface entre la mort, en Yougoslavie, et la renaissance, sous forme de personnage de cinéma, des deux corps soumis à cette violente translation.

Le bord du lac – la lisière entre l'eau et la terre – revient avec insistance, depuis *Le Dernier mot*, comme lieu de passage presque obligé entre le *là où ça a été* et le *là où ça doit advenir*. C'est la bordure où Godard met en jeu l'intervalle entre le passé et le présent, les morts et les vivants, l'oubli et la remémoration. C'est la même lisière qui sert à franchir, dans les deux sens, toutes ces frontières.

Dans son essai sur ce qu'il appelle les « lieux divins »[7], Jean-Luc Nancy parle de cette errance des dieux, qui se dérobent à la face des hommes, livrant notre expérience du divin à celle de leur désertion, dans laquelle il n'est plus de sacré que ces lieux abandonnés par les dieux nomades. *Hélas pour moi* s'ouvrait sur un récit mythique (une *légende*, nous disait un carton) où il était question de ces lieux divins comme du seul lien qui nous resterait avec le sacré, après la désertion des dieux : « *Quand le père du père de mon père avait une tâche difficile à accomplir, il se rendait à un certain endroit dans la forêt, allumait un feu et se plongeait dans une prière silencieuse, et ce qu'il avait à accomplir se réalisait (...) Nous ne savons plus allumer le feu, nous ne connaissons plus les mystères de la prière, mais nous connaissons encore l'endroit précis dans la forêt où cela se passait, et cela doit suffire.* »

Le bord du lac, la lisière entre l'eau et la terre, c'est ce lieu à l'écart où Godard, depuis dix ans, est à la recherche du sacré « qui fait défaut, qui défaille, qui s'est retiré », le lieu où « la pensée touche à l'extrémité, à la limite, à la vérité, à l'épreuve ».

la remontée des images

Ce mouvement de retour sur soi, vers l'enfant qu'il a été au bord du lac, est inextricablement couplé, au cours de cette décennie, à celui qui fait remonter à la surface de ses films et de ses essais des plans « revenant » du passé du cinéma. Godard parle finalement assez peu – comme s'il voulait préserver, à ses propres yeux, ce qui se joue de plus secret, entre lui et lui, à ce moment-là – de cette remontée première des images dans sa mémoire. Il préfère mettre en avant l'opération secondaire du montage, où il met en rapport ces plans du passé, dans une opération tout à fait consciente et somme toute classique. Ses commentaires sur les *Histoire(s) du cinéma* consistent souvent à déplier partiellement telle ou telle compression de plans particulièrement serrée, comme s'il se faisait plus volontiers l'herméneute de son propre travail conceptuel de montage que l'auto-analyste du surgissement des images du passé dans sa mémoire. Certains essais satellites, comme *Deux fois cinquante ans de cinéma français*, ou *Les Enfants jouent à la Russie*, formellement plus lâches et moins aboutis que les *Histoire(s) du cinéma*, se présentent comme des épisodes possibles, encore en chantier (le film sur la Russie, le film sur l'Allemagne, etc...), qui ne seraient parvenus, dans la phase d'élaboration où Godard nous les livre, hors série, qu'à un taux de compression deux ou trois fois moindre que ceux qui ont réussi leur examen d'entrée dans les *Histoire(s)*. On imagine, en les voyant, à quoi pourraient ressembler d'éventuelles notes de bas de page audio-visuelles à ces *Histoire(s)*, dont la fonction serait de déplier tel ou tel passage particulièrement compressé, comme leur auteur le fait volontiers, à l'occasion, dans ses entretiens.

Cette mise en avant du montage comme opération de pensée fait écran de protection à deux autres modalités d'émergence de ces plans du passé du cinéma.

La première c'est la splendeur plastique, la fulgurance visuelle que produit telle ou telle troisième image au moment de la surim-

pression ou du clignotement. À ces deux formes de mise en rapport de deux images sur un même écran, que Godard pratique depuis très longtemps, il vient d'en ajouter une nouvelle, qu'il pratique assidûment dans les dernières livraisons des *Histoire(s) du cinéma*. Dans cette nouvelle forme de jonction de deux images, j'ai envie de dire plus botanique, la deuxième image, qu'on a dans un premier temps du mal à identifier, naît au cœur de la première et vient progressivement, comme dans une germination interne au plan, envahir peu à peu, mais par saccades, la première image. Godard a commencé par s'emparer de l'outil vidéo dans un projet militant, mais a vite découvert (la cause est déjà entendue dans *France tour détour*), qu'il pouvait devenir entre ses mains un formidable outil plastique. Dans les *Histoire(s) du cinéma*, l'exigence de compression de la pensée (qui induit des rapports d'images très serrés) débouche sur des effets plastiques inédits et somptueusement inventifs. La vitesse même de cette pensée en images produit des émotions dont on ne peut plus discerner si elles sont plastiques ou intellectuelles, mais l'impact de leur fulgurance visuelle est tel que ces seules collisions d'images peuvent faire venir les larmes aux yeux.

Pour Walter Benjamin, une saisie véritable de l'Histoire réclame ce court-circuit : « *L'image authentique du passé n'apparaît que dans un éclair [...] C'est une image unique, irremplaçable, du passé, qui s'évanouit avec chaque présent qui n'a pas su se reconnaître visé par elle* ». Cette opération de reconnaissance et d'attraction instantanée entre deux images, effectuant leur jonction sur le mode de la fulguration picturale, Godard l'agit en plasticien, depuis dix ans, au moins autant qu'il la pense en historien.

De ce désir : « *moi aussi je suis peintre* », peintre d'une espèce nouvelle, Godard a souvent fait état à propos de ses films-films, mais il en parle moins volontiers au sujet des *Histoire(s) du cinéma*, comme si cela risquait de faire diversion par rapport à la gravité affirmée du projet, même si le choix qu'il fait des photogrammes de cette série, pour diverses publications papier, ne laisse aucun doute sur l'importance, à ses yeux, de leur valeur plastique intrinsèque.

L'autre aspect, dont Godard ne parle pas, ou presque, c'est celui du processus qui préside à la remontée des images. Maintenant qu'il est possible de disposer des huit épisodes chez soi, en cassette, on va pouvoir mesurer toute l'importance de cette remontée des corps et des gestes emprisonnés dans l'émulsion des pellicules du passé, à la surface de ses essais. J'ai le sentiment – pas si fréquent devant une œuvre récente de Godard – d'une sorte de compassion émerveillée, d'une très grande tendresse dans la façon dont il les voit ressurgir à la surface de ses propres films comme s'il venait de les sauver de la noyade.

On a vu se succéder deux modes d'apparition des plans du passé dans les essais de Godard. Il y a eu longtemps la projection sur un écran blanc, devant lequel Godard était « au pied du mur », comme l'écrivain devant la page blanche, et qui relevait plutôt de la mémoire volontaire. Et, depuis quelque temps, ce fond noir de la remontée des images dans la mémoire involontaire. Ce n'est pas tout à fait la même émotion qui naît des plans que Godard convoque comme pièces d'un discours de montage et ceux qu'il accueille comme des souvenirs perdus un peu miraculeusement retrouvés. Il ne faudrait surtout pas s'imaginer, devant l'œuvre finie et l'autorité dont elle témoigne, que Godard a toujours été sûr des plans qu'il cherchait, et qu'il savait dans quels films et à quel endroit de ces films les trouver. Les plans les plus troublants sont ceux qu'il retrouve alors qu'ils n'étaient pas disponibles à la convocation dans sa mémoire volontaire. Il lui a fallu enregistrer, acheter, parcourir des milliers de cassettes pour mener à bien les *Histoire(s) du cinéma*. Et compter en partie avec le hasard (ou le préconscient, mais c'est parfois la même chose) pour trouver le plan dont il avait besoin, avec le sentiment qu'il était sans doute là quelque part, mais comme un fétu d'or dans une meule de foin. Je l'ai entendu raconter, devant une pleine étagère de documentaires historiques, comment il prenait une de ces cassettes et la visionnait en accéléré, avec la certitude qu'il y avait là-dedans *un* plan-pépite, pas deux, qui lui sauterait aux yeux, et que cela se vérifiait presque à chaque fois.

Dans sa mémoire du cinéma, comme dans toute mémoire, il y a beaucoup plus d'informations virtuellement disponibles que d'informations accessibles. Quand ces plans surgissent par surprise des eaux de l'oubli, les corps qu'ils emprisonnaient sont comme nimbés d'un halo proportionnel au temps qu'ils ont passé dans le noir, ils ont l'aura des émotions que l'on retrouve à l'improviste. Godard est un pêcheur de perles, il lui faut les trouver et les remonter à la surface avant de savoir quelle place elles vont trouver dans le collier, et même quel va être le collier. Dans ces plans qui remontent, comme des revenants, ces gestes et ces visages sont encore en suspension dans une émulsion, un gel plus ou moins dense, où ils étaient au purgatoire, menacés d'un oubli définitif, ou – ce qui revient à peu près au même – invisibles d'être englués vivants dans un récit (une fonctionnalité) où ils perdaient de leur fraîcheur perceptible et de leur énigmatique singularité. Il lui faut d'abord les dégager de ces récits dans lesquels ils sont pris comme dans une gangue qui empêchait de les voir. Ces corps, Godard va les chercher dans les limbes d'un intermonde où ils avaient été rejetés pour la plupart par la mémoire des vainqueurs, ceux qui écrivent l'histoire, et confinés dans le noir dans un état d'extrême précarité, menacés de disparition définitive, dans l'attente d'une improbable rédemption. Leurs gestes et leurs visages de vaincus, il nous les donne à voir « sous vide », dans un sas providentiel, soustraits au temps qui fait les récits, comme dans un palier de décompression où ils auraient à séjourner avant de retrouver la lumière du jour. Les gestes de Godard lui-même, devant ses machines ou devant l'écran de ses essais, sont des formes de prières pour ces corps errants. Les églises protestantes ont radicalement rejeté la prière pour les morts, en tant qu'elle suppose, comme pour les catholiques, que les vivants puissent venir en aide aux morts. Une fois de plus, on l'a déjà vu pour la Vierge, le désir de cinéma de Godard s'articule à ce qui fait question dans sa religion d'origine, à la frontière avec le catholicisme. Ses essais, depuis dix ans, sont hantés par une légion d'anges intercesseurs, d'anges gardiens, souffrant pour ceux dont ils ont la charge, et par un nombre tout aussi impressionnant de photophores, dont les bougies, allumettes et torches diverses éclairent un instant les ténèbres du Purgatoire où il est en train de chercher ces âmes errantes et ces corps en souffrance. Eddie Constantine, alias Lemmy Caution, s'éclairait déjà avec son Zippo pour chercher son chemin dans la Cité de la nuit permanente d'*Alphaville*. Vers la fin de *JLG/JLG* c'est Godard lui-même qui fait surgir de la nuit de l'écran noir, avec une simple allumette, la plus humble des nativités, celle de Georges de La Tour, déjà éclairée, dans la toile, par la « pauvre lumière » d'une bougie.

Le ralenti permet à Godard de faire émerger à la surface de ses propres films ces corps qui reviennent de la nuit, de l'oubli du passé, encore engourdis par la longue attente qu'ils ont subie dans les ténèbres. Ils semblent avoir perdu l'habitude du mouvement, qu'ils contrôlent mal et qu'ils retrouvent par saccades, de façon à la fois burlesque et pathétique. La surimpression et le clignotement lui permettent de leur transfuser une vie nouvelle, de leur redonner sang et couleurs pour cette sortie du purgatoire. Dès 1962, *Vivre sa vie* se terminait par une séquence en forme d'essai sur la fin du *Portrait ovale* d'Edgar Poe, où la vie irrigue peu à peu le portrait d'une femme au prix du dépérissement et de la mort du modèle. Déjà, en cours de film, Godard avait tenté une première transfusion entre quelques gros plans du visage de la Falconetti en Jeanne d'Arc chez Dreyer, et les larmes vivantes d'Anna Karina. Vingt-quatre ans plus tard, dans *Grandeur et décadence d'un petit commerce de cinéma*, c'est le jeune visage en couleurs de Marie Valera qui réincarnait celui de Dita Parlo, que Godard avait tant aimé en noir et blanc. Dans *Les Enfants jouent à la Russie*, ce sont deux bouches, celle de l'actrice du passé et celle de l'actrice du présent du film, qui sont sur le point de se surimpresssionner, comme si les lèvres de la vivante venaient redonner le rouge de la vie aux lèvres de l'actrice prisonnière de l'émulsion noir et blanc, dans une sorte de vampirisation à l'envers, où le vivant redonnerait vie au mort. C'est aussi le vieil Eddie Constantine, dans *Allemagne neuf zéro*, qui est revivifié par sa jeune voix de l'époque dans *La Môme vert-de-gris*. Il est assis et il entend sa propre voix. C'est enfin, le plan est magnifique, le vieil Alain Cuny habité par une image de lui en jeune homme dans une autre des *Histoire(s) du cinéma*.

le geste comme intervalle

La troisième image – entre une image qui était en suspension dans la gélatine, et une image en couleur d'aujourd'hui – est le lieu vidéo que Godard assigne, pour les êtres de cinéma que sont les acteurs, à ce « *rendez-vous mystérieux entre les générations défuntes et celles dont nous faisons partie nous-mêmes* », dont parle Walter Benjamin dans sa deuxième thèse sur le concept d'Histoire. Mais c'est le geste qui va être le bon médium de cette résurrection. Ce geste, dont les *Histoire(s) du cinéma* sont une magnifique collection, doit être soigneusement isolé de son contexte narratif dans le film d'origine, prélevé comme un geste pur. Il y avait déjà une théorie explicite du geste dans les essais de Godard à l'époque de

France tour détour. Aujourd'hui, en se déplaçant, cette théorie est devenue implicite, plus secrète. Il y a dans le geste, tel que Godard le fait revenir-advenir dans ses derniers essais, quelque chose qui outrepasse à la fois les limites des individus et des générations. C'est en tant que pur passage que le geste le concerne comme médium privilégié, en tant que pur intervalle selon la définition qu'en donne Catherine Cyssau[8] : « *Le geste n'est pas attribuable au corps, à la psyché ou au monde. Mais sa portée vient entre corps, psyché et monde habiter le passage, par un suspens corporel, par un intervalle temporel et par un écart spatial. Le geste donne au corps la dimension d'un suspens, il est à la psyché un intervalle de temps. Il est au monde la mesure d'un écart, son espacement.* » Jean-Luc Nancy, dans son même essai sur le « départ des dieux », parle après Heidegger de ce « dernier dieu », qui ne peut être que « de passage » : « *C'est en passant qu'il est, et c'est pourquoi il a son mode d'être essentiel dans [...] le geste qu'on fait pour "faire signe" [...] sans rien signifier* ». C'est ce pur faire-signe du geste, dégagé de toute signification (de toutes les significations dans lesquelles il a été pris dans les films où il va le chercher), qui lui confère, dans les *Histoire(s) du cinéma*, ce caractère de passage privilégié du sacré.

Dans *Gradiva* de Wilhelm Jensen, c'était le geste du pied en arrière, étrangement vertical, d'un modèle ayant vécu il y a deux mille ans, que retrouvait Norbert Hanold sur une jeune femme bien vivante qu'il croisait à Pompéi, sans réaliser que c'était sa voisine de palier ou presque, et sa triviale camarade d'enfance Zoé Bertgang. Dans *On s'est tous défilés*, où Godard profite d'une commande sur un défilé de mode pour faire une étude de gestes, peut-être trouve-t-on un écho de ce geste de la *Gradiva* dans un plan très pictural et insistant où pend d'un pied vertical un chausson défait, retenu par ses seules lanières. Dans le *Voyage en Italie* de Roberto Rossellini, dont on sait les traces profondes qu'il a laissées chez Godard, c'est aussi une pure posture qui bouleverse Katherine Joyce au moment où émergent du sol noir les moulages des deux corps anonymes, en plâtre blanc, qui ont perdu toute individualité dans leur long séjour souterrain.

Le geste, tel qu'il intéresse Godard, tel qu'il a envie de le faire revenir des limbes de l'oubli, c'est le geste en tant que, au moment où il a lieu, il n'appartient ni à la chair, ni à la psyché, ni au monde dans lequel il se déploie, mais où il est un pur intervalle spatial et temporel. Il peut enjamber, sans en tenir compte et sans en être affecté, un très long intervalle de temps historique, en venant simplement se surimpressionner à un geste identique d'il y a deux mille ou quarante ans. On pourrait dire que pour le geste aussi, tel que l'entend Godard dans ses essais, le temps n'existe pas, en dehors de ce bref instant où il se déploie comme un intervalle. Le geste, dans cette visée de saisie fulgurante d'une rencontre entre présent et passé, c'est aussi ce qui réduit l'altérité radicale de l'autre comme chair, pour parler comme Merleau-Ponty. Il permet ce mouvement vers l'ailleurs et vers le passé, dont parle le philosophe, « *vers ce qui ne serait en aucun cas nous être présent en original, et dont l'absence irrémédiable compterait au nombre de nos expériences originaires* ». Le geste aura été pour Godard, pendant dix ans, le pont idéal pour enjamber le temps historique linéaire et approcher du sacré.

Il est encore trop tôt pour faire un état de tous ces gestes qui sont remontés du passé à la surface des essais godardiens, mais ce corpus (fait de gestes, au sens large de postures, d'expressions de visages et de corps) va nous dire quelque chose d'au moins aussi important, en soi, que la constellation des références culturelles que les *Histoire(s)* dessinent dans l'histoire du cinéma. Tous les essais confondus de Godard, tout ce qu'il tourne depuis dix ans est en train de constituer une autre histoire, inédite, celle des corps et des gestes tels qu'ils ont été traités *parallèlement* par l'histoire et par le cinéma depuis cent ans.

On peut déjà esquisser deux pistes ouvertes par Godard dans cette histoire parallèle. La première tournerait autour de ce constat que l'avènement du cinéma, avec l'invention du plan, a constitué des aquariums dans lesquels les cinéastes ont mis depuis cent ans des corps en boîte. Godard fait un magnifique inventaire de toutes les postures nouvelles, induites pendant un siècle de cinéma, par cette mise en bocal des corps. Il a été surtout sensible à la façon dont les corps y perdent leur verticalité et leur équilibre, ne cessent de s'y renverser, de s'y plier, de s'y tordre, de s'y convulser, de se toucher, de s'agripper. La deuxième pourrait être celle d'une Histoire du siècle pensable comme une Histoire des gestes et des postures que les vainqueurs se sont inventés (pour asseoir et signifier leur position dominante), dont Godard se fait le greffier, et des gestes et postures qu'ils ont imposés aux vaincus, dont l'œuvre devient la lamentation musicale. Entre les deux – et il leur accor-

de une très grande place – il y a les gestes du pouvoir de l'art, du chef d'orchestre ou du peintre, qui peuvent être à la fois d'asservissement et de création.

Katherine, Norbert et Jean-Luc

Au sixième jour du *Voyage en Italie*, Natalia, qui est napolitaine, propose à Katherine, l'Anglaise, d'aller visiter les *Fontanelle*, des catacombes où ont été rassemblés des ossements anonymes, parfois vieux de plusieurs siècles, provenant d'anciens cimetières disparus. Elle lui explique que beaucoup de gens, à Naples, choisissent un squelette, l'assemblent proprement et en prennent grand soin. Katherine, horrifiée, ne voit visiblement pas l'intérêt de cette coutume. Natalia essaie de la convaincre en lui parlant de : « *ces pauvres morts [...] abandonnés et seuls, (qui) n'ont personne pour s'occuper d'eux, personne pour prier pour eux* ». Katherine, imperméable à ce pathos latin, ne comprend toujours pas. Le lendemain, le septième jour, elle accepte quand même la visite, et Natalia lui explique qu'elle a élu un de ces crânes parce que son frère est mort en Grèce pendant la guerre, et qu'elle vient ici prier pour lui par le médium de ce crâne anonyme et aléatoire. Pour elle, en quelque sorte, la jeune âme du mort jeune vient habiter le vieux crâne d'un vieux mort. Katherine reste réfractaire, mais peut-être tout cela n'a-t-il pas été vain puisque quelques heures plus tard, le même jour, elle va être bouleversée, dans un champ de fouilles à Pompéi, en voyant surgir des entrailles d'une terre noire, sous la forme de corps en plâtre blanc, un couple enlacé, enseveli vivant il y a deux mille ans. Dans *Gradiva* de Jensen, on rencontrait déjà, telle quelle, la même histoire du « *couple de jeunes amoureux qui, en comprenant que la catastrophe était inévitable, s'étaient serrés dans les bras l'un de l'autre pour attendre la mort* », et la même fonction de mystérieux ébranlement attribuée à la blancheur, puisque la deuxième fois où le héros rencontrait sa Gradiva, elle était assise devant lui, comme dans son rêve, et tenait étalé sur ses genoux « *quelque chose de blanc que le regard de Norbert n'était pas capable de distinguer nettement* ». Dans cette séquence quasi documentaire des fouilles pompéiennes du *Voyage en Italie*, Rossellini avait déjà entrepris à sa façon brusque, par effraction dans son propre film, un improbable rendez-vous cinématographique, à deux mille ans d'écart, entre ces corps réels endormis dans le noir, à l'abri de tout regard humain depuis deux millénaires, et cette Anglaise de fiction et de simple passage en Italie, en 1953.

Au cours de cette scène, le mari de Katherine, pour sa part, reste apparemment aussi indifférent, émotionnellement, que l'archéologue ami qui les a invités à ce surgissement du couple en plâtre. La différence entre eux, sans doute, c'est que cette femme corsetée et protestante vient de traverser une période de souffrance personnelle qui lui a donné accès, malgré toutes ses résistances à l'altérité, ses manteaux serrés et son solide égoïsme de grande bourgeoise, à une émotion fulgurante, qui n'est pas très loin de celle que l'on peut éprouver à certains courts-circuits godardiens entre une image du présent et une image du passé. Il ne saurait y avoir de rédemption efficace qui ne se paie par de la souffrance et de la solitude, ou d'un déficit douloureux dans la vie de celui qui en a la mission. Cette mission, dans le cas de Godard, c'est lui-même qui se l'est donnée, mais cela ne change rien à la règle, si l'on en croit ce qu'il a déclaré un jour, en pleine conférence de presse, à Cannes, où il était venu présenter *Allemagne neuf zéro*, avec l'impudeur à la Rousseau dont il est parfois capable en public : « *C'est un peu plus facile pour moi de faire un film tel qu'il devrait se faire que vivre la vie que je devrais pouvoir vivre. Si je pouvais vivre la vie que j'estime avoir le droit de vivre, je pense que je ne ferais pas de film ou pas d'art.* »

Ce texte est adapté d'une conférence prononcée à la Galerie nationale du Jeu de Paume, le 16 décembre 1997, à l'occasion d'une rétrospective consacrée aux films-essais de Godard.

1. Au moment de cette conférence, Godard n'avait pas encore livré sa version retravaillée, devenue aujourd'hui la version définitive, des deux premiers épisodes de ses *Histoire(s) du cinéma*. Cette description correspond donc à la première version de l'épisode 1b, tel qu'il avait été diffusé alors à la télévision.

2. Il s'agit d'une phrase de Paul rapportée par Luc dans les *Actes des apôtres*, 16, 28 (« *Ne te fais aucun mal, car nous sommes tous ici* » in *Bible de Jérusalem*)

3. Walter Benjamin, *Ecrits français*, Bibliothèque des idées, NRF éditions Gallimard, 1997.

4. Serge Daney, *Persévérance*, entretien avec Serge Toubiana, éd. P.O.L, 1994.

5. François Truffaut, *Correspondance*, coll. 5 Continents, éd. Hatier, 1988.

6. Voir p. 202

7. Jean-Luc Nancy, *Des lieux divins*, éd. T.E.R, 1987.

8. Catherine Cyssau, *Au lieu du geste*, coll. Psychopathologie, éd. P.U.F, 1995.

Autres films

LÉGENDES DES PHOTOGRAPHIES

p. 4 Jean-Luc Godard sur le tournage de *Détective*

p. 12 Anna Karina et Jean-Paul Belmondo dans *Pierrot le fou*

p. 17 Brigitte Bardot dans *Le Mépris*

p. 22 (haut) Isabelle Huppert et Roland Amstutz dans *Sauve qui peut (la vie)*

p. 22 (bas) Jacques Dutronc et Nathalie Baye dans *Sauve qui peut (la vie)*

p. 33 *France tour détour deux enfants*

p. 47 Maruschka Detmers et Jacques Bonnafé dans *Prénom Carmen*

p. 51 Myriem Roussel dans *Je vous salue Marie*

p. 72 (haut) Frédéric Pierrot et Madeleine Assas dans *For Ever Mozart*

p. 72 (bas) Vicky Messica dans *For Ever Mozart*

p. 92 à 101 *Je vous salue Marie*

p. 121 Myriem Roussel dans *Je vous salue Marie*

p. 130 Macha Méril dans *Une femme mariée*

p. 131 Maruschka Detmers et Jacques Bonnafé dans *Prénom Carmen*

p. 147 Jerzy Radziwilowicz dans *Passion*

p 151 (haut) Myriem Roussel dans *L'Entrée des Croisés à Constantinople* de
·   *Passion*

p. 151 (bas) Hanna Schygulla dans *Passion*

p. 163 Myriem Roussel dans *Je vous salue Marie*

p. 174 Laurence Masliah et Gérard Depardieu dans *Hélas pour* moi

p. 179 Gérard Depardieu et Laurence Masliah dans *Hélas pour moi*

p. 186 Harriet Andersson et Lars Ekborg dans *Monika* d'Ingmar Bergman

p. 187 Anna Karina et Jean-Paul Belmondo dans *Pierrot le fou*

p. 191 (haut) Jean-Paul Belmondo et Anna Karina dans *Pierrot le fou*

p. 191 (bas) Jennifer Jones dans *La Renarde* de Michael Powell et Emeric
         Pressburger

p. 198 (haut) Harriet Andersson et Lars Ekborg dans *Monika* d'Ingmar
         Bergman

p. 198 (bas) Jean-Paul Belmondo et Anna Karina dans *Pierrot le fou*

p. 205 (haut) Harriet Andersson et Lars Ekborg dans *Monika* d'Ingmar
         Bergman

p. 205 (bas) Anna Karina et Jean-Paul Belmondo dans *Pierrot le fou*

p. 217, 222, 223, 239 *Histoire(s) du cinéma*

p. 244 (haut) Domiziana Giordano et Alain Delon dans *Nouvelle Vague*

p. 247 *Histoire(s) du cinéma*

TABLE

3. La mémoire du cinéma

4. L'Histoire et le sacré

CRÉDITS PHOTOS

Achevé d'imprimer en octobre 1999
par Normandie Roto Impression s. a.
à Lonrai (Orne)
N° d'imprimeur : 992473
Dépôt légal : octobre 1999

256